Hohenheim

Was würde Ludwig Erhard heute sagen?

Herausgegeben von
Kurt J. Lauk

mit Beiträgen von
Angela Merkel, Udo Di Fabio, Peter Gillies,
Michael Hüther, Pascal Krimmer, Berthold Leibinger,
Karl Kardinal Lehmann, Bernd Raffelhüschen,
Wolfgang Schüssel und Nikolaus Schweickart

Hohenheim Verlag
Stuttgart · Leipzig

Satz: Satz & mehr, Besigheim
Druck und Bindearbeiten:
Friedrich Pustet, Regensburg
Printed in Germany

ISBN 978-3-89850-149-3

Inhalt

Vorwort

Ist die Soziale Marktwirtschaft eine glückhafte historische Fügung, eine heute verblaßte und unwiederholbare Rückblende auf Währungsreform, Nierentisch, Petticoat, Rimini-Urlaub mit dem ersehnten VW-Käfer? Oder bietet Ludwig Erhard auch den Nachgeborenen eine ordnungspolitische Blaupause für ihre gewachsenen Probleme im 21. Jahrhundert?

Epochen wie das Biedermeier oder die Restauration sind zeitgebunden, Ereignisse wie die Magna Charta oder die Aufklärung wirkten über Jahrhunderte. Die Ideenwelt Ludwig Erhards gehört zu den epocheübergreifenden Leitbildern. Dieses Buch soll den Blick schärfen für ein Konzept, das heute noch wichtiger ist als in den Zeiten seiner unvergleichlichen Erfolge: die Soziale Marktwirtschaft. Zu ihr bekennt sich immerhin die Mehrheit unserer Politik, was sie freilich nicht daran hindert, ständig gegen ihre Grundsätze zu verstoßen.

Ein Blick zurück in die Geschichte zeigt, daß dieses ordnungspolitische Leitbild schon immer standfester und beharrlicher Protagonisten bedurfte. Ludwig Erhard kämpfte einen einsamen Kampf. Den Begriff „Soziale Marktwirtschaft" hatte der Kultursoziologe und spätere Weggefährte Alfred Müller-Armack (1901-1978) geprägt. Erhard benutzte ihn 1948 erstmals öffentlich in einer Rede vor dem bizonalen Wirtschaftsrat. In seiner Politik hatte er damals mehr Gegner als Freunde: Die SPD attackierte ihn mit einem Mißtrauensvotum, die CSU forderte seinen Rücktritt, die CDU unterstützte ihn nur lauwarm, die Gewerkschaften brachen einen Generalstreik vom Zaun, die Alliierten blieben kritisch, die Industrie auf Distanz. Aber Erhard stand eisern und setzte seinen Kurs in Richtung Marktwirtschaft fort.

„Wir sind die Eingeborenen von Trizonesien", sangen die grimmig-humorigen Deutschen 1948 damals in den drei Westzonen. Dieser Karnevalsschlager diente vielen als Ersatz für die Nationalhymne. Der Rückblick auf die Flegeljahre der Wirtschaftswunderkinder widerlegt das oberflächliche Urteil, Ludwig Erhard sei lediglich der Mann mit dem richtigen Konzept zur richtigen Zeit gewesen. In dieser Trümmerlandschaft hätte eigentlich nichts schief gehen können – Wachstum und Wohlstand schienen programmiert. Jeder andere hätte das gleiche „Wunder" vollbracht, die Zeit sei einfach reif dafür gewesen. Eine historische Zwangsläufigkeit, die nur zufällig dem „Dikken mit der Zigarre" in den Schoß gefallen sei.

Dies wäre eine grobe Mißdeutung deutscher Nachkriegsgeschichte. Das Konzept Marktwirtschaft stand in einem zermürbenden Abwehrkampf. Auch später hielt Bundeskanzler Konrad Adenauer die Fähigkeiten seines Wirtschaftsministers für, nun sagen wir, bemessen, seine Politik oft für falsch. Er stichelte gegen Erhard, dessen Vorstellungen vom Wettbewerb die Industrie gegen sich aufbrachte. Selbst die EWG mißtraute seinem Plädoyer für den Freihandel. In der CDU und der CSU drosselten die Beckmesser nur so lange ihre Kritik, wie die Wahlkampflokomotive Erhard unter Dampf stand und des Bürgers Bewunderung, sogar Verehrung auf sich zog.

Ludwig Erhard war seinerzeit einem heftigen Trommelfeuer der Linken ausgesetzt. Der leidenschaftliche Kurt Schumacher (SPD) warf ihm sogar vor, er inszeniere einen „Klassenkampf von oben", der „die Armen ärmer und die Reichen reicher" mache – Formeln, die uns bekannt vorkommen, weil sie bis heute Konjunktur haben. Erhard hielt dagegen, und die Bürger unterstützten ihn. So wetterte er gegen jene, die „die zweifellos nachweisbaren Fehlentwicklungen dieses Systems der Marktwirtschaft schlechthin zur Last legen". Liberalismus, wie er ihn verstehe, sei aber „weder Freibeutertum noch ein seelenloser Termitenstaat".

Der „Vater des Wirtschaftswunders" – ein Kompliment, das er stets ablehnte – verstand die Soziale Markwirtschaft nie als

Ausschüttungsautomat staatlicher Nettigkeiten, sondern vor allem als System der Freiheit.

Wie das Adjektiv „sozial" auszulegen sei, wird bis heute diskutiert. Erhard war der felsenfesten Meinung, daß ein funktionierender Markt immer sozial befriedend wirke. Damit folgte er dem Nestor der Ökonomen, Adam Smith (1723-1790), wonach eine „unsichtbare Hand" dafür sorgt, daß eigennütziges Wirtschaften des einzelnen stets auch und eher unbeabsichtigt zu mehr „Wohlstand für alle" führt. Insofern darf die Soziale Marktwirtschaft ein Pleonasmus genannt werden. Die CDU nahm dieses Leitbild 1949 mit ihren Düsseldorfer Leitsätzen in ihr Programm auf. Zehn Jahre später machte die SPD auf dem Godesberger Parteitag ihren Frieden mit der Marktwirtschaft.

Vergleicht man die Anfangsjahre der Sozialen Marktwirtschaft mit der heutigen Welt, zeigt sich ein gravierender Wandel: Die Globalisierung hat die Weltwirtschaft in Besitz genommen. Nicht mehr der Nationalstaat allein setzt die Rahmenbedingungen für die Wirtschaft, sondern internationale Organisationen, multinationale Konzerne und das Verhalten der konkurrierenden Länder beeinflussen die Politik. Arbeitnehmer in Deutschland treten in unmittelbaren Wettbewerb zu ihren Kollegen in Osteuropa und Asien. Moderne Transportmittel und die weltweite Vernetzung formen ein globales Dorf, in dem geografische Distanzen ihre trennende Rolle verlieren.

Vor 60 Jahren ging es Ludwig Erhard im Nachkriegsdeutschland vor allem darum, mit der Sozialen Marktwirtschaft den Bürgern eine Alternative zu Sozialismus und Planwirtschaft nahezubringen. Die Sozialdemokraten waren Gefangene ihres Bildes von der zentralen Verwaltungswirtschaft. Sogar die nordrhein-westfälische CDU forderte 1947 in ihrem „Ahlener Programm" staatliche Planung und Lenkung der Wirtschaft sowie die Vergesellschaftlichung der Produktionsmittel. Historische

Wurzeln sind bisweilen recht lang. Vor allem Erhards Engagement ist zu verdanken, daß die CDU 1949 in ihren Düsseldorfer Leitsätzen die Soziale Marktwirtschaft programmatisch verankerte.

Allerdings hat sich Deutschlands aktuelles Modell der Sozialen Marktwirtschaft ziemlich weit von seinem Grundideal entfernt. Erhards Überzeugung „Je freier die Wirtschaft, um so sozialer ist sie" ist im Laufe der letzten 60 Jahre eine unvergleichliche Umverteilungsmaschinerie übergestülpt worden: Der Griff in die Tasche der Bürger ist an der Tagesordnung, Eigeninitiative und Selbsthilfe verkümmern, der Staat und seine Bürokratie haben sich vielfach übernommen.

Die Parteien in Deutschland reagieren auf die veränderte Landschaft mit einer grundlegenden Programmdiskussion: In CDU, CSU und SPD wird über das Spannungsverhältnis zwischen den Grundwerten Freiheit, Solidarität und Gerechtigkeit neu gerungen. Dies bietet die Chance, überkommene Vorstellungen im Verhältnis von Staat, Bürger und Markt an die veränderte Wirklichkeit anzupassen. Die programmatische Auseinandersetzung sollte genutzt werden, damit bei der Regierungspolitik die von den Parteien beschworene Soziale Marktwirtschaft nicht als Etikett für eine Mogelpackung mißbraucht wird.

Für Ludwig Erhard waren der freiheitliche Außenhandel und die Rückkehr Deutschlands auf die Weltmärkte Kernvoraussetzungen für eine freiheitliche Wirtschafts- und Gesellschaftsordnung. Auch wenn man dies damals noch nicht „Globalisierung" nannte, wies Erhards ordnungspolitischer Kompaß in die Richtung eines von allen Protektionismen befreiten weltweiten Austauschs von Waren und Dienstleistungen. Diese globalisierte Welt lebt im und vom Wettbewerb. Vor diesem Hintergrund sind die Beiträge dieses Buchs geschrieben worden. Denn die Wirklichkeit der gegenwärtigen „Sozialen Marktwirtschaft" macht eine Rückbesinnung auf Ludwig Erhard bitter nötig:

„Kein Staat kann seinen Bürgern mehr geben, als er ihnen vorher abgenommen hat. Es gibt keine Leistungen des Staates, die sich nicht auf Verzichte des Volkes gründen."

Erhard zweifelte oft am ökonomischen Durchblick seiner Zeitgenossen – und daran hat sich bis heute wenig geändert: „Denn man will offenbar nicht erkennen, daß wirtschaftlicher Fortschritt und leistungsmäßig fundierter Wohlstand mit einem System kollektiver Sicherheit unvereinbar sind." Die Autoren des vorliegenden Bandes bekennen sich zu dieser ökonomischen Weltsicht. Sie sehen im Wettbewerb den Motor von Fortschritt und Wohlstand. Und sie wollen Flagge zeigen für eine verantwortete Freiheit, ohne die auch das Gemeinwohl auf der Strecke bliebe.

Angela Merkel geht wie Ludwig Erhard vom christlichen Menschenbild aus, in dem Freiheit und Verantwortung Hand in Hand gehen und in dem „Freibeutertum" keinen Platz hat. Sie fordert die Rückkehr zum Subsidiaritätsprinzip, nach dem immer nur so viel Verantwortung an die nächsthöhere Ebene übertragen wird wie unbedingt nötig. Der Staat müsse sich auf seine Rolle als Hüter der Freiheit besinnen und zu einer klaren Ordnungspolitik finden – gemäß der Formel von Ludwig Erhard: „Ich will mich aus eigener Kraft bewähren, ich will das Risiko des Lebens selbst tragen. Sorge du, Staat, dafür, daß ich dazu in der Lage bin." Doch hätten sich die Zeiten auch geändert, bekennt die Bundeskanzlerin und sieht einen Bedarf, die Werte Freiheit und Verantwortung im Bewußtsein der Bürger aktiv zu fördern. Die Globalisierung begreift sie als Chance auch für den deutschen Mittelstand.

Wolfgang Schüssel umreißt, wie Österreich der drohenden Schuldenfalle des Sozialstaats durch beherzte Reformen seit 1999 entronnen sei. Ein Vergleich der europäischen Volkswirtschaften hinsichtlich ihrer Fähigkeit, Freiheit einerseits und sozialen Ausgleich andererseits (bei Erhard kein Widerspruch) zu gewähren, zeige, daß die Staatsquote oberhalb eines gewissen Wertes ins Unsoziale kippt, weil sie Wachstum hemmt, privaten Konsum und Investitionen auch der öffentlichen Hand verdrängt. Die Globalisierung begreift der ehemalige Bundeskanzler als Chance – gerade für kleinere Nationen wie Österreich, die sich schon, weil sie nicht alle gewünschten Güter im eigenen Land produzieren können, traditionell auf den Außenhandel ausgerichtet hätten.

„In den letzten Jahrzehnten sind die Gewichte zwischen Solidarität und Eigenverantwortung einseitig zugunsten des Solidaritätsgedankens verschoben worden", stellt **Karl Kardinal Lehmann** fest. Er fordert die immer wieder neue Gewichtung dieser Beziehung – denn soziale Gerechtigkeit sei kein statisches Ziel. Sozial gerecht sei ein Gemeinwesen nur dann, wenn es den wirklich Bedürftigen ausreichende Unterstützung gewähren könne. Das aktuelle System bedürfe einschneidender Reformen, um den Sozialstaat zu retten: „Wenn nichts getan wird, werden im Ergebnis die Schwachen die Leidtragenden sein, weil sie in besonderer Weise auf die Förderung durch den Sozialstaat angewiesen sind." Kardinal Lehmann geißelt zudem, ganz im Sinne Erhards, den starken Einfluß der Partikularinteressen. Auch wünscht er sich mehr staatliches Engagement für die Bildungs- und die Familienpolitik.

Udo Di Fabio bricht eine Lanze für die Lenker der Wirtschaft. Er tut dies anhand des oft mißbrauchten Begriffs der „Verantwortung". Er verweist auf die Arbeitsteilung in einer (demokratischen) Gesellschaft: Politiker achten auf das Gemeinwohl, Forscher entdecken Neues, Richter sprechen Recht, Pfarrer sorgen für den Zugang zum Glauben, Ärzte heilen – und Unternehmer erzielen Gewinne. Das ist ihre erste Verantwortung, dazu kommt die Verantwortung für Arbeits- und Umweltschutz etc. Di Fabio plädiert für eine Wiederbelebung des Subsidiaritätsprinzips und einen neuen Gesellschaftsvertrag, in dem alle Gruppen ihre Interessen pragmatisch formulieren, um sie auf ehrlicher Basis aushandeln zu können. Ein Ergebnis könne sein, daß die Gesellschaft der Wirtschaft wieder Respekt zolle und im Gegenzug auf stärkeres gemeinnütziges Engagement der Unternehmen zählen könne.

Das gesellschaftliche Klima, in dem Unternehmer heute agieren, lotet **Nikolaus Schweickart** aus – und findet ein Volk, das bei „Vater Staat" Schutz sucht, und Intellektuelle, deren antiökonomische Reflexe immer noch zuverlässig funktionieren: Unternehmen gelten als gierig, Gewinne als anrüchig. Daß sie im Gegenteil aber vornehmste Pflicht der Unternehmen seien, die nur dann Arbeitsplätze schaffen, investieren, Steuern zahlen und sich gesellschaftlich engagieren könnten, werde darüber gern vergessen. Schweickart wünscht sich mehr Mut zu Freiheit und Wettbewerb – auch aus der Politik.

Berthold Leibinger nimmt seine Kollegen Unternehmer in die Pflicht, sich ihrer persönlichen Verantwortung für die Gesellschaft zu stellen – „Brot und Spiele reichen nicht." Ob in der Meinungsbildung der Politik, der Organisation im sozialen Bereich, als Initiatoren für die Forschung oder Förderer von Kultur und Kirche – die Elite müsse ihre besonderen Fähigkeiten auch für das Gemeinwohl einsetzen und dürfe die Rolle des Vorbilds nicht scheuen.

Detaillierte Reformvorschläge zum Arbeitsmarkt macht **Bernd Raffelhüschen** mit seiner „Freiburger Blaupause". Damit hat er ein Modell entwickelt, wie die Erwerbsfähigen am unteren Ende der Qualifikations- und Lohnskalen wieder ins Arbeitsleben integriert werden könnten. Das Dilemma, daß ein fürsorgender Staat das Existenzminimum garantiert und sich gleichzeitig die Arbeitsaufnahme für gering Qualifizierte nicht lohnt, will er auflösen: Wer sich nicht um Beschäftigung oder Weiterbildung bemüht, wird nur mit dem Existenzminimum in Form von Sachleistungen unterstützt. Für jeden selbst erarbeiteten Euro aber legt der Staat noch etwas drauf und wandelt den Sachleistungssockel in Geldzahlungen um.

An die Einsicht in ökonomische Zusammenhänge appelliert **Michael Hüther.** Wie Erhard sieht er die Lösung der sozialen Frage im Wachstum. Für den Abbau der Arbeitslosigkeit und die Förderung von Investitionen schlägt er mehrere Ansatzpunkte vor: Er will den Arbeitsmarkt deregulieren, Bürokratie abbauen, den Haushalt konsolidieren, Familien und Bildung fördern und die Zuwanderung im Interesse des Arbeitsmarkts steuern. Hüther sieht bereits vielversprechende, wenn auch zögerliche Ansätze in der Politik – beispielsweise beim (Wieder-)Aufbau einer kapitalgedeckten Altersvorsorge, der Ausweitung der Lebens- und der beginnenden Flexibilisierung der Wochenarbeitszeit.

Peter Gillies schließt mit seinem Beitrag den Band ab: In einer Dialog-Collage antwortet Ludwig Erhard mit seinem ordnungspolitischen Leitbild auf jene Probleme, die uns 30 Jahre nach seinem Tod bewegen. Das Stöbern in Büchern und Archiven zwingt dem Leser den Eindruck auf, auch ökonomisch gebe es im Grundsatz wenig Neues unter der Sonne. Die fundamentalen Lösungsansätze für Staatsverschuldung, Sozialkrisen, europäische Integration oder Arbeitslosigkeit waren damals wie heute die gleichen. Die Soziale Marktwirtschaft sollte die Quelle sein, aus der auch die Nachgeborenen schöpfen können. Die von Gillies mit Phantasie und zuweilen Ironie gesammelten Zitate Ludwig Erhards belegen, daß die Soziale Marktwirtschaft keineswegs an den historischen Ausnahmefall der Nachkriegszeit gebunden ist. „Eine Gesellschaft, die unter Tyrannei kleinlicher Beamter leidet und in der jeder die Hand in der Tasche des anderen hat", war Erhard ein Gräuel und sollte es auch heute allen selbstbewußten Bürgern sein. Die Vision dieser Ordnungspolitik – weiterentwickelt für die Globalisierung – bleibt eine eindrucksvolle und zugleich lehrreiche Blaupause für die Probleme von heute.

Die Autoren dieses Buches haben sich um eine vertiefte Interpretation des ordnungspolitischen Konzeptes von Ludwig Erhard bemüht. Sie gingen der Frage nach, was die Globalisierung für die Fortentwicklung der Sozialen Marktwirtschaft bedeutet. Die Autoren möchten Anstöße zum Nachdenken – und auch Querdenken – geben, damit in der Gesellschaft jene Kräfte wieder Mut fassen, die notwendige Veränderungen und Modernisierungen anpacken wollen. Die Vorzüge unserer freiheitlichen Wirtschafts- und Gesellschaftsordnung auch im Zeitalter der Globalisierung zur Entfaltung zu bringen, ist mehr als die tagespolitische Reformhuberei.

Herzlich danke ich allen Autoren und wünsche Ihnen, verehrte Leserinnen und Leser, eine anregende und informative Lektüre.

Kurt J. Lauk

Kurt J. Lauk

Soziale Marktwirtschaft Ludwig Erhards: Kompaß für Deutschland in einer globalisierten Welt

„Vater des Wirtschaftswunders" – Ludwig Erhard hat dieses Etikett nie gemocht. Denn seiner Ansicht nach war Deutschlands schneller Aufstieg der emsigen Arbeit aller Bürger, freilich im Regelwerk der Sozialen Marktwirtschaft geschuldet. Dennoch gilt: Sein Mut, seine Persönlichkeit, seine Beharrlichkeit und das Talent, andere zu überzeugen, haben diesem Leitbild zum Durchbruch und zum Erfolg verholfen. Er wußte sie in dem entscheidenden ersten Jahrzehnt gegen viele Angriffe, auch aus den eigenen Reihen, zu verteidigen.

Daß sich der Sozialstaat in immer mehr Verteilung verstrickte und seine Wohlfahrtsausschüsse in den späteren Jahrzehnten den Überblick verloren, konnte er jedoch nicht verhindern. Dabei läuft gerade diese Entwicklung den Prinzipien Erhards klar zuwider, denn der Umbruch vom Schutz des einzelnen zur umfassenden Umverteilung bremst das wirtschaftliche Wachstum aus. Bis zu einem gewissen Niveau ist es geboten, den Bürgern existentielle Sorgen abzunehmen. Aber mit zunehmender Dichte wird das soziale Netz zum Würgestrick für das Wachstum – vor allem wegen der Höhe jener Transferleistungen, die den Anreiz zu arbeiten abschwächen und Arbeit verteuern.

Horst Siebert zeigt einen Zusammenhang zwischen dem Ausmaß an sozialer Absicherung und wirtschaftlichem Wachstum, der, als Kurve dargestellt, Glockenform annimmt:[1] Bis zu einer

---

[1] Vgl. Horst Siebert, Verspricht die Soziale Marktwirtschaft zu viel?, in: Neue Zürcher Zeitung, 27. Januar 2007.

gewissen Höhe fördert die Sozialpolitik das Wachstum, erreichen die Sozialleistungen jedoch eine kritische Dimension, lösen sie Wachstumsverluste aus. Siebert befürchtet, daß eine Demokratie, in der das Verhältnis von Transferempfängern zu Lohnsteuerzahlern aus dem Lot gerät, zum Gegensteuern nicht mehr fähig ist. In Zahlen: 1971 standen 11,2 Millionen Rentner und Arbeitslose rund 20,6 Millionen Lohnsteuerzahlern gegenüber. Im Jahre 2001 war dieses Verhältnis gekippt: Eine Minderheit von 25,7 Millionen Lohnsteuerzahlern mußte eine Mehrheit von 30,8 Millionen Rentnern und Arbeitslosen durchfüttern. Es bedürfe also, so Siebert, eines „institutionellen Urknalls“ wie 1948.

Zweimal in der Geschichte dieser Republik hatte die Regierung erste Versuche erkennen lassen, sich gegen den Strom zu stemmen und zu einer Balance zwischen notwendigem Schutz und schädlicher Vollkaskomentalität zurückzufinden. Sowohl Helmut Kohl – dessen Verdienste um die deutsche und europäische Einheit unbestritten sind – als auch Gerhard Schröder erzielten mit ihren Ansätzen einer Reformpolitik keinen grundlegenden Erfolg. Doch mittlerweile ist es nicht mehr nur eine Frage der fiskalischen Vernunft, die Deformation der Marktwirtschaft zu korrigieren. Die Welt rückt zusammen und erzwingt die Anpassung der Rahmenbedingungen im Wettbewerb.

Zum Reformdruck von innen gesellt sich der Änderungsdruck von außen; zu den steigenden Lasten des Sozialsystems gesellt sich eine unaufhaltsame Neuverteilung der wirtschaftlichen, finanziellen und ökologischen Ressourcen auf der Welt. Dieser doppelte Druck trifft auf eine Bevölkerung, die sich durch soziale Absicherung geschützt und geborgen wähnt. Paradoxerweise verstärkt der Druck von außen zwar den Renovierungsbedarf des maroden deutschen Volksheims, gleichzeitig jedoch hemmt es die Bereitschaft seiner Bewohner, die Globalisierung zu akzeptieren und die Ärmel hochzukrempeln. Auch die hausgemachten Fehler werden der Globalisierung angekreidet. Folge: Die Forderungen nach staatlichem Schutz werden noch lauter.

Um so lohnender ist es, genau auf das Konzept zu schauen, mit dem Ludwig Erhard vor 60 Jahren angetreten ist, als die deutsche Wirtschaft in Trümmern lag. Die Frage drängt sich auf, was Ludwig Erhard uns heute empfehlen würde.

I. Soziale Marktwirtschaft: Opfer ihres Erfolges?

In der Stunde Null

Im Rückblick will es den Jüngeren vielleicht scheinen, als sei Ludwig Erhard ein glücklicher Zufall in der Stunde Null gewesen – ein wackerer Wirtschaftsprofessor zufälligerweise mit der richtigen Idee am richtigen Ort. Doch dieser Eindruck täuscht. Der junge Diplom-Kaufmann Erhard, damals noch ohne universitäre Weihen, durfte dank der Fürsprache seiner Professoren promovieren; eine weitere wissenschaftliche Karriere blieb ihm aber auch wegen seiner Weigerung, der NSDAP beizutreten, versperrt. Ab 1942 finanzierte ihm die Reichsgruppe Industrie ein „Institut zur Industrieforschung", als dessen einziger Wissenschaftler er an einer Wirtschaftsordnung für die Nachkriegszeit feilte – wie dies auch Walter Eucken mit einigen Kollegen im „Freiburger Kreis" tat.

In seiner Denkschrift „Kriegsfinanzierung und Schuldenkonsolidierung"[2] von 1943/44 ging Erhard von einer Niederlage des Dritten Reiches aus – seinerzeit ein todeswürdiges Verbrechen. Auch Carl Goerdeler, später hingerichteter Verschwörer des 20. Juli 1944, hatte sich von Bekannten dieses Erhardsche Wirt-

---

[2] Vgl. Ludwig Erhard, Kriegsfinanzierung und Schuldenkonsolidierung, Denkschrift, 1944.

schaftskonzept für den ersehnten Neuanfang nach Hitler erbeten. Daß diese Studie nach Goerdelers Verhaftung dem Verfasser Erhard nicht zum Verhängnis wurde, mag pures Glück gewesen sein; manche schreiben es auch möglichen Schutzpatronen Erhards im NS-Apparat zu, für die er ebenfalls Gutachten schrieb.

Erhards Ideenwelt war liberal und menschlich, eben bürgerbezogen. Er sei weder Theoretiker noch ein origineller Denker, sagte er einmal von sich selbst. Sein Leitbild war nicht wie das der Marxisten ein hochgestochenes Theoriegebäude, sondern erdverbunden und erfahrungsgeprägt. Seine Ideen stammten nicht aus dem Wolkenkuckucksheim, sondern aus der praktischen Erfahrung und der Einsicht in fundamentales menschliches Verhalten. Der Vorwurf, sein Leitbild sei von anderen entwickelt und von ihm lediglich verwirklicht worden, gerät ihm eigentlich zum Kompliment.

Erhards Verhältnis zur Macht, die er für öde und gefährlich hielt, war distanziert, man könnte auch sagen unpolitisch. In seiner Kanzlerschaft scheiterte er auch deswegen, weil die politische Rankünе sein Handwerk nicht war. Er war Optimist, weil er an die Menschen glaubte, die sich ihr kleines Glück und ihren bescheidenen Wohlstand erarbeiten könnten. Er war der unerschütterlichen Ansicht, daß sich die Freiheit immer durchsetzen werde. „Demokratie und freie Wirtschaft gehören logisch zusammen wie Diktatur und Staatswirtschaft“, lautete seine Maxime. Das Scheitern des Kaiserreichs, der Weimarer Republik und des Dritten Reichs schrieb er auch den Mängeln der Wirtschaftsordnung zu. Sein Konzept der Sozialen Marktwirtschaft sollte alte Fehler vermeiden. Der Kern des „Wohlstands für alle“[3] war in seinen Augen der Gewinn an Freiheit.

---

[3] Vgl. Ludwig Erhard, Wohlstand für alle, Düsseldorf 1957.

Angelpunkt seines Marktverständnisses war das Individuum: „Wie muß die Wirtschafts- und Sozialordnung beschaffen sein, in der sich ein menschenwürdiges und wirtschaftlich erfolgreiches Leben entwickeln kann?“ Dies ist nach wie vor die entscheidende Frage, mit der sich die Wirtschafts- und Sozialpolitik konfrontiert sah und sieht. Die Frage einer Verteilungsgerechtigkeit stelle sich in einer Gesellschaft freier Menschen nicht, denn sie beantworteten sie selbst. Eingriffe von Regierungen führten zu immer weiteren Interventionen, die letztlich in der Tyrannei endeten. „Ich finde nichts ungerechter, verabscheuungswerter und menschenunwürdiger, als daß ein Mensch, wenn er ehrlich gearbeitet hat, erst einmal vor einem Schalterbeamten seine Hose lüften muß, um einen Bezugsschein zu bekommen.“ Soviel zum Bürokratiewahn aus Erhards Sicht.

Mit ihm waren etliche Köpfe auf der Suche nach einem dritten Weg zwischen dem in Weimar diskreditierten Liberalismus und dem diktatorischen Sozialismus. Ludwig Erhard studierte ihre Schriften und fügte seinem Konzept jene Aspekte ein, die ihm plausibel erschienen. Als seine Weggefährten der Sozialen Marktwirtschaft seien genannt: Wilhelm Röpke und Alexander Rüstow, Walther Eucken und Alfred Müller-Armack (später Erhards Staatssekretär im Bundeswirtschaftsministerium). Sie alle sind dem Ordoliberalismus im weiteren Sinne zuzuordnen: Der freie Markt braucht auch den aktivierenden Staat, der Spielregeln formuliert und sie durchsetzt.

Wieviel Staat braucht der Markt?

Marktwirtschaft – vor Gründung der Bundesrepublik war sie keineswegs „common sense“. Daß die SPD erst 1959 in Bad Godesberg dem Sozialismus abschwor, ist bekannt – genauer gesagt: Sie rückte von ihrer Forderung nach einer Verstaatlichung der Produktionsmittel ab. Vom Glauben an die segensreiche Wirkung staatlicher Wirtschaftslenkung und Umverteilung hat sie bis heute nicht abgelassen. Doch auch die Union in der britischen Zone war nicht frei von planwirtschaftlichen Anfechtungen. In ihrem „Ahlener Programm“ über christlichen Sozialismus forderte sie die Vergesellschaftung der Schwerindustrie und starke Mitbestimmungsrechte an „grundlegenden Fragen der wirtschaftlichen Planung und sozialen Gestaltung“.

Erst in den Düsseldorfer Leitsätzen vom Juli 1949 bekannte sich die CDU zur Marktwirtschaft. Der Staat möge sich auf die Rolle beschränken, der Marktwirtschaft den erforderlichen Rahmen zu geben und deren Grundsätze zu verteidigen: Währungsstabilität (damit die Preise zuverlässig als Knappheitsanzeiger fungieren), privates Eigentum, Vertragsfreiheit und Wettbewerbskontrolle (also die Bildung von Monopolen und Kartellen zu verhindern).

Der Begriff „Soziale Marktwirtschaft“ wurde von Alfred Müller-Armack 1946 zuerst gebraucht. Der damalige Professor an der Universität Münster veröffentlichte einen Essay zu „Wirtschaftslenkung und Marktwirtschaft“[4], in dem er sich für „eine sinnvolle Verbindung einer aktiven, sozialen Wirtschaftspolitik mit einer Marktwirtschaft“ aussprach. Bei Erhard bekam der Terminus „Soziale Marktwirtschaft“ eine etwas andere Bedeutung. So hat Friedrich August von Hayek, Nobelpreisträger von 1974 und Verfechter einer freien Marktwirtschaft, berichtet, daß Erhard ihm auf die Frage nach seinem Konzept geantwortet habe: „Ich hoffe, Sie mißverstehen mich nicht, wenn ich von der sozialen Marktwirtschaft spreche. Ich meine, daß der Markt an sich sozial ist, nicht daß er sozial gemacht werden muß.“[5]

---

4 Vgl. Alfred Müller-Armack, Wirtschaftslenkung und Marktwirtschaft, München 1947/1997.

5 Zitiert nach Hans Jörg Hennecke, Friedrich August Hayek: Die Tradition der Freiheit, Düsseldorf 200, S. 271.

Der Markt steigert den Wohlstand und gibt jedem Bürger die Gelegenheit, für sich und die Seinen zu sorgen. Erst der wirtschaftliche Erfolg ermöglicht die Solidarität mit denjenigen, die sich aus eigener Kraft nicht selbst helfen können. Ludwig Erhard setzte auf Wachstum: „Die Lösung liegt nicht in der Division, sondern in der Multiplikation des Sozialprodukts", so hat er es 1957 in seinem Buch „Wohlstand für alle" ausgedrückt. Ungleichheit sei eine Antriebsfeder für den Erwerbstrieb, verliere aber durch Wachstum an Bedeutung.

Die Erfolgsstory

Als Direktor für Wirtschaft der Verwaltung der Bizone, eine Art Wirtschaftsminister für die von Amerikanern und Briten besetzten Gebiete nach dem Krieg, setzte der nun gut 50jährige Ludwig Erhard diese Überzeugung gegen viele Widerstände durch – und gewann das Volk für sich. Vorher hatte er als Leiter der „Sonderstelle Geld und Kredit" die Währungsreform mit konzipiert und durchgeboxt. Doch er wollte mehr: Als die Alliierten am 20. Juni 1948 tatsächlich die neue D-Mark einführten, um Inflation und Schwarzmarkt ein Ende zu setzen, gab Ludwig Erhard eigenmächtig die meisten Preise frei und verhalf der Marktwirtschaft damit zu einem Kaltstart. Über Nacht füllten sich die Schaufenster – einstweilen mit gehorteten Waren. Die Konsumenten, für die „Einkaufen" lange Jahre entweder das Anstehen um Bezugsscheine oder aber das verzweifelte Feilschen auf dem Schwarzmarkt bedeutet hatte, stürmten die Läden.

Das ging nicht lange gut – bald waren die aufgestauten Waren verkauft. Die Preise stiegen. Auch die Arbeitslosigkeit nahm zu. Erhard hatte dies prophezeit und zur Geduld gemahnt. Nicht alle glaubten ihm: Im November 1948 streikten mehrere Millionen Arbeitnehmer in der Bizone für Lohnerhöhungen und forderten die Wiedereinführung der Preiskontrollen. Erhard verkündete unerschütterlich: „Die Preise werden sich einpendeln". Und er behielt recht: Der reißende Absatz der Sommertage kurbelte die Produktion von Konsumgütern an und schuf damit die vermißten Arbeitsplätze. Das Wachstum sprang an und brachte langsam, aber sicher den ersehnten Wohlstand für alle.

Erhard wurde zum Helden der Nation und zum Zugpferd der Union bei den Wahlen 1949. Er nutzte seine Popularität und ermunterte die CDU, die verschiedenen politischen Ausrichtungen innerhalb ihrer Mitgliedschaft unter dem Begriff „Soziale Marktwirtschaft" zusammenzuführen. Im Juli stellte sich die Partei mit den „Düsseldorfer Leitsätzen" hinter Erhards Programm. In Adenauers Kabinett wurde Erhard Wirtschaftsminister. Bis zu den Wahlen zum zweiten Bundestag 1953 saß er noch fester im Sattel, gestützt von einem großartigen wirtschaftlichen Aufschwung.

Der Sündenfall: Die Rentenreform 1957

War es Erhard 1957 noch gelungen, ein liberales, wenn auch löchriges Kartellrecht gegen den erbitterten Widerstand des Bundesverbands der Deutschen Industrie (BDI) durchzusetzen, so verhallten seine Warnungen und die des Finanzministers Fritz Schäffer vor der Dynamisierung der gesetzlichen Rente. Für den Wirtschaftsminister war das der „Anfang vom Ende der Sozialen Marktwirtschaft". Nicht nur wegen der Kostenlawine, die er auf den Staat zulaufen sah. Der Rentenbeitrag ist von anfangs 14 auf heute knapp 20 Prozent gestiegen; der Staat schießt fast 80 Milliarden Euro aus Steuermitteln und damit ein Drittel seines Haushalts zu den jährlichen Rentenausgaben zu.

Erhard fürchtete vor allem die Bremswirkung explodierender Sozialausgaben auf die wirtschaftliche Dynamik: „Die wachsende Sozialisierung der Einkommensverwendung, die um sich greifende Kollektivierung der Lebensplanung, die weitgehende Entmündigung des einzelnen und die zunehmende Abhängigkeit vom Kollektiv oder vom Staat müssen die Folge dieses gefährlichen Weges hin zum Versorgungsstaat sein, an dessen Ende der soziale Untertan und die bevormundete Garantierung der materiellen Sicherheit durch einen allmächtigen Staat, aber in gleicher Weise auch die Lähmung des wirtschaftlichen Fortschritts in Freiheit stehen wird."[6]

Die Bindung der Rente an die Bruttolohnentwicklung und die Abkehr vom Kapitalstock hin zur Umlagefinanzierung sei ein „Schönwettersystem", schimpfte Erhard. Doch Kanzler Adenauer ließ sich nicht umstimmen: Seine Generation sollte auch etwas vom Wohlstand haben. Das war ein ehrenwertes Ziel, doch die Umsetzung rächt sich heute – an den Rentnern, die Kürzungen, Nullrunden und künftig ein höheres Renteneintrittsalter hinnehmen müssen, an den Beitragszahlern, die immer höhere Rentenbeiträge zahlen müssen, und an der nächsten Generation, die bei der Wahrnehmung ihrer Chancen in der Globalisierung beeinträchtigt wird. Viele gut ausgebildete junge Menschen suchen sich mittlerweile eine neue Heimat und lassen unser Land geschwächt zurück.

Die Rentenreform kann als Paradebeispiel für das Dilemma des großzügigen Sozialstaats dienen: Kurzfristig hat sie für politischen Erfolg, gesellschaftliche Geborgenheit und staatsbürgerliche Identifikation gesorgt. Langfristig aber führt das unsolide finanzierte Konzept des Umlageverfahrens zu einem Vertrauensverlust in den Staat. Denn wer sich daran gewöhnt hat, weniger auf die eigene Leistung und Vorsorge zu bauen als auf die fürsorgende öffentliche Hand, reagiert auf deren Ab-

[6] Ludwig Erhard, Selbstverantwortliche Vorsorge für die sozialen Lebensrisiken, in: Versicherungswirtschaft, Nr. 1., 11. Jg., 1956.

winken, die Rente sei nun doch nicht sicher, mit der gefürchteten Staatsverdrossenheit.

Wenn der Kuchen-Ausschuß einlädt ...

Ein aufschlußreicher Blick ins Jahr 1956: Das starke Wachstum und der aufblühende Wohlstand spülten dem Staat Milliarden in die Steuerkassen, der Bundeshaushalt wies kräftige Überschüsse aus. Adenauer wollte die Wahlen 1957 gewinnen und zog die Spendierhosen an. Er verteilte die Überschüsse an geneigte Gruppen. Wahlgeschenke wurden gepackt: Subventionen, Bauprojekte, Steuervergünstigungen und höhere Sozialleistungen sollten das Publikum der CDU geneigt machen.

Um die Geschenke möglichst effektiv zu verteilen, hatte die Union 1956 einen speziellen Zirkel geschaffen – es entstand der „Kuchen-Ausschuß", wie einige Abgeordnete und respektlose Journalisten das Gremium tauften. Alle Proteste Erhards, der vor dieser Verteilungsorgie gewarnt hatte, halfen nichts. Das Geld wurde unter die Leute gebracht, unter anderem durch massive Rentenerhöhungen.

Ein Treppenwitz der Geschichte ist es, daß Adenauers Kuchenparty aufging. Damit schienen alle ordnungspolitischen Warnungen Erhards widerlegt.

Erhard eroberte 1957 die erste und bisher einzige absolute Mehrheit für die Union. Nein falsch: Ludwig Erhard eroberte sie für Adenauer. Denn der Wirtschaftsminister war die verehrte Leitfigur der Republik. Wenn Erhard auf einer seiner fast 90 Veranstaltungen in diesem Wahlkampf auf dem Marktplatz erschien, schlichen sich Bürger an ihn heran, allein um seinen Mantel zu berühren. Nicht immer begriffen sie, was der „Dikke" in seinem rollenden, umständlichen und ein wenig pathetischen Fränkisch sagte, aber eines verstanden sie: Der Mann wußte, wie es mit der Wirtschaft geht, und er brachte ihnen

„Wohlstand für alle" (so sein Buch von 1957). Er verschwieg ihnen auch nicht, daß sie diesen Lebensstandard selbst erarbeiten müßten.

Was heute kaum jemand weiß und was lange verborgen blieb: Der Mann, der Adenauer und dessen Union 1957 die absolute Mehrheit erkämpfte, war selbst gar kein Parteimitglied – weder in der CDU noch in sonst einer Partei. In die Christlich-Demokratische Union trat Erhard erst in den sechziger Jahren ein. Er trat als Liberaler an, und sein Konzept hatte – obgleich man es der CDU zuschrieb – den Anflug von Überparteilichkeit.

Die Taktik mit dem *Kuchen-Ausschuß* hat die Regierungen aller politischen Färbungen überlebt. Der Kuchen des Verteilbaren wurde stets überschätzt. Die Politik suggerierte, daß der Teller niemals leer würde. Warnungen, besser einen größeren Kuchen zu backen als den vorhandenen trickreicher zu verteilen, wurden in den Wind geschlagen. Diese im Wortsinn unerhörten Mahnungen waren das Verdienst und zugleich das tragische Schicksal Ludwig Erhards.

Ist der Wähler käuflich? Beindrucken ihn selbst soziale Ausschüttungen und andere Nettigkeiten, die nicht erarbeitet sind, sondern gepumpt werden müssen? Manches spricht dafür. Um so schwerer haben es jene, die vor Überforderung und unseriöser Finanzpolitik warnen. Das Gefährliche ist, daß sie den oberflächlichen Augenschein gegen sich haben. Das erinnert ein wenig an die Bemerkung des späteren Kanzlers Helmut Kohl, er wolle schließlich nicht den Ludwig-Erhard-Preis gewinnen, sondern Wahlen. So gerät die Ordnungspolitik nicht selten in den Treibsand von Tagespolitik und Zeitgeist. Ihr fehlt die fundamentale Gründung, wie sie Ludwig Erhards Standfestigkeit sicherte. Seine Mahnungen sind heute so aktuell wie zu Zeiten des legendären Kuchen-Ausschusses vor einem halben Jahrhundert.

Ordnungspolitische Abwege

Die Rentenreform war nur einer von mehreren Schritten auf dem Weg in den Wohlfahrtsstaat. Wo die Sozialpolitik im Konzept Erhards eine berechtigte Schutzfunktion hatte, wurde sie nun zum Einkommensausgleich herangezogen. Und auch die von Erhard gefürchteten Kartelle und Interessengruppen gewannen an Einfluß – und damit die finanzielle Bedienung von Partikularinteressen. Entschieden wandte sich Erhard insbesondere gegen die staatliche Unterstützung für den in die Krise geratenen Kohlebergbau. „Wer da behauptet, daß man auf Grund solcher Pläne oder mittels einer Sozialisierung des Bergbaus der weltweit angestoßenen Strukturwandlung des Energiemarktes Herr werden könnte, ist ein Scharlatan.“[7] Erhards Widerstand – auch gegen seinen eigenen Regierungschef – war damals erfolglos.

Mit der Großen Koalition 1966 unter Kurt Georg Kiesinger erhielt der Glaube an die Steuerbarkeit der Volkswirtschaft nach Keynes weiteren Auftrieb. Im Stabilitäts- und Wachstumsgesetz von 1967 wurde in Bronzelettern gegossen, mit welchem „Werkzeugkasten“ man eine Volkswirtschaft steuern, also „Aufschwünge nach Maß“ herbeizaubern und Rezessionen verhindern könne. „Globalsteuerung“ hieß das magische Wort. Und die gesellschaftlichen Kräfte versammelten sich in einer „Konzertierten Aktion“ am „Tisch der kollektiven Vernunft“, wie es Bundeswirtschaftsminister Karl Schiller (SPD) so populär wie bildhaft formulierte. Der Staat sei zuständig für Wachstum, Beschäftigung und Inflation, flankiert durch den Korporatismus

---

[7] Ludwig Erhard, Die Sorgen des Steinkohlebergbaus, Rundfunkansprache vom 10. September 1959, in: derselbe, Deutsche Wirtschaftspolitik. Der Weg der sozialen Marktwirtschaft, Düsseldorf 1962, S. 422.

der organisierten Verbände. Noch trug das Wachstum. In Zeiten der SPD/FDP-Koalition von 1970 bis 1975 verdoppelten sich unbekümmert die Sozialausgaben. Die Staatsquote kletterte von 39 auf fast 50 Prozent. Die SPD hatte den Staat damit in eine fiskalisch unverantwortbare soziale Schieflage gebracht – allerdings auch unter dem Beifall der noch dem Ahlener Programm verhafteten Teile der CDU.

Als Helmut Kohl im Herbst 1982 die Regierung Schmidt ablöste und die FDP auf der Regierungsbank sitzen bleiben durfte, hoffte das liberale Deutschland auf eine angebotsorientierte Wende. Deutliche Fortschritte wurden insbesondere in der Haushaltspolitik unter Bundesfinanzminister Stoltenberg erreicht. 1989 konnte ein nahezu ausgeglichener Staatshaushalt vorgelegt werden, die Staatsquote ging auf unter 45 Prozent zurück. In anderen Bereichen wie dem Arbeitsmarkt oder den sozialen Sicherungssystemen blieb es hingegen bei halbherzigen Strukturreformen; zu massiv war die öffentliche Kritik an der mutmaßlich „einseitigen Effizienzorientierung", auch wehrten sich die Interessenverbände gegen Einschnitte in ihrem Einflußbereich. Bis 1989 hatten sich die Strukturen im Sinne einer „sozialen Absicherung" vom Wettbewerb weitgehend abgeschottet.

Dann fiel die Mauer. Die Folgen sind bekannt: In der verständlichen Freude über die errungene Wiedervereinigung kam die Sorgfalt bei der Finanzierung zu kurz. Die Gelegenheit zum Umsteuern auch im Westen der Republik verstrich ungenutzt. Die Kosten für die Eingliederung der maroden DDR in den florierenden Sozialstaat wurden unterschätzt, die Einnahmen aus dem Verkauf der Konkursmasse zu hoch angesetzt. Auch die einkassierten Besitztümer der zwischen 1945 und 1949 unrechtmäßig enteigneten Großbauern und Mittelständler konnten die Bilanz nicht retten. Hatte es in der Hochstimmung des „Wir sind ein Volk!"-Erfolges vielleicht ein Zeitfenster gegeben – die

Chance wurde vertan. Mahner von links und rechts wurden als Spielverderber vom Platz gestellt. Wer zur finanziellen Solidität und zu einer Auslichtung des Paragraphendschungels mahnte, fand kein Gehör.

Mittlerweile hat die öffentliche Hand mehr als eine Billion Euro in die neuen Länder gepumpt. Dagegen nehmen sich die 400 Millionen US-Dollar, die durch den Marshall-Fund mit großer Wirkung in den Wiederaufbau der Bundesrepublik geflossen sind, wie ein Trinkgeld aus. Hier zeigt sich, daß eine Starthilfe mit Markt und Wettbewerb eine ungleich größere Wirkung zeigt als im regulierten System, das sich an staatliche Lenkung gewöhnt hat. Immerhin gab es erste Schritte der Deregulierung auf den Gütermärkten: Post und Bahn sind privatisiert, der Energiemarkt liberalisiert (zumindest auf dem Papier). Diese Reformen sind auch dem Druck aus Brüssel geschuldet. Dort nahm das Projekt eines EU-Binnenmarktes nicht allzuviel Rücksicht auf die Befindlichkeit nationaler Interessengruppen.

Das Leitbild wird unscharf

Eine Umfrage in einer beliebigen Fußgängerzone würde wahrscheinlich viele erstaunte Reaktionen bringen: Natürlich haben wir eine Soziale Marktwirtschaft! Doch eine Bestandsaufnahme im Sinne Ludwig Erhards zeigt, daß unsere Wirtschaftsordnung zu einem überregulierten Sozialstaat mit marktwirtschaftlichen Elementen geworden ist:

- Jeder zweite Euro, der heute in Deutschland verdient wird, fließt durch staatliche Kassen. Lag die Staatsquote 1960 noch bei 33 Prozent, 1971 schon bei 40, so waren es 1996 in der Spitze über 49 Prozent des Bruttosozialprodukts, die vom Staat eingezogen und umverteilt werden. Bis 2006 konnte dieser Spitzenwert nur geringfügig auf knapp 46

Prozent verringert werden. Das stellt nicht nur hohe Anforderungen an die Solidarität der Steuerzahler. Es hemmt auch das Wachstum, wenn der „Schutz gegen die notwendigen und nützlichen Folgen des Wettbewerbs" (Artur Woll) den Anreiz zu Innovationen dämpft.

- Zudem ist laut Juergen B. Donges in der Hälfte der Volkswirtschaft – gemessen an der Wertschöpfung – der Wettbewerb bereits ausgeschaltet: Auf dem Arbeitsmarkt herrscht das Tarifkartell, im Handwerk das traditionelle Zunftwesen, der Agrarmarkt ist abgeschottet und hochsubventioniert; Gesundheitswesen, Energiesektor und Wohnungsmarkt werden durch staatliche Eingriffe gegängelt.

Was Wilhelm Röpke schon 1953 beklagte – damals stand das Wirtschaftswunder in voller Blüte –, gilt heute mehr denn je: Freiheit und Wettbewerb werden nicht als Lösung, sondern als Ursache unserer Standortprobleme wahrgenommen.

So hat eine Allensbach-Umfrage 2005 ergeben, daß rund die Hälfte der Bundesbürger dem Urteil zustimmt: „Marktwirtschaft führt automatisch zu sozialer Ungerechtigkeit und macht Reiche immer reicher und Arme immer ärmer."[8] Hier begegnet uns eine bekannte Formel aus alten Zeiten. Dennoch scheint sich das Gros der Deutschen Sorgen wegen der zögerlichen Reformen in den sozialen Systemen zu machen. Das ergab eine Umfrage des Bankenverbands im Frühjahr 2006[9]: „Reichen die beschlossenen Reformen aus, um die Probleme in den Bereichen Rente, Gesundheit, Arbeitsmarkt, Steuern zu lösen?"

---

[8] Zitiert nach Heike Göbel, Markt und Mehrheit, in: Frankfurter Allgemeine Zeitung, 14. Oktober 2006 (Auszug aus ihrer Rede anläßlich der Entgegennahme des Ludwig-Erhard-Preises für Wirtschaftspublizistik am 7. September 2006 in Berlin).

[9] Vgl. Bundesverband deutscher Banken, Umfrage anläßlich des XVIII Bankentages am 24./25. April 2006, in: www.bankentag.de, April 2006.

91 Prozent verneinten dies. Das stimmt optimistisch. Ist das Gedankengut Erhards beim Bürger vielleicht stärker verwurzelt als viele Interessengruppen glauben machen wollen? Bietet sich der Politik also Handlungsspielraum für eine Rückkehr zur Sozialen Marktwirtschaft?

II. Was würde Ludwig Erhard heute sagen?

Nationalökonomie und Globalisierung

Die nationale Ökonomie hat nicht an internationalem Gewicht, wohl aber an nationalem Einfluß verloren. Längst haben Volkswirtschaften nationale Grenzen überwunden. Der technische Fortschritt in Transport und Kommunikation hat die Unternehmen ermutigt und durch den Konkurrenzdruck in weltweitem Maßstab gezwungen, nach Größenvorteilen und Produktivitätsgewinnen auch außerhalb der Landesgrenzen zu suchen. Immer weiter wachsende multinationale Konzerne, deren Umsätze oft größer sind als das Bruttoinlandsprodukt kleiner und mittlerer Länder, und eine internationale Arbeitsteilung in nie gekanntem Ausmaß sind die Folge. Ausländische Direktinvestitionen spielen überall auf der Welt eine große Rolle. 2004 belief sich die Summe aller ausländischen Direktinvestitionen auf 9000 Milliarden US-Dollar. Daran waren etwa 70 000 internationale Konzerne mit 690 000 Tochterunternehmen beteiligt, die gemeinsam rund 19 000 Milliarden Dollar umsetzten.[10]

Es wird also komplizierter, Ludwig Erhards Erbe unverändert weiterzutragen. Erhards Warnungen vor dem Wohlfahrtsstaat verhallten ungehört, sein Traum vom weltweiten Freihandel hat sich jedoch erfüllt. Die Volkswirtschaften sind weniger denn je abgeschirmt, der Begriff der Nationalökonomie stößt an logische

---

[10] Vgl. Weltbank, World Development Report, Washington 2006.

Grenzen. Der Staat hat als handelnder Akteur in der Globalisierung an Gewicht und Einfluß verloren. Neben ihm betraten internationale Organisationen, inter- und intrastaatliche Regionen und Nicht-Regierungsorganisationen die politische Bühne.

Multinationale Unternehmen setzen durch ihre Investitionsentscheidungen mittlerweile ganze Regierungen unter Zugzwang. Der Zusammenhang zwischen Wachstum, Beschäftigung, Mehrung des nationalen Wohlstands und Festigung des sozialen Friedens, den der Wirtschaftswunder-Minister nicht müde wurde, seinen Kollegen und Landsleuten zu erklären – dieser Zusammenhang ist zerrissen. Die Weltwirtschaft gibt den Takt vor, nationale Wirtschaftsregime müssen sich beugen. Globale Entwicklungen schlagen auf die Kapitalmärkte, die Geldpolitik, die Unternehmen, auf Handel und Dienstleistungen, auf die Sozialsysteme, auf die Befindlichkeit von Gesellschaften durch. Auch die Umweltproblematik erreicht mit dem Klimawandel eine neue weltweite Dimension.

Die zunehmende Globalisierung erfordert, daß die nationalen Volkswirtschaften zunächst ihre Hausaufgaben erledigen müssen: Der Staat darf nicht der populären Versuchung erliegen, ein Schutzschild gegen die Globalisierung zu schmieden. Damit wäre er nicht nur überfordert, sondern würde auch Wohlstand zerstören. Vielmehr muß er seine Bürger in die Lage versetzen, die neuen Herausforderungen zu meistern und die Chancen des globalen Wandels zu nutzen. Es gibt übrigens mehr Chancen, als die öffentliche Meinung suggeriert. Das sollte im Land des Exportweltmeisters zu kommunizieren sein.

Viel Arbeit auf den Reformbaustellen

Derzeit fließt mehr als die Hälfte vom Einkommen eines Durchschnittsverdieners an den Staat und seine Kassen. Innerhalb der letzten 45 Jahre sind zudem die jährlichen Kosten für Deutschlands Sozialstaat um das 20fache gestiegen: von 35 Milliarden Euro im Jahr 1960 auf 715 Milliarden Euro im Jahr 2005. Der Anteil der Sozialleistungen am Bruttosozialprodukt schwoll von gut zehn Prozent auf mittlerweile ein Drittel an.

Deutschlands Sozialstaat hat sich übernommen – auf Kosten der wirtschaftlichen Dynamik. Sie stellt das Wurzelwerk des Wohlstands dar. Je üppiger und ausgeklügelter sich der Staat als Garant sozialer Sicherung versucht, desto stärker verstopft er die Quelle, aus der der verteilbare Wohlstand sprudeln soll. Zur Sicherung der Zukunftsfähigkeit des deutschen Modells kann es sich Deutschland daher nicht länger leisten, die großen Reformbaustellen außer acht zu lassen. Erforderlich sind insbesondere

- die Flexibilisierung des Arbeitsrechts und des Arbeitsmarktes,
- die Abkopplung der Gesundheitsbeiträge vom Beschäftigungsverhältnis,
- mehr Kapitaldeckung bei Gesundheit, Pflege und Alterssicherung,
- die konsequente Sanierung der Staatsfinanzen und die Einführung einer Schuldenbremse nach Schweizer Vorbild,
- die Neuordnung der Bund-Länder-Finanz- und Kompetenzbeziehungen zur Stärkung des Wettbewerbs sowie
- eine europafähige Unternehmensbesteuerung.

Ziel der Reformen in Deutschland muß es sein, die Schnittstelle zwischen Bürger und Staat neu zu definieren. Der Staat muß die Rahmenbedingungen in den von ihm regulierten Bereichen so neu setzen, daß innerhalb dieser Bereiche (z. B. Gesundheit, Arbeitswelt, Renten, Infrastruktur, etc.) mehr Markt und Wettbewerb möglich gemacht wird. Nur dann kann und muß der einzelne mehr Eigenverantwortung übernehmen. Dies setzt aber voraus, daß der Staat ihn dazu befähigt. Dabei kommt es darauf an, Bürger und Unternehmen von einengenden Regulierungen und Bürokratien sowie übermäßigen Abgaben- und Steuerlasten zu befreien. Durch einen solchen Befreiungsschlag lassen sich die Wachstumskräfte in unserem Land wieder entfesseln, die zugleich die Voraussetzung für eine nachhaltige Solidarität mit den wirklich Bedürftigen sind.

Was eine Nation zusammenhält

Wenn es je einen Zusammenhang zwischen Wachstum, Arbeitslosigkeit, Vermögensbildung und sozialem Zusammenhalt gegeben hat, so ist dieser in unserer jüngeren wirtschaftlichen Ära aufgelöst. Lord Ralf Dahrendorf, der mit der „Commission on Wealth Creation and Social Cohesion“ 1995 den Zustand der Gesellschaft in Großbritannien untersuchte, fordert eine „Wirtschaftspolitik, die bei der Unterstützung des Wachstums nie das gesellschaftliche Umfeld vergißt, das wesentlich zum Reichtum einer Nation beiträgt. Reichtum schließt nicht nur Respekt für die Umwelt mit ein, sondern auch die Kräftigung des sozialen Zusammenhalts in einer pulsierenden Zivilgesellschaft.“[11] Sozialer Zusammenhalt und Reichtum der Nation – hier liegen die Herausforderungen für die Politik der Zukunft.

Patriotisch populistische Reflexe gibt es auf der ganzen Welt. So hat in den USA der Senat den Griff der Dubai Ports auf amerikanische Häfen abgewehrt, in Europa gab es Versuche, Arcelor gegen Mittal abzuschirmen, die UniCredit bekam nach der Übernahme der HypoVereinsbank Probleme mit der polnischen Regierung, in Frankreich wurden die Energieunternehmen Gaz de France und Suez sicherheitshalber zum nationalen Champion zusammengelegt. Die Regierungen von Italien und Spanien bremsten den deutschen Energiekonzern E.ON beim Übernahmeversuch von Endesa aus, von dem peinlichen deutsch-französischen Gezerre um die Vormacht bei Airbus

[11] Vgl. Lord Ralf Dahrendorf u. a., Report on Wealth Creation and Social Cohesion in a free society, London 1995.

(EADS) nicht zu reden. In China ist von vornherein festgelegt, daß die vier großen Stahlkonzerne nicht von ausländischen Konkurrenten gekauft werden können. Und in Rußland schützt der bürokratische Kapitalismus die heimische Industrie und ihre Oligarchen. Rechtssicherheit gehorcht dem Zufallsprinzip. Wo vermeintlich nationale Werte und der Reichtum bedroht sind, erhebt sich Protest, dem sich staatsgläubige Politiker sofort anschließen.

Was ist mit „Reichtum der Nation" gemeint? Der Reichtum einer Nation ist mehr als der innere Zusammenhalt, die Sprache, das Pro-Kopf-Einkommen oder ihr Bruttosozialprodukt. Er ist die Summe dessen, was Menschen an ihrem Umfeld und in ihrer Umwelt schätzen: eine gut funktionierende Infrastruktur, also Verkehrswege und -mittel, Telekommunikation, leistungsfähige Bildungsangebote und Forschungseinrichtungen, Innovationskraft, Kultur und deren Einrichtungen, Bodenschätze, eine gesunde und intakte Natur, aber auch die Verteidigungsindustrie und einige strategische Industrieunternehmen. Auch der Aufbruchwille, der Optimismus oder die industrielle Intelligenz eines Volkes scheinen in keiner Sozialproduktstatistik auf. Dennoch prägen sie das Leben und das Wohlergehen der Menschen.

Die nationale Politik der meisten westlichen Staaten ist überfordert, dem Druck der Globalisierung standzuhalten und zugleich ihre Chancen voll auszuschöpfen. Aber sie kann Wege weisen, wie die Menschen beide Probleme angehen können, um nicht zerrieben zu werden. Weltweit herrscht wirtschaftliche Unausgewogenheit und verschärft durch die immensen Lohnunterschiede den Druck auf immer stärkere internationale Arbeitsteilung.

Auch Probleme wie Umweltverschmutzung, Klimawandel und erhöhter Ressourcenverbrauch sind in einer globalisierten Welt nicht länger national, sondern nur weltumspannend lösbar. Sie betreffen alle Völker auf allen Kontinenten. Zur Bewahrung der Schöpfung stehen die Industrienationen dabei in der Pflicht: sowohl als größte Energieverbraucher als auch wegen ihres Vorsprungs an Technologie und Know-how.

Internationale Institutionen stärken

Multilaterale Institutionen müssen neu belebt werden – auch und gerade, weil die wirtschaftlichen Spannungen anhalten werden. In existentiellen Fragen, beispielsweise bei der Energie- und Umweltpolitik, klafft die Sichtweise von Europäern, Amerikanern oder Asiaten weit auseinander. Selbst innerhalb des kleinen Kontinents Europa fixiert man zwar formelhafte und langfristige Vorsätze, liegt aber in wichtigen praktischen Details weit auseinander. Gerade die Klimaschutzpolitik belegt, wie wenig erfolgreich kostspielige Alleingänge sind, aber auch wie verführerisch für Regierende die populäre Symbolpolitik ist. Ihre bizarren Auswüchse zeigen sich, wenn man Bürgern das Autofahren und den Ferienflug vergällen oder Glühbirne und Standby-Schalter verbieten will.

Während das derzeitige Kyoto-Protokoll zu einer einseitigen Belastung der EU führt, bleiben die Hauptemittenten USA und China außen vor. Durch das Protokoll können aber niemals so viele Emissionen eingespart werden, wie allein China durch seine Wirtschaftsdynamik zusätzlich ausstößt. Um so wichtiger ist es, auf gemeinsame, supranational abgestimmte Schritte zu dringen. Dringend erforderlich sind realistische Klimaschutzziele, die volkswirtschaftlich verantwortbar sind. Sie sollten allen Ländern Anreize geben, ernsthaft und überprüfbar im Rahmen einer globalen Klimakooperation an der Emissionsreduktion mitzuwirken. Insgesamt gibt es dazu bisher keine nennenswerte Initiative, das Mißverhältnis im Netz der globalen Institutionen zu beheben. Notwendig ist eine stärkere Gewichtung der wesentlichen Beteiligten in den internationalen Gremien (UN, G8, WTO, IMF etc.). Dies könnte die bisher fehlende internationale Plattform schaffen und die wirtschafts- und klimapolitische Zusammenarbeit intensivieren.

Für die europäischen Staaten liegt die Antwort darüber hinaus in einer vertieften Integration. Ob innere und äußere Sicherheit, Klimaschutz, Energieversorgungssicherheit oder freier Welthandel – die EU-Staaten werden im globalen Konzert nur gehört, wenn sie die Vielfalt ihrer Stimmen zu einer bündeln. Um die Interessen ihrer Bürger in der Welt wirkungsvoll vertreten zu können, muß die EU sich aber zunächst selbst wieder in Form bringen. Nach dem Scheitern des Verfassungsentwurfs sollte eine neue und weniger detailversessene Vertragsgrundlage gesucht werden, die der Union auch mit 27 Mitgliedern wieder Handlungs- und Entscheidungsfähigkeit garantiert. Zugleich muß sich die EU im Sinne des von ihr propagierten Subsidiaritätsprinzips auf Kernkompetenzen beschränken, statt sich in bisweilen lächerlichen Detailregulierungen zu verlieren. Neue Erweiterungsrunden verbieten sich, weil sie die Union überlasten. Den Nachbarstaaten ist ein faires und realistisches Angebot für eine verstärkte und privilegierte Zusammenarbeit zu machen.

Neben der friedensstiftenden Wirkung besteht der epochale Fortschritt der Europäischen Union in ihrem offenen Binnenmarkt. Er folgt den Erhardschen Prinzipien von Markt und Wettbewerb, macht die europäischen Unternehmen fit für den globalen Wettbewerb. Abschottung nach innen – wie sie bei der Diskussion um die EU-Dienstleistungsrichtlinie von vielen gefordert wurde – verhindert dagegen Wirtschaftswachstum und neue Beschäftigung. Zugleich schwächt sie die Leistungsfähigkeit der Unternehmen. Notwendig ist auch eine massive Entlastung von überflüssiger Bürokratie. Mehr als 96 000 Verordnungen und Richtlinien wurden seit 1952 in Europa verabschiedet. Unternehmerische Initiative wird dadurch mit Kosten in

Milliardenhöhe belastet. Industriekommissar Verheugen schätzt diese bürokratische Schlepplast auf die gewaltige Summe von bis zu 600 Milliarden Euro in jedem Jahr.

Diese bürokratische Herausforderung muß auch Deutschland annehmen. Laut einer Studie des Instituts der deutschen Wirtschaft (IW)[12] – pikanterweise anläßlich des 50. Jahrestages des „Gesetzes zur Bekämpfung der Schattenwirtschaft" – könnten durch den Abbau von Vorschriften und Bürokratie umgerechnet bis zu 500 000 Arbeitsplätze aus der Schattenwirtschaft in die offizielle Wirtschaft verlagert werden. Ein Fünftel der umgerechnet 2,5 Millionen Schwarzarbeitsplätze ließen sich auch ohne Senkung der Steuer- und Abgabenlast in legale Jobs verwandeln, so die IW-Studie.

Trotz ihres Reformbedarfs bleibt die Europäische Union ein herausragendes Beispiel regionaler Integration. Sie geht über Handel und Investitionen hinaus und verschafft anderen Handelspartnern Zutritt zum gemeinsamen Markt. Regionale Abkommen sind zur Schlüsselkomponente des neuen Weltmarkts geworden, denn etwa zwei Drittel des Welthandels (inklusive Investitionen) laufen zwischen Staaten mit gegenseitigem Handelsabkommen. Asien ist die letzte Region, die auf diesen Zug aufsprang.

Es ist sehr zu bedauern, daß die Doha-Runde der Welthandelsorganisation nicht recht vorankommt. Sowohl die USA als auch die EU, vor allem aber Indien, haben ihre Agrarmärkte nicht weiter öffnen wollen. Immerhin machten die bisherigen Verhandlungen der Welthandelsorganisation zwei Sachverhalte deutlich:

---

12 Vgl. Dominik H. Enste und Stefan Hardege, Regulierung und Schattenwirtschaft, in: IW-Trends – Vierteljahresschrift zur empirischen Wirtschaftsforschung aus dem Institut der deutschen Wirtschaft Köln, 34. Jg., Heft 1/2007.

- Offene Märkte, verbunden mit Fortschritten bei Bildung und Ausbildung der Menschen, sind die Treibsätze des Wachstums. Offene Volkswirtschaften profitieren vom internationalen Ideen-Austausch und können den ständigen technischen Fortschritt nutzen. Dies bringt die Firmen dazu, ihre Fertigung zu optimieren und neue Produkte zu entwickeln.
- Es zeigt sich allerdings immer deutlicher, daß der erhoffte „trickle-down"-Effekt, bei dem der Wohlstand von den wenigen Reichen auf alle abstrahlt, nicht greift. Im Gegenteil: Die Ungleichheit hat in den vergangenen Jahrzehnten zugenommen. Auch ist zu beobachten, daß die Gesellschaft in verschiedene Segmente zerfällt, zwischen denen die Osmose blockiert ist. Die Leichtigkeit, mit der sich Unternehmen neu formieren können, und die wachsende Zahl flexibler, unsicherer Arbeitsplätze geht einher mit einem weltweiten Trend, ein Heer von oft schlecht bezahlten und nicht abgesicherten Arbeitern zu schaffen. Hier muß der Staat ansetzen und Rahmenbedingungen schaffen, die den einzelnen in die Lage versetzen, dem raschen Wandel standzuhalten. Die institutionellen Rahmenbedingungen müssen immer wieder angepaßt werden, so daß alle Teile der Gesellschaft von der Öffnung der Märkte profitieren können.

Zum Risiko regionaler Integration gehört die Verzerrung von Handel und Investitionen. Das mögliche Scheitern der Doha-Runde wirft nicht die Frage auf, ob es neue regionale Initiativen geben wird, sondern nur, wie sicherzustellen ist, daß sie nicht zum Ausschluß anderer Länder mißbraucht werden. Oder, wie der Premierminister Lee von Singapur, einmal sagte:[13] „Das asiatische Gerüst für die Zusammenarbeit muß offen und einschließend sein und den Rest der Welt bestärken, die Bildung

[13] Premierminister Lee Hsien Loong, 5th International Institute for Strategic Studies' Asia Security Summit, 2. Juni 2006, Singapur.

zweier rivalisierender Blöcke um China und um die USA zu vermeiden – dies würde nur zu Konflikten führen."

Outsourcing und Migration

Die Globalisierung hat den Anpassungsdruck auf Unternehmen und Arbeitnehmer in allen Industrieländern erhöht. Laut Bureau of Labor Statistics ist der Anteil der Fertigung, der klassischen Beschäftigung der amerikanischen Mittelschicht, an der Gesamtheit der Arbeitsplätze in den vergangenen beiden Jahrzehnten von einem Fünftel auf ein Zehntel gefallen. Ein ähnlicher Trend zeigt sich in Deutschland, wo die Anzahl der Jobs in der Fertigung in den letzten 20 Jahren von zwölf auf acht Millionen fiel. Bis 2015, heißt es, werden es noch zwei Millionen weniger sein.

In den wohlhabenden – und ängstlichen – Ländern pflegt man die wichtige Kehrseite der Globalisierung gern zu unterschlagen: Die ärmsten Länder der Erde haben ihr Pro-Kopf-Einkommen in den achtziger und neunziger Jahren um 160 Prozent steigern können. In den Industrieländern liegt die Wachstumsrate für diesen Zeitraum bei 50 Prozent. Dieses Wachstumswunder ist nicht einem Absatzsprung von Agrarprodukten zu danken, wie man aus den Debatten der Welthandelsorganisation schließen könnte. Es stammt vielmehr aus dem Export von Massenware im großen Stil – vom Schuh über Spielzeug bis zum Computer.

Die Weltbank legt eine Datensammlung vor, die die Länder der Welt in Einkommensklassen einteilt.[14] Danach zählen die OECD-Staaten, die arabischen Ölexporteure sowie Singapur zu dem reichen Viertel am oberen Ende der Skala. Die 30 Prozent der Staaten am unteren Ende der Einkommensverteilung, die

[14] Vgl. Weltbank, World Development Report, Washington 2006.

mehr als die Hälfte der Weltbevölkerung darstellen, sind in Vorderasien und im Afrika südlich der Sahara zu finden. Die „Mittelschicht" verteilt sich auf Lateinamerika, den ehemaligen Ostblock, die asiatischen „Tigerstaaten" und den Mittleren Osten. Sie konnte ihren Wohlstand zwischen 1980 und 2000 nur um 20 Prozent vermehren. Von der Globalisierung, also der weltweiten Verteilung von Gütern, Anlagen und Einkommen haben viele profitiert – aber eben nicht alle gleichermaßen.

Vor dieser Neuverteilung von vermehrtem Wohlstand stehen die Staaten in der Pflicht, den sozialen Zusammenhalt ihrer Gesellschaften neu zu definieren. Das ist besonders mühsam, wenn Neid und Mißgunst herrschen und die Versuchung zum Protektionismus virulent ist. Geoffrey Garrett hat es in seinem Aufsatz „Globalization's Missing Middle"[15] so ausgedrückt: „Die Globalisierung bedrängt die Mittelschicht, sowohl in der Staatengemeinschaft als auch innerhalb der Länder selbst. Auf dem heutigen Weltmarkt gibt es nur zwei Wege nach oben. Menschen und Staaten müssen konkurrenzfähig sein – entweder in der High-Tech-Branche, in der die Entwicklung und die rasche Umsetzung von Innovationen zählen, oder auf dem Niedriglohn-Sektor, der bekannte Technologien nutzt, um Routine-Aufgaben mit den geringstmöglichen Kosten zu erledigen. Weder die Mittelschicht in den Industriestaaten noch die Länder in der Mitte der weltweiten Einkommensskala können da mithalten – vor allem Lateinamerika sowie Südosteuropa haben hier das Nachsehen."

Es gibt keine Anzeichen, daß sich dieser Trend in absehbarer Zeit ändern sollte. Die Unternehmensberatung McKinsey schätzt, daß allein im Dienstleistungssektor elf Prozent aller Jobs weltweit wegfallen könnten. Hinzu kommt die demografische Entwicklung, die in einer globalisierten Welt eine immer größere Rolle

[15] Vgl. Geoffrey Garrett, Globalization's Missing Middle, in: Foreign Affairs, November/Dezember 2004.

spielt. Sie schlägt in den verschiedenen Teilen der Welt, so schätzt die UN, bis 2050 unterschiedliche Richtungen ein:

- In Europa wird die Erwerbsbevölkerung im Alter zwischen 15 und 64 Jahren um 122 Millionen Menschen oder 24 Prozent schrumpfen.
- In Nordamerika wird sie um etwa 48 Millionen zulegen, das ist ein Plus von 22 Prozent.
- Asien erwartet 784 Millionen Erwerbsfähige, das heißt plus 30 Prozent,
- während in Lateinamerika die Zahl der Jobsuchenden am stärksten steigt – um 139 Millionen oder 39 Prozent.

Dieser Arbeitskräfte-Engpaß markiert für Europa ein riesiges Wachstumsrisiko. Selbst wenn man von einem Einwanderungsüberschuß von 200 000 Personen pro Jahr ausgeht, könnte allein in Deutschland das Wachstumspotential um 50 Prozent sinken. Eine Anpassung an Ungleichgewichte geschieht auf zwei Wegen: Entweder die Arbeitsuchenden wandern in Regionen mit freien Stellen oder die Firmen verlegen ihre Produktion dorthin, wo sie die passenden Mitarbeiter finden (Outsourcing). Für beide Verfahren gibt es hinreichend Belege. Den Menschen wird zwar eine höhere Mobilität abverlangt, aber die Globalisierung hilft auch, negative Auswirkungen der Bevölkerungsentwicklung abzufedern. Die Auslagerung von Firmenteilen, gerade im Dienstleistungssektor, nimmt gerade erst Fahrt auf und erobert immer neue Bereiche.

Während Indien das wichtigste Ziel dieser Bestrebungen bleibt, verliert Outsourcing zunehmend seinen Einbahnstraßen-Charakter. Auch „Insourcing“ findet statt. Gerade Deutschland beispielsweise hat sich zu einem immer reizvolleren Ziel der Verlagerung von hochqualifizierten Dienstleistungen wie Forschung und Entwicklung oder Marketing auch ausländischer Firmen entwickelt, ebenso die medizinische Behandlung von Privatpatienten.

Reichtum mehren, sozialen Zusammenhalt festigen

Wir erkennen heute, daß die Globalisierung nachhaltig Reichtum und Wohlstand in der Welt steigert, beides aber gleichzeitig neu verteilt. Dies löst längst tot geglaubte Reflexe aus. Der Ruf, der Globalisierung Schranken zu setzen, wird wieder lauter bei denen, die sich emotional oder materiell abgedrängt fühlen und sich eher bei den Verlierern einordnen.

Der Ruf nach dem Staat, diesem internationalen Treiben Einhalt zu gebieten oder wenigstens Schranken zu setzen und die angeblich Schwachen zu schützen, wird oft laut hörbar, vielfach jedoch nicht von den Schwachen selbst, sondern von Organisationen, die vorgeben, für jene zu sprechen.

Der Staat wird damit in eine Zwickmühle gedrängt:

Auf der einen Seite hat er durch eine Vielzahl von zwischenstaatlichen Vereinbarungen (WTO u.v.a.m.) die Möglichkeit zur Globalisierung des Kapitals, der Warenströme, der Dienstleistungen und der Produktionen selbst geschaffen und damit den Wohlstand der Bevölkerung nachhaltig gehoben, auf der anderen Seite sieht er sich zunehmend Forderungen ausgesetzt, die unerwünschten Konsequenzen und daraus folgende Verwerfungen zu verhindern oder wenigstens zu mindern.

Vor diesem Hintergrund ist das eigentliche Dilemma der Sozialen Marktwirtschaft heute zu sehen: Es besteht in dem sich ausprägenden Konflikt zwischen mehr Wohlstand für das Land und dem sozialen Zusammenhalt. Die tendenzielle Auflösung des ökonomischen Nationalstaates läßt unterschiedliche Bevölkerungsgruppen ungleichmäßig an den Gewinnen und Verlusten der Globalisierung teilhaben.

Da unser Staat seine Teilnahme an der Globalisierung realistischerweise weder beenden kann noch will, weil damit auf Wohlstand in dramatischer Dimension verzichtet würde, muß er für den sozialen Zusammenhalt neue Konzepte entwickeln –

oder die richtigen ökonomischen Ansätze von Ludwig Erhard in angemessener Form auf die heutige Situation weiterentwickeln. Es lassen sich viele Gedanken in den Schriften Ludwig Erhards finden, die mit Bestimmtheit annehmen lassen, daß sein ökonomischer Ansatz und sein marktwirtschaftliches Denken mit dem Thema Globalisierung gut in Einklang zu bringen ist. Jedoch, der einfache Zusammenhang zwischen Wachstum, Beschäftigung und mehr Wohlstand für alle ist aufgelöst und muß neu definiert werden. Unternehmenswachstum führt zwar nach wie vor zu mehr Beschäftigung, aber nicht mehr notwendig im eigenen Land. Neue Beschäftigung wird weltweit verteilt. Wachstum führt nach wie vor zu mehr Wohlstand, der Zuwachs betrifft nicht alle und wird ebenfalls weltweit verteilt.

Soll der Staat berufen werden, diese Ungleichheiten, die durch die Globalisierung verstärkt in unsere Gesellschaft hineingetragen werden, auszugleichen? Nichts deutet darauf hin, daß Ludwig Erhard einen solchen Gedanken mit seinem Verständnis von Sozialer Marktwirtschaft zugelassen hätte.

Wenn Ausländer bei uns investieren, Unternehmen grenzübergreifend fusionieren oder andere Firmen übernehmen, sind offene Volkswirtschaften keineswegs bedroht. Dennoch reagiert die Öffentlichkeit hoch empfindlich auf diesen Strukturwandel, vor allem wenn es um Projekte geht, die als zum „Reichtum der Nation" gehörig empfunden werden. Gleichzeitig haben Willen und Fähigkeit der Politiker abgenommen, gegen Protektionismen Front zu machen und kämpferisch für eine Öffnung der Märkte und die Stärkung des Wettbewerbs einzutreten.

Um die Doha-Runde neu zu beleben, muß die WTO ihre Kräfte bündeln: Sie sollte ein Forum bieten, auf dem faire Handelsbedingungen ausgehandelt und ihre Einhaltung überwacht wird – nicht mehr, nicht weniger. Sie kann keine Entwicklungsorganisation sein. Dafür gibt es die Weltbank. Und für die

Durchsetzung politischer Ziele auf dem internationalen Parkett wende man sich an die Vereinten Nationen. Denn: Handelsrunden bringen nur etwas, wenn sie von Fairness und Ehrlichkeit getragen werden. Von der Doha-Runde hatte sich WTO-Generalsekretär Pascal Lamy weiteres Wachstum von Handel und Wirtschaft weltweit und weitere Erfolge in der Bekämpfung der Armut erhofft. Sicher nicht zu Unrecht, denn die Uruguay-Runde soll 350 Millionen Menschen aus der Armutsfalle befreit haben.

Die Wucht dieser Entwicklung stellt die Soziale Marktwirtschaft vor neue Herausforderungen, ihre Prinzipien müssen den künftigen Trends angepaßt werden. Die Globalisierung ist nicht aufzuhalten. Die weltweite Verflechtung sowie die Öffnung und Liberalisierung der Märkte, die Millionen von Menschen Wohlstand bringt, wird nicht vor der Folklore von Demonstranten kapitulieren. Um so stärker sind die Staaten in der Pflicht: Sie dürfen nicht versuchen, sich dem notwendigen Wandel in den Weg zu stellen, sondern müssen die Rahmenbedingungen für den globalen Wandel sichern und gestalten. Deutschland gehört als große Exportnation zu den Gewinnern, der dadurch wachsende Wohlstand kommt der gesamten Bevölkerung zugute. Doch auch hierzulande gibt es Gruppen, die mehr oder eben weniger von dieser Entwicklung profitieren.

Hier muß eine moderne Ausgestaltung der Sozialen Marktwirtschaft ansetzen, damit allen ein Weg zur Teilhabe eröffnet wird. Lediglich finanzielle Transfers zur Beruhigung umzuverteilen, ist in Zeiten offener Grenzen keine zukunftsfeste Option mehr.

Die Instrumente, die unsere Gesellschaft dafür zur Verfügung hält, sind vielfältig. Gefordert sind vor allem jene Institutionen, die sich mit der permanenten Aus- und Weiterbildung befassen. Wer gut ausgebildet ist und die Eigenverantwortung nicht scheut, ist sehr wohl den Herausforderungen der Globalisierung gewachsen. Zu diesem freiheitlichen Ansatz gehört die Flexibilität für den Übergang zwischen den einzelnen Institutionen. Eine „globalisierte Sozialpolitik" muß die Eigeninitiative sowie die Fähigkeit fördern, erworbenes Wissen rasch umzusetzen und sich möglichst schnell einen neuen Job zu suchen. Verantwortete Freiheit meint auch Hilfe zur Selbsthilfe.

Eine helfende Politik kippte freilich ins Unsoziale, würde man die Menschen an einen Dauertropf hängen. Wer die Abhängigkeiten von Sozialtransfers verewigt, schließt Menschen auf Dauer vom Arbeitsmarkt aus. Er nähme ihnen die Chancen, die sie sich selbst erobern und eröffnen müssen. Es gilt, die existenzsichernden Rahmenbedingungen der Sozialen Marktwirtschaft zu nutzen, aber nicht von ihnen zu leben.

Der Staat und seine gewählten Repräsentanten müssen umdenken. Nicht der nachträgliche Ausgleich von gewachsenen Ungleichheiten kann Maßstab staatlichen Handelns sein, sondern nur die nachhaltige Instandsetzung des einzelnen, im globalen Wettbewerb erfolgreich teilzunehmen. Hierbei spielen die Erstausbildung und ständige Fortbildung auf allen Ebenen der Gesellschaft eine entscheidende Rolle. Nur so kann die Innovationskraft unserer Gesellschaft ausgebaut und der einzelne der Notwendigkeit nach mehr Eigenverantwortung gerecht werden. Diejenigen mit guter Ausbildung und hoher Motivation haben alle Voraussetzungen, um zu den aktiven Teilnehmern und erfolgreichen Gewinnern in der globalen Weltordnung zu gehören. Prinzipiell sind die Chancen für den einzelnen, die Nische für seinen Erfolg zu finden, heute sehr viel größer und vielfältiger als jemals in der Geschichte zuvor. Diese Veränderung wird in der Kommunikation am deutlichsten, ist aber auf diese nicht beschränkt.

Der Kommunikationsumbruch ist dramatisch: Traditionell hat ein Sender mehrere Empfänger gehabt. Die Zahl war auch beeinflußt von seiner Stellung in der gesellschaftlichen Hierarchie. Mit technischen Weiterentwicklungen konnte die Zahl der Empfänger, die für einen Sender erreichbar waren, ständig ausgeweitet werden, gleichzeitig wurden die Verhältnisse egalitärer. Der Umbruch heute läßt es zu, daß unendlich viele Sender unendlich viele Empfänger erreichen können. Die Anzahl der Kombinationen für die eigene Chancenrealisierung ist unendlich gestiegen. Die Anzahl derer, die zu den Teilnehmern der Globalisierung gehören können, hat ebenfalls fast unendlich zugenommen. Allerdings, nur der Wettbewerb kann den Gewinner definieren. Wie im Sport, so auch in der Wirtschaft. Natürlich kann nicht jeder gewinnen, aber um die, die dabei sind, brauchen wir uns keine Sorgen zu machen. Die Teilnehmer des Sports produzieren Gewinner, die Teilnehmer der Wirtschaft produzieren Wohlstand. Jedoch nicht alle nehmen teil.

Wenn in diesem Buch in Fortführung von Ludwig Erhard über den Zusammenhang von der Mehrung des Reichtums einer Nation und ihrem sozialen Zusammenhalt gesprochen wird, dann kann die soziale Sicherheit derer, die nicht teilnehmen, nicht ausgeklammert werden. Die Kosten unserer Sozialsysteme erreichen gut 30 Prozent des Bruttoinlandsproduktes und beeinflussen maßgeblich den Anreiz für den einzelnen, zu arbeiten und zu sparen oder dies eben nicht zu tun. Es konnte nicht das Ziel des vorliegenden Buches sein, detaillierte Modelle zu entwickeln, wie die bestehenden Sozialsysteme zu reformieren sind. Dennoch muß aufgrund der vorliegenden Beiträge auf einige Vorschläge hingewiesen werden, die konsistent sind mit dem gesamten Ansatz von Ludwig Erhard, nämlich Investitionen zu fördern und den sozialen Ausschluß von Mitbürgern zu vermeiden. Dazu sind zwei große Themenbereiche anzusprechen, die mittlerweile knapp die Hälfte des Bundeshaushalts ausmachen und daher besonders vordringlich sind:

Erstens: Die Regulierungen des Arbeitsmarktes sind den veränderten gesellschaftlichen Bedingungen flexibel anzupassen. In den letzten beiden Jahrzehnten hat die Anzahl der Beschäftigten, der Zeit- und Gelegenheitsarbeiter erheblich zugenommen. Ein ständig wachsender Prozentsatz derer, die heute beschäftigt sind, hatten vor fünf Jahren noch einen anderen Arbeitgeber oder Arbeitsplatz. Die Anzahl Vollzeitbeschäftigter hat im Gegenzug abgenommen. Diese Entwicklung, auch als Ausdruck der notwendigen Restrukturierungen der globalen Wirtschaft, sollte eher begrüßt als bekämpft werden, denn die Chance, schnell wieder neu in Arbeit zu kommen, ist letztlich zukunftsorientierter als das verkrampfte Festhalten am alten Arbeitsplatz durch überzogene gesetzliche und tarifliche Vereinbarungen. Vor diesem Hintergrund müssen die Hürden, am regulären Arbeitsmarkt und damit an den sozialen Sicherungssystemen teilzunehmen, gesenkt und flexibler gestaltet werden. Der Arbeitsmarkt muß durch eine proaktive Politik einer Arbeitsagentur so begleitet werden, daß jeder um Unterstützung nachsuchende Arbeitsfähige einen Arbeitsplan entwickelt, der einen möglichst schnellen Übergang von der sozialen Unterstützung in qualifizierte Beschäftigung vorsieht. Im Sinne einer stärkeren Eigenverantwortung ist die Beweislast ein Stück gleichmäßiger zwischen dem einzelnen und der Solidargemeinschaft zu verteilen. Ein möglicher praktischer Ansatz hierzu wird in einem der folgenden Beiträge vorgestellt. Nur so kann Ludwig Erhard wieder neu zur Geltung gebracht werden, wenn er in „Wohlstand für alle" sagt: „Die Lösung liegt nicht in der Division, sondern in der Multiplikation des Sozialproduktes".

Zweitens: Unser Pensionssystem muß in die Richtung gedreht werden, die Ludwig Erhard ursprünglich hätte mittragen können. Es muß zukunftssicher gemacht werden. In unserer alternden Gesellschaft kommt dem die höchste Priorität zu. Schon heute verbringt eine immer größere Zahl von Menschen mehr Zeit in Ausbildung und Rente als in der Arbeit, insbesondere dann, wenn weiterhin Frühpensionierungen gefördert werden. Das gegenwärtige Umlagesystem transferiert gegenwärtiges Einkommen in Einkommen, das außerhalb des Arbeitsmarktes liegt. Jedoch kann keine Generation der nächsten garantieren, daß sie für ausreichendes Einkommen im Alter aufkommt. Die im Umlageverfahren finanzierte Rente – im Volksmund beschönigend Generationenvertrag genannt –, gegen deren Einführung Ludwig Erhard seinerzeit Sturm gelaufen war, muß ergänzt werden durch betriebliche und private Vorsorge, deren Ergänzung sich aus kapitalunterlegten Einkommen speist.

Es ist schon fast eine Ironie der Geschichte, daß genau dort mit der Reform der Sozialen Marktwirtschaft heute begonnen werden muß, wo sie seinerzeit den von Ludwig Erhard gewiesenen Pfad verlassen hat.

Die Fortschritte auf diesem wirtschaftlichen Pfad in die Zukunft müssen meßbar sein oder meßbar gemacht werden. Deshalb wäre es gut, wenn wir uns aufgrund der Forderungen in den folgenden Beiträgen beim Fortschreiten auf dem von Ludwig Erhard eingewiesenen Pfad auf die Erstellung einer Nationalen Bilanz[16] einigten, die alle zwei Jahre fortgeschrieben werden muß. Diese Nationale Bilanz sollte sowohl die gesamtwirtschaftliche Leistung (gemessen als Bruttoinlandsprodukt) als auch weiterführende Werte wie Umwelt- und Beschäftigungsdaten sowie Indikatoren zu den sozialen Chancen und dem sozialen Zusammenhalt enthalten. Entwicklungswerte zur Qualität der Unternehmensführung (Corporate Governance) im europäischen Vergleich sollten ebenso aufgeführt werden. Entsprechendes gilt für Meßzahlen zur politischen Freiheit, die auch das Ausmaß der bürokratischen Regelungen erfassen.

---

[16] Dieser Vorschlag geht nicht zuletzt auf die Überlegungen von Lord Dahrendorf u. a., Report on Wealth Creation and Social Cohesion in a free society, London 1995, zurück.

Wenn eine solche Nationale Bilanz einschließlich einer Gewinn- und Verlustrechnung regelmäßig erstellt und fortgeschrieben würde, dann könnten die in den folgenden Beiträgen aufgestellten Forderungen und Vorschläge meßbar und für den Bürger transparent gemacht werden. Ludwig Erhard würde sich über diesen Fortschritt freuen.

Ludwig Erhard

Versorgungsstaat – der moderne Wahn

Bei jeder Äußerung zu dem Thema „Soziale Sicherheit“ laufe ich Gefahr, daß mir die Überschreitung meiner Zuständigkeiten vorgeworfen wird. Wenn ich dazu also nicht so sehr als Wirtschaftsminister denn als Wirtschaftspolitiker spreche, so ist es doch für den Kenner der Materie selbstverständlich, daß im Gefüge einer sozialen Marktwirtschaft auch der Wirtschaftsminister allen Anlaß hat, sich um die weitere Gestaltung unserer Sozialpolitik zu bekümmern. Die soziale Marktwirtschaft kann nicht gedeihen, wenn die ihr zugrundeliegende geistige Haltung, d. h. also die Bereitschaft, für das eigene Schicksal Verantwortung zu tragen, und aus dem Streben nach Leistungssteigerung an einem ehrlichen freien Wettbewerb teilzunehmen, durch vermeintliche soziale Maßnahmen auf benachbarten Gebieten zum Absterben verurteilt wird.

Wer diese Problematik zu Ende zu denken bereit ist, wird auch die Fragwürdigkeit einer allzu engen Zuständigkeitsbegrenzung begreifen. Eine ressortmäßige Abkapselung wäre überhaupt nur dann vertretbar, wenn das Handeln und Verhalten all derer, die die ökonomischen Verhältnisse beeinflussen, von einer gleichen geistigen Schau aus bestimmt wäre, wenn sie die Ordnung, welche die soziale Marktwirtschaft verkörpert sehen möchte, vorbehaltlos bejahen würden. Es müßten also – kurz gesagt – alle an einem Strange ziehen.

Ich habe zu wiederholten Malen betont, daß ich die persönliche Freiheit für unteilbar halte. Aus solcher Gesinnung heraus bin ich 1948 darangegangen, alle wirtschaftlichen Unfreiheiten systematisch abzubauen und deshalb muß ich, ebenso wie ich meinen Teil zur Befreiung des deutschen Menschen beigetragen habe, einen entsprechenden Beitrag auch für die übrigen Lebensbereiche verlangen. Eine freiheitliche Wirtschaftsordnung kann auf die Dauer nur dann bestehen, wenn und solange auch im sozialen Leben der Nation ein Höchstmaß an Freiheit, an privater Initiative und Selbstvorsorge gewährleistet ist.[1]

Wenn dagegen die Bemühungen der Sozialpolitik darauf abzielen, dem Menschen schon von der Stunde seiner Geburt an volle Sicherheit gegen alle Widrigkeiten des Lebens zu gewährleisten, d. h. ihn in einer absoluten Weise gegen die Wechselfälle des Lebens abschirmen zu wollen, dann kann man von solchen Menschen einfach nicht mehr verlangen, daß sie das Maß an Kraft, Leistung, Initiative und anderen besten menschlichen Werten entfalten, das für das Leben und die Zukunft der Nation schicksalhaft ist und darüber hinaus die Voraussetzung einer auf die Initiative der Persönlichkeit begründeten „Sozialen Marktwirtschaft" bietet. Auch muß auf die unlösbare Verbindung zwischen Wirtschafts- und Sozialpolitik aufmerksam gemacht werden: Tatsächlich sind um so weniger sozialpolitische Eingriffe und Hilfsmaßnahmen notwendig, je erfolgreicher die Wirtschaftspolitik gestaltet werden kann.

Damit soll nicht geleugnet werden, daß eine auch noch so gute Wirtschaftspolitik in modernen Industriestaaten einer Ergänzung durch sozialpolitische Maßnahmen bedarf. Andererseits aber gilt der Obersatz, daß jede wirksame soziale Hilfe nur auf der Grundlage eines ausreichenden und wachsenden Sozialproduktes, und das bedeutet eben einer leistungsfähigen Wirtschaft, zu ermöglichen ist. Es muß daher im ureigensten Interesse jeder organischen Sozialpolitik liegen, eine zugleich expansive wie auch stabile Wirtschaft sicherzustellen und Sorge zu tragen, daß die Prinzipien, nach denen diese Wirtschaft geordnet ist, erhalten bleiben und weiter ausgebaut werden.

---

[1] Januar 1956; in „Versicherungswirtschaft" Nr. 1, 11. Jhrg.

Da die Größenordnungen, in denen sich über die Sozialhaushalte die Einkommensübertragungen vollziehen, keineswegs mehr als eine Quantité négligeable gelten können, sondern einen gewichtigen Faktor im Verteilungsprozeß der Wirtschaft ausmachen, besteht heute eine sehr enge Interdependenz zwischen Wirtschaftspolitik und Sozialpolitik. Die volkswirtschaftlich neutrale und autonome Sozialpolitik gehört daher der Vergangenheit an; sie muß vielmehr einer Sozialpolitik Platz machen, die mit der Wirtschaftspolitik aufs engste abgestimmt ist. Die Sozialpolitik darf der volkswirtschaftlichen Produktivität nicht indirekt Abbruch tun und den Grundprinzipien der marktwirtschaftlichen Ordnung nicht widerstreben wollen.

Wenn wir überhaupt eine freiheitliche Wirtschafts- und Gesellschaftsordnung auf Dauer gewährleisten wollen, dann wird es in der Tat zu einem Grunderfordernis, einer Wirtschaftspolitik, die dem Menschen zu persönlicher Freiheit verhelfen will, eine gleichermaßen freiheitliche Sozialpolitik an die Seite zu stellen. Darum widerspricht es zum Beispiel der marktwirtschaftlichen Ordnung, die private Initiative, Selbstvorsorge und Eigenverantwortung auch dann auszuschalten, wenn das Einzelindividuum materiell durchaus in der Lage ist, solche Tugenden in weitem Umfang zu üben. Wirtschaftliche Freiheit und totaler Versicherungszwang vertragen sich denn auch wie Feuer und Wasser.

Auf andere spezielle Zusammenhänge zwischen Wirtschafts- und Sozialpolitik wird im Laufe der folgenden Ausführungen noch eingegangen werden. Hier sei lediglich angemerkt, daß eine Sozialpolitik, der etwa das Bemühen um die Stabilerhaltung der Währung kein vordringliches Anliegen bedeutete, größte Gefahren für die Sicherung der sozialen Marktwirtschaft heraufbeschwören müßte.

Die Hand in der Tasche des Nachbarn

Nachdrücklich muß dieser Gefahr entgegengewirkt werden. In dieser Auseinandersetzung scheiden sich die Geister mehr als in jeder anderen Frage. Die einen wähnen, daß das Wohl und das Glück der Menschen in irgendeiner Form kollektiver Generalhaftung begründet liege und daß man auf diesem Wege, an dessen Ende natürlich immer die Allmacht des Staates steht, fortschreiten müsse. Das ruhige und bequeme Leben, das man damit ansteuern will, wird vielleicht nicht allzu üppig, aber dafür um so gesicherter sein. Diese Form des Lebens und Denkens findet ihren sichtbaren Ausdruck in der Konstruktion des sogenannten Wohlfahrtsstaats. Auf der anderen Seite aber ist das natürliche Streben des einzelnen Menschen, in eigener Verantwortung Vorsorge zu treffen und an seine Zukunft, seine Familie und sein Alter zu denken, nicht aus der Welt zu schaffen – so sehr man sich auch indirekt bemüht, das menschliche Gewissen ertöten zu wollen.

Ich bin in der letzten Zeit allenthalben erschrocken, wie übermächtig der Ruf nach kollektiver Sicherheit im sozialen Bereich erschallte. Wo aber sollen wir hinkommen und wie wollen wir den Fortschritt aufrechterhalten, wenn wir uns immer mehr in eine Form des Zusammenlebens von Menschen begeben, in der niemand mehr die Verantwortung für sich selbst zu übernehmen bereit ist und jedermann Sicherheit im Kollektiv gewinnen möchte? Ich habe diese Flucht vor der Eigenverantwortung drastisch genug gekennzeichnet, wenn ich sagte, daß, falls diese Sucht weiter um sich greift, wir in eine gesellschaftliche Ordnung schlittern, in der jeder die Hand in der Tasche des anderen hat. Das Prinzip heißt dann: Ich sorge für die anderen und die anderen sorgen für mich!

Die Blindheit und intellektuelle Fahrlässigkeit, mit der wir dem Versorgungs- und Wohlfahrtsstaat zusteuern, kann nur zu unserem Unheil ausschlagen. Dieser Drang und Hang ist mehr als alles andere geeignet, die echten menschlichen Tugenden: Verantwortungsfreudigkeit, Nächsten- und Menschenliebe, das Verlangen nach Bewährung, die Bereitschaft zur Selbstvorsorge und noch vieles Gute mehr allmählich, aber sicher absterben zu lassen – und am Ende steht vielleicht nicht die klassenlose, wohl aber die seelenlos mechanisierte Gesellschaft.

Besonders unverständlich erscheint dieser Prozeß, weil in dem gleichen Maße, in dem sich der Wohlstand ausbreitet und die wirtschaftliche Sicherheit wächst, dazu unsere wirtschaftlichen Grundlagen sich festigen, das Verlangen, das so Erreichte gegen alle Fährnisse der Zukunft absichern zu wollen, alle anderen Bedenken überschattet. Hier liegt ein wahrlich tragischer Irrtum vor, denn man will offenbar nicht erkennen, daß wirtschaftlicher Fortschritt und leistungsmäßig fundierter Wohlstand mit einem System kollektiver Sicherheit unvereinbar sind.

Dieser Ruf nach Sicherheit aber, der naturgemäß die Intervention des Staates verstärken muß, läßt zugleich das Widerspruchsvolle dieser unwahrhaftigen Politik in Erscheinung treten. Wenn man den Wortschwall derartiger Forderungen einmal auf eine einfache Formel reduziert, dann wird nicht mehr und weniger verlangt, als eine Senkung der Steuern bei gleichzeitig höheren Anforderungen an den Fiskus. Haben sich die Verfechter solcher Thesen denn wirklich einmal überlegt, woher der Staat die Kraft und Mittel nehmen könnte, solchen im einzelnen vielleicht sogar berechtigten Forderungen zu entsprechen?

Illusion des Sicherheitsbedürfnisses

In letzter Konsequenz führt solches Denken zu höchst unsozialen Ergebnissen. Wenn der Staat es ablehnt, währungspolitische Todsünden zu begehen, die alles zerstören müßten, was er zuvor an Wiederaufbau geleistet hat, dann kann er Kaufkraft – gleich ob in Form von Unterstützungen, Krediten, Darlehen oder Subventionen – nur insoweit spenden, als er den Gegenwert vorher seinen Staatsbürgern durch Besteuerung abgenommen hat. Ich halte daher eine Politik, die den Staat auf solche Weise in den Besitz von Kapital bringt, um ihn darauffolgend wieder zu privaten Ausleihungen zu befähigen, für moralisch höchst anrüchig.[2]

Wer sich nicht scheut, die anstehende Problematik hart und klar zu Ende zu denken, wird schnell die Illusion des Sicherheitsbedürfnisses erkennen. Ebensowenig wie ein Volk mehr verzehren kann, als es als Volk an Werten geschaffen hat, sowenig kann auch der einzelne mehr an echter Sicherheit erringen, als wir uns im ganzen durch Leistung Sicherheit erworben haben. Diese Grundwahrheit wird auch nicht durch Verschleierungsversuche mittels kollektiver Umlegeverfahren aus der Welt geschafft. Ja, gerade dieses gewiß sozial gemeinte Umlegeverfahren muß mit einem sehr hohen Preis bezahlt werden. Das Streben nämlich, den einzelnen Menschen von zuviel staatlichem Einfluß und zuviel Abhängigkeit zu befreien, wird dadurch zunichte gemacht; die Bindung an das Kollektiv wird immer stärker. Die vermeintliche Sicherheit, die dem Individuum vom Staate oder von irgendeinem anderen Kollektiv gewährt wird, muß es sich selbst teuer erkaufen. Der solcherart Schutzsuchende muß also zuerst einmal bar bezahlen. Es ist auch ein Irrtum zu glauben, daß der Weg zum Versorgungsstaat erst dann beschritten wäre, wenn die kollektive Sicherheit ganz oder teilweise vom Staat aus allgemeinen Steuermitteln gewährt werden würde. Ebensowenig kann man diesen Gefahren dadurch entrinnen, daß man einen totalen Versicherungszwang setzt, die Leistungen aber aus Beitragsumlagen finanziert.

---

[2] 10.10.1952; Verein Deutscher Zeitungsverleger e. V., Wiesbaden

Die auf Zwang beruhende allgemeine Volksversicherung – gleich ob sie nun aus einem Topf oder nach Gruppen gegliedert gespeist wird – unterscheidet sich allenfalls gradweise, nicht aber prinzipiell von der allgemeinen Staatsbürgerversorgung. Die Entwicklung zum Versorgungsstaat ist schon dann eingeleitet, wenn der staatliche Zwang über den Kreis der Schutzbedürftigen hinausgreift und wenn ihm Personen unterworfen werden, denen ein solcher Zwang und die Abhängigkeit auf Grund ihrer Stellung im Wirtschafts- und Erwerbsleben wesensfremd ist – oder zumindest wesensfremd sein sollte.[3]

Hier ist mit Fug und Recht an jeden einzelnen die Gretchenfrage zu stellen: Hat denn das Eindringen des Staates, der öffentlichen Hand und der sonstigen großen Kollektive in das menschliche Leben – hat die damit verbundene Aufblähung der öffentlichen Haushalte und die wieder dadurch bewirkte immer größere Belastung des einzelnen Staatsbürgers nun wirklich zur Vermehrung seiner Sicherheit, zur Bereicherung seines Lebens und zur Minderung der Lebensangst jedes einzelnen beigetragen? Wenn ich diese Frage absolut stelle, dann möchte ich sie auch ebenso absolut mit aller Deutlichkeit verneinen. Die Sicherheit des einzelnen Menschen – oder mindestens das Sicherheitsgefühl – hat mit der Überantwortung seines Schicksals an den Staat oder an das Kollektiv nicht zugenommen, sondern abgenommen.[4]

Am Ende steht der soziale „Untertan“

Das berechtigte Verlangen, dem Individuum größere Sicherheit zu geben, kann m. E. nur dadurch erfüllt werden, daß wir über eine Mehrung des allgemeinen Wohlstandes jedem einzelnen

---

[3] Januar 1956; in „Versicherungswirtschaft“ Nr. 1, 11. Jhrg.
[4] 25.09.1953; Victoria-Versicherung, Berlin

das Gefühl seiner menschlichen Würde und damit auch die Gewißheit vermitteln, daß er von jedweden Gewalten unabhängig ist. Das mir vorschwebende Ideal beruht auf der Stärke, daß der einzelne sagen kann: „Ich will mich aus eigener Kraft bewähren, ich will das Risiko des Lebens selbst tragen, will für mein Schicksal selbst verantwortlich sein. Sorge du, Staat, dafür, daß ich dazu in der Lage bin.“ Der Ruf dürfte nicht lauten: „Du, Staat, komm mir zu Hilfe, schütze mich und helfe mir“, sondern umgekehrt: „Kümmere du, Staat, dich nicht um meine Angelegenheiten, sondern gib mir so viel Freiheit und laß mir von dem Ertrag meiner Arbeit so viel, daß ich meine Existenz, mein Schicksal und dasjenige meiner Familie selbst zu gestalten in der Lage bin.“[5]

Die wachsende Sozialisierung der Einkommensverwendung, die um sich greifende Kollektivierung der Lebensplanung, die weitgehende Entmündigung des einzelnen und die zunehmende Abhängigkeit vom Kollektiv oder vom Staat – aber damit zwangsläufig auch die Verkümmerung eines freien und funktionsfähigen Kapitalmarktes als einer wesentlichen Voraussetzung für die Expansion der Marktwirtschaft – müssen die Folgen dieses gefährlichen Weges hin zum Versorgungsstaat sein, an dessen Ende der soziale Untertan und die bevormundete Garantierung der materiellen Sicherheit durch einen allmächtigen Staat, aber in gleicher Weise auch die Lähmung des wirtschaftlichen Fortschritts in Freiheit stehen wird.[6]

Es scheint mir besonders verhängnisvoll zu sein, den Tendenzen zum Versorgungsstaat gerade in einer Entwicklungsphase Raum zu geben, in der die objektiven, d. h. materiellen Voraussetzungen für eine Abkehr von solchen Gedankengängen sich immer deutlicher ausprägen. Müßten wir etwa damit rech-

---

[5] 15.06.1955; Dtsch. Handwerkskammertag, Augsburg

[6] Januar 1956; in „Versicherungswirtschaft“ Nr. 1, 11. Jhrg.

nen, daß die wirtschaftliche Entwicklung und die Lebensmöglichkeiten des Volkes in der modernen Volkswirtschaft trotz fortschreitender Technik rückläufig sein könnten, dann wäre dieser Drang zu voller kollektiver Versorgung immerhin noch verständlich. Die Wahrscheinlichkeit, ja fast die Sicherheit spricht indessen dafür, daß sich die Lebensbedingungen der Völker, die die soziale Marktwirtschaft verwirklichen, fortdauernd erweitern und verbessern. Da also mit einem tendenziell steigenden Einkommen und einem immer höheren Lebensstandard zu rechnen ist, erscheint es gerade auch nach sozialen Gesichtspunkten zumutbar zu sein, das Individuum in menschlicher Verantwortung zu halten, ja, es sogar stärker als bisher in diese Verantwortung zu stellen. Diese Forderung ist um so berechtigter, als der Wohlfahrtsstaat nach allen vorliegenden Erfahrungen alles andere als „Wohlfahrt“, sondern letztlich „Armseligkeit“ für alle bedeuten muß.

Diese grundsätzliche Auseinandersetzung mit den Fragen, an denen die sozialpolitische Diskussion nicht vorbeigehen kann, soll mich nicht dazu verleiten, den speziellen Anliegen, die uns gerade in letzter Zeit bewegt haben, auszuweichen. Wenn der Leser diese Seiten umschlägt, wird die Sozialreform vermutlich ihren gesetzlichen Niederschlag gefunden haben. Trotzdem bezweifle ich, ob damit die Diskussion um die Zweckmäßigkeit der Sozialreform beendet sein wird. Ein Blick auf die Staaten, die in den letzten Jahren ähnliche Versuche unternommen haben, lehrt, wie sehr derartige Reformen erst Ausgangspunkt eines ernsten Ringens um eine sinnvolle soziale Ordnung geworden sind.

Meine Kritik an dem unheilvollen Drang zum Versorgungsstaat darf gewiß nicht dahin mißverstanden werden, als beabsichtigte ich, die Sozialversicherung, wie sie historisch gewachsen ist, anzutasten. Nach meinem Geschmack ist sogar ein weiterer Ausbau der Sozialversicherung noch durchaus möglich. Was ich jedoch für völlig abwegig halte, ist, daß Menschen, die aus Beruf und Berufung wie auch aus ihrer Stellung im volkswirtschaftlichen Prozeß Anspruch auf, aber auch die Verpflichtung zur Freiheit haben, nunmehr in ein Kollektiv hineinstreben oder besser gesagt hineingestoßen werden.

Grenzen der Sozialversicherung

Bei einer zeitgemäßen Wertung der Sozialversicherung ist zu bedenken, wie sehr sich in den vergangenen Jahrzehnten die wirtschaftlichen Formen und Prinzipien gewandelt haben und wie sehr sich zwischenzeitlich die gesellschaftspolitische Struktur verändert hat. Der „Proletarier“, der nicht für sein Alter hat sorgen können oder auch nicht hat sorgen wollen und den deshalb der Staat unbedingt schützen mußte, wird bei Fortführung dieser Wirtschaftspolitik bald nirgends mehr anzutreffen sein. Die Lebensbedingungen des deutschen Arbeiters sind seit der Bismarckschen Ära unendlich viel besser und freier geworden. Der staatliche Zwangsschutz aber muß oder sollte dort haltmachen, wo der einzelne und seine Familie in der Lage sind, selbstverantwortlich und individuell Vorsorge zu treffen. Dies trifft bei den in abhängiger Arbeit Beschäftigten zumindest für jene Kategorie von Angestellten zu, die ein höheres Einkommen beziehen und damit eine verantwortliche Position in Wirtschaft oder Verwaltung einnehmen.

Darüber hinaus wäre es für unser gesellschaftspolitisches Leben höchst bedenklich, wenn selbst solche Staatsbürger in eine befohlene Zwangsversicherung einbezogen werden würden, von denen kraft ihrer Stellung und Funktion füglich erwartet werden darf, daß sie aus eigener Kraft und Leistung bestehen wollen. Es mag in gewisser Hinsicht zwar verständlich sein, daß Krieg und Währungsreform mit ihren tiefgreifenden Umschichtungen das Verlangen nach kollektiver Sicherheit aufkommen ließen. Es wäre aber falsch und verhängnisvoll, die künftige Sicherung gegen allgemeine Lebensrisiken auf einen derartigen und hoffentlich nie wiederkehrenden Zusammenbruch abstellen zu wollen.

Aus all diesen Ausführungen wird der Wunsch ersichtlich, den Bereich der kollektiven Sicherung eingedämmt zu wissen, d. h. ihn eher enger als weiter zu fassen. Um jedoch Mißdeutungen auszuschließen, sei in diesem Zusammenhang betont, daß auch ich es als selbstverständliche Pflicht der Gemeinschaft erachte, für die Sicherung des Lebensabends derjenigen zu sorgen, die jetzt alt sind und die ohne eigene Schuld ihre Ersparnisse infolge einer schlechten Politik, die zu zwei Inflationen geführt hat, verloren haben. Hier gibt es auch keine sozialen Unterschiede; es muß den alten Arbeitern und Angestellten in gleicher Weise geholfen werden wie den Angehörigen der freien Berufe, den Selbständigen, den Einheimischen wie den Flüchtlingen. Aber dieses Sonderproblem, geboren aus der Besonderheit unseres deutschen Schicksals, sollte nicht zu der geistigen Verirrung verleiten, als ob die Zwangsversicherung und die kollektive Sicherheit gerade das bedeuteten, was diesen Personenkreisen von Haus aus gemäß wäre. Das in einer Generation zweimal erlebte tragische Schicksal einer Inflation ist gewiß wenig geeignet, das Vertrauen in die eigene Kraft zu stärken. Diese tragische Erfahrung muß wohl in Rechnung gestellt werden; sie sollte aber gerade umgekehrt Anlaß sein, alle wirtschafts- und finanzpolitischen Maßnahmen sehr genau daraufhin zu überprüfen, ob sie uns erneut auf einen verhängnisvollen Weg führen werden, an dessen Ende dann wiederum eine Geldentwertung stehen müßte.

In jedem Falle sind schwerste Bedenken gegen alle Versuche geltend zu machen, die selbständigen Erwerbstätigen in die Kollektivsicherung einzubeziehen. Die Bereitschaft zu freier und eigenverantwortlicher Bewältigung der Lebensrisiken ist notwendige Voraussetzung des Selbständigseins in einer freiheitlichen Wirtschafts- und Gesellschaftsordnung. Selbständigkeit in der Marktwirtschaft bedeutet, aus eigenem Antrieb und eigener Verantwortung heraus eine unabhängige Erwerbstätigkeit auszuüben und damit zugleich Träger unternehmerischer oder geistiger Initiative zu sein. Den Selbständigen steht einerseits die Wahrnehmung der in der wirtschaftlichen Entwicklung liegenden Chancen offen, was andererseits aber auch zur Folge haben muß, daß sie die damit verbundenen wirtschaftlichen Risiken zu tragen bereit sind.

Eine so geartete Position im Wirtschaftsleben kann im System der Marktwirtschaft keinesfalls durch den Staat garantiert werden. Sie muß vielmehr, wenn sie ihren eigentlichen Sinn erfüllen soll, allein durch wirtschaftliche Leistung, durch die Bereitschaft und den Mut zum Wagnis, vor allem aber durch den Willen zu selbstverantwortlicher und individueller Lebensgestaltung täglich aufs neue erworben werden. Daraus ergibt sich die geradezu zwingende Konsequenz, daß von den Selbständigen in unserer Wirtschafts- und Gesellschaftsordnung auch eine selbstverantwortliche und eigenständige Vorsorge gegenüber den sozialen Lebensrisiken gefordert werden muß.

Es bedeutet einen Widerspruch in sich selbst und überdies eine unverantwortliche Bevorzugung, in einer freien Wirtschaftsordnung jedem Staatsbürger die Chance zu einer selbständigen Tätigkeit zu geben und mit den Mitteln einer freiheitlichen Wirtschaftspolitik den Auf- und Ausbau selbständiger Existenzen zu fördern, dann aber diesen gleichen Selbständigen sogar durch staatlichen Zwang die Verantwortung für die individuelle Lebensgestaltung abzunehmen.[7]

Die notwendigerweise immer schematische Zwangsversorgung übersieht dabei, daß es sich bei den selbständigen Gewer-

---

[7] Januar 1956; in „Versicherungswirtschaft“ Nr. 1, 11. Jhrg.

ben und freien Berufen um jeweils sehr heterogene und in sich differenzierte Gruppen handelt, und daß hier folglich eine individuelle, den Bedürfnissen des Einzelfalls Rechnung tragende Vorsorge unmöglich wird. Eine kritische Auseinandersetzung wird überdies auch nicht an der Frage vorbeigehen können, wohin es denn führen müßte, wenn heute die freien Berufe darangehen wollten – jede Gruppe für sich –, ein System kollektiver Versorgung aufzubauen.

Absage an anachronistische Lösungen

Haben wir es denn in den letzten acht Jahren nicht tragisch genug erlebt, wohin diese Aufsplitterung der Volkswirtschaft führt, und dies zumal dann, wenn jede einzelne Schicht und jede Klasse, jeder einzelne Stand dabei noch glaubt, sein eigenes Leben führen zu können. Wenn also beispielsweise die freien Berufe, seien es nun die Ärzte, die Anwälte oder die Wirtschaftsprüfer, darangehen, sich hinsichtlich ihrer Versorgung abkapseln zu wollen, dann wird diese Sicherheit in immer engerem Rahmen auch ständig problematischer werden. Auf solche Weise wird ein „Eigenleben" gezüchtet, eine so verderbliche Ichsucht genährt, daß diese Inzucht geradezu anachronisch anmutet – und das um so mehr in einer Zeit, in der wir endlich darangehen, uns aus der Enge des protektionistischen Denkens und des nationalistischen Egoismus zu befreien, um zu umfassenden Formen des menschlichen und gesellschaftswirtschaftlichen Lebens zusammenzufinden. Man soll nicht glauben, auf der einen Seite in engen Gruppierungen Sicherheit im Kollektiv finden zu können und auf der anderen Seite die engen Bindungen sprengen und in die Weite streben zu wollen.

Aber auch unter anderen Aspekten sind gegenüber solcher Verirrung schwere Bedenken geltend zu machen. Der Versuch z. B., die Prinzipien der beiden großen Sozialversicherungskörper der Angestellten und der Arbeiter auf die Altersversorgung einzelner Berufsgruppen anzuwenden, muß notwendig scheitern. Er wäre nur dann diskutierbar und praktizierbar, wenn man die Möglichkeit starker struktureller Wandlungen im Laufe der nächsten Jahrzehnte rundweg verneinen könnte. Zwar darf man für die große Schicht der unselbständigen Erwerbstätigen wohl ohne allzu großes Risiko eine Kontinuität der Entwicklung annehmen, während z. B. für bestimmte mittelständische Schichten, wie etwa das Handwerk oder den Einzelhandel, niemand vorauszusehen und Sicherheit zu bieten in der Lage sein könnte, wie sich innerhalb dieser Sektoren die Entwicklung im einzelnen gestalten wird. Dort muß zumindest die Möglichkeit erheblicher struktureller Umwandlungen in das Kalkül einbezogen werden. Je kleiner – zahlenmäßig gesehen – ein Personenkreis ist, der für sich eine Übertragung der neuen Prinzipien der großen Sozialversicherungsträger versuchen wollte, desto größer wird die Problematik und die Unsicherheit des Bodens, auf dem eine solche Ordnung steht.

Diese Überlegungen können natürlich nicht ohne Bezug auf die soviel diskutierte Rentenreform bleiben – gleich ob man von einer Indexrente, einer lohnbezogenen Produktivitätsrente oder von was auch immer sprechen will. Das entscheidende Moment ist dies, daß sich die Rente selbst mit der Verschiebung der volkswirtschaftlichen Daten mehr oder minder automatisch verändern soll. Dieser „beweglichen" Rente liegt der der Marktwirtschaft innewohnende Gedanke einer ständigen Produktivitätssteigerung zugrunde; sie geht von der allgemeinen Erfahrung aus, daß sich die Produktivitätssteigerung weniger in einer Preissenkung als vornehmlich in einer Nominallohnerhöhung niederschlägt. Eine so strukturierte lohnbezogene Produktivitätsrente ist jedoch konjunktur- und währungspolitisch nur so lange ungefährlich, als von den Lohnbewegungen selbst keine währungs- und konjunkturpolitischen Störungen ausgehen. Ist das letztere zu befürchten, dann müßte allerdings dieses Verfahren der Rentenanpassung zwangsläufig die Gefahren für die Stabilität der Währung verstärken. Hier ist möglicherweise eine Kumulierung der Wirkungen zu erwarten, über deren Konsequenzen noch zu sprechen sein wird.

Gute Sozialpolitik erfordert Währungsstabilität

In politischer Sicht muß aber vor allem überlegt werden, ob eine zu enge Bindung an die Löhne nicht notwendigerweise zu einer Verringerung des Widerstandes gegenüber objektiv überhöhten gewerkschaftlichen Forderungen bei Tarifverhandlungen führen muß. Dieser gedanklichen Koppelung liegt – mehr oder minder deutlich – die ebenso gefährliche wie irrtümliche Einstellung zugrunde: „Die Stabilität der Währung braucht die Sozialpolitik nicht zu interessieren!"

Es scheint mir in jeglicher Beziehung unmöglich, ja geradezu schuldhaft leichtfertig zu sein, eine gesellschaftliche Neuordnung wie die Rentenreform in ihrer Anlage spekulativ auf unverantwortliche Katastrophen, wie diejenige der letzten Inflation, abzustellen. Es ist ein grandioser Irrtum, wenn ein Volk oder ein Staat glaubt, eine inflationistische Politik einleiten und betreiben, sich aber gleichzeitig gegen deren Folgen absichern zu können. Dies kommt dem Versuch gleich, sich an den eigenen Haaren hochheben zu wollen. Es gilt umgekehrt, alle Kräfte darauf zu konzentrieren, eine Inflation zu verhüten und jedes schuldhafte Verhalten, das zu einer inflationistischen Entwicklung führen könnte, vor der gesamten Öffentlichkeit zu brandmarken und dadurch zu verhindern.

Die Inflation kommt nicht über uns als ein Fluch oder als ein tragisches Geschick; sie wird immer durch eine leichtfertige oder sogar verbrecherische Politik hervorgerufen. Jede Neuregelung der Altersrente, die von vornherein mit einem unentrinnbaren Schicksal steigender Preise bzw. absinkender Kaufkraft rechnet, kann nicht zu glücklichen oder auch nur tragbaren Ergebnissen führen. Sie wird vielmehr das Übel nur weiter vermehren. Immer zahlreichere Gruppen unseres Volkes werden der Eigenverantwortung entfliehen wollen und versuchen, auch für sich jene vermeintliche absolute und doch so illusionistische Sicherheit gegen alle Fährnisse zu erringen.

Die Übertragung einer Lohnpolitik (der sogenannten „aktiven Lohnpolitik"), die eine permanente Preissteigerung zur Folge haben müßte, auch auf das Gebiet der Renten, müßte sehr schnell das allgemeine Interesse an der Währungsstabilität herabmindern, aber dann auch eine unheilvolle Entwicklung einleiten. Dieses allgemeine Interesse an der Erhaltung der Realkaufkraft unseres Geldes ist ja gerade eine der wichtigsten Gegenkräfte, die sich in einem geordneten Staat einer inflationistischen Politik entgegenstemmen. Überdies muß notwendigerweise gefragt werden, wie denn die im Zuge des technischen Fortschritts immer notwendiger werdende große Sparkapitalbildung vor sich gehen soll, wenn das rechnerische Kalkül der Sozialgesetzgebung allzu offensichtlich auf die Wahrscheinlichkeit fortdauernd steigender Preise abzielt; wenn deshalb das ganze Volk in seinem Vertrauen auf die Stabilität der Währung überhaupt schwankend werden muß und wenn das Streben nach möglichst vollkommener Sicherheit die Aufbringung derart hoher Beiträge erfordert, daß für individuelles Sparen psychologisch und tatsächlich nur noch wenig Raum bleibt.

Während der Diskussion um die Indexrente habe ich deutlich genug gesagt, daß es illusionistisch wäre, den Gedanken einer beweglich gestalteten Rente beiseiteschieben zu wollen. Für eine so verstandene dynamische Rente spricht zweifelsohne der Umstand, daß unsere Vorstellung von einem Existenzminimum bzw. einer zumutbaren oder würdigen Lebensführung im Laufe der Entwicklung fortdauernden Wandlungen unterworfen ist. Die nach einem vollen Arbeitsleben auf Grund der klassischen Beitragsformeln errechneten Renten müßten – je stärker diese Wandlungen sind – bei Erreichung des Pensionsalters als unbillig und unzulänglich empfunden werden. Die eigentliche Gefahr, ja die fast zerstörende Wirkung einer dynamischen Rente liegt denn auch nicht so sehr in ihrer Beweglichkeit an sich, sondern in ihrer Koppelung an die Lohnentwicklung, die durchaus über das mit der Stabilität des Geldes vereinbarte Maß hinausgehen kann.

Auf einer modifizierten Grundlage besteht hingegen die Möglichkeit einer beweglichen Anpassung der Rente an die sich ändernden Lebensgegebenheiten und Vorstellungen. Dies wäre z. B. dann der Fall, wenn als Bemessungsgrundlage einer solchen Rente der laufende Produktivitätszuwachs gesetzt werden würde. Damit wäre die Gewähr gegeben, daß auch der Rentner an dem echten Fortschritt, d. h. an der Leistungsverbesserung der Volkswirtschaft, teilhat.

Diese Formel hätte etwa dahin zu lauten: In dem gleichen Maße, in dem das preisbereinigte Sozialprodukt, geteilt durch die Zahl der Beschäftigten oder auch der Einwohnerzahl, eine Produktivitätssteigerung ausweist, wird jeweils die Anfangsrente in dem gleichen Prozentsatz erhöht. Der Rentner würde damit an dem Produktivitätsfortschritt teilhaben, aber sein Interesse wäre immer darauf gerichtet – auch während seiner aktiven Tätigkeit –, den Gütegrad der Wirtschaft dauernd zu verbessern. Dieser Arbeiter oder Angestellte (bzw. Rentner) wird das Sparen nicht als überflüssig empfinden, sondern sich bewußt sein, daß die mit Sparmitteln finanzierten Investitionen der Verbesserung seines eigenen Seins, der Sicherung seines Alters und seiner Familie dienen. Der tätige Mensch wie auch der Rentner wird – personengleich mit dem Sparer – ein Hort des Widerstandes gegen jeden Versuch einer inflationistisch wirkenden Politik bzw. eines preispolitisch verantwortungslosen Verhaltens der Sozialpartner sein.

Abschließend sei gesagt: Soziale Sicherheit ist gewiß gut und in hohem Maße wünschenswert, aber soziale Sicherheit muß zuerst aus eigener Kraft, aus eigener Leistung und aus eigenem Streben erwachsen. Soziale Sicherheit ist nicht gleichbedeutend mit Sozialversicherung für alle – nicht mit der Übertragung der individuellen menschlichen Verantwortung auf irgendein Kollektiv. Am Anfang muß die eigene Verantwortung stehen, und erst dort, wo diese nicht ausreicht oder versagen muß, setzt die Verpflichtung des Staates und der Gemeinschaft ein.

Es stünde im sozialen Leben um manche Not in unserem Volke besser, wenn wir nicht zu viel sozialen Kollektivwillen, sondern mehr soziale Gesinnung und Haltung bezeugen wollten. Das eine aber schlägt das andere tot, und darum stellt sich uns zuletzt die Frage, ob wir, einig in dem Willen und der Verpflichtung, keinen deutschen Menschen mehr der Not ausgesetzt zu sehen, gut daran tun, die besten menschlichen Tugenden im perfektionierten Kollektivismus gar völlig zu ersticken oder ob wir nicht im Streben nach mehr Wohlstand und durch die Eröffnung immer besserer Chancen zur Gewinnung persönlichen Eigentums dem verderblichen Geist des Kollektivismus Todfehde ansagen sollten. Meine eigene Meinung liegt klar und eindeutig zutage; ich hoffe, daß meine Mahnung nicht ungehört verhallt.

Aus: Ludwig Erhard, Wohlstand für alle, aktualisierte Neuauflage, Econ Verlag, Düsseldorf 1990, Kapitel 12, Seiten 245–263

Ludwig Erhard

Wirtschaftliche Probleme der Wiedervereinigung

Bulletin, 12. September 1953

Nach der Tragödie des mitteldeutschen Aufstandes vom Juni 1953 entstanden gewisse Hoffnungen, Sowjetrußland werde den Mißerfolg des Ulbricht-Regimes erkennen und der von den Westmächten angestrebten Konferenz eine Chance geben. Bis zum September waren 1953 bereits mehr als 250 000 Personen aus der Ostzone geflüchtet. Im „Bulletin“ schilderte Ludwig Erhard die Möglichkeiten, auch die Wirtschaftsprobleme der Wiedervereinigung mit einer freiheitlichen Politik zu lösen. Bei der Lektüre muß berücksichtigt werden, daß dieser Beitrag 37 Jahre vor der dann tatsächlich erreichten Wiedervereinigung entstanden ist. In diesen langen Jahren hatten die meisten Betriebe in der DDR weitgehend von ihrer Substanz gelebt, waren auf dem Weltmarkt immer weniger konkurrenzfähig geworden und hatten noch viel mehr Mitarbeiter durch Flucht in den Westen verloren als damals. Die wirtschaftliche Lage im Osten Deutschlands hatte sich also gegenüber 1953 erheblich verschlechtert. Dennoch ist Erhards Beitrag nicht nur aus historischen Gründen lesenswert, sondern auch aktuell, weil einige Vorschläge auch heute noch beherzigt werden könnten, um Fehler, die 1990 gemacht worden sind, zu korrigieren. Daran ändert auch nichts die irrige Einschätzung des Arbeitsmarktes, der ja im Westen ebenfalls nicht mehr mit dem von 1953 zu vergleichen ist.

Obwohl die Sehnsucht nach einer Wiedervereinigung des heute zerrissenen Deutschland allgemein ist, besteht in vielen Kreisen unseres Volkes, auch unter den Flüchtlingen, die Sorge, daß mit dem Zusammenschluß und den dann erforderlich werdenden großen wirtschaftlichen Anstrengungen eine unerträgliche Senkung des Lebensstandards verbunden sein würde und viele wirtschaftliche Existenzen sowohl von Flüchtlingen im Bundesgebiet als vor allem auch von Gewerbetreibenden in der Ostzone notleidend werden könnten. Es ist in jedem Fall deutlich zu erkennen, daß es dem Laien an Vorstellungsvermögen gebricht, die sich aus dem Zusammenschluß ergebenden wirtschaftlichen Konsequenzen rational abzuleiten, und so bleibt der Spekulation Tür und Tor geöffnet.

Ich möchte gleich vorausschicken, daß auch ich den Versuch für abwegig halten würde, die in solchem Fall sich vollziehende Entwicklung exakt vorherbestimmen und rechnerisch erfassen zu wollen. Ein solches planwirtschaftliches Unterfangen wäre sogar in höchstem Maße gefährlich, weil es in der verwaltungsmäßigen Handhabung des Zusammenschlusses die organische Entwicklung nur zu hemmen und die natürlichen Kräfte zu unterbinden geeignet wäre. Gleichwohl kann nicht geleugnet werden, daß die Vorstellung von einem so gearteten, vorgefaßten „Wiedereingliederungsplan" die Geister in weitem Umfang beherrscht. Ihnen allen ist eigen, daß sie in der Volkswirtschaft eine „Organisation" erblicken.

Insbesondere geht ihnen jedes Gefühl, jede Einsicht auf die in einem freien Markt zum Ausgleich und Gleichgewicht hindrängenden Kräfte und die damit entfesselte Dynamik völlig ab. Statt dessen glaubt man wieder einmal, soviel wie möglich „organisieren" zu müssen, obwohl gerade damit Verzerrungen und Diskrepanzen nicht beseitigt, sondern womöglich noch vermehrt und verschärft werden würden.

Bei der Beurteilung der sich aus der Aufgabe ergebenden Situation drängt sich geradezu ein Vergleich mit den Problemen auf, die im Jahre 1948 mit der Währungsreform und der gleichzeitigen wirtschaftspolitischen Umschaltung von der Plan- und

Zwangswirtschaft zur Marktwirtschaft zu lösen waren. Gerade ich weiß ein Lied davon zu singen, wie man mir damals mit Hilfe von Statistiken, graphischen Darstellungen, Rohstoffbilanzen, Produktions- und Verbrauchszahlen, Außenhandelszahlen u. a.m. scheinbar schlüssig und rational die Unmöglichkeit der Aufhebung der Bewirtschaftung, der Rationierung und der Preisbindungen beweisen wollte. Von der Schau der Planwirtschaft aus waren diese Zahlen und die darauf gestützten Prognosen zweifellos auch nicht zu widerlegen; angreifbar war allein die geistige Grundlage dieser Konzeption, die den gesellschaftswirtschaftlichen Prozeß lediglich als das Ergebnis oder eigentlich nur als Addition von wirtschaftlichen Zahlen und materiellen Fakten begriff, ohne die hinter dem Geschehen wirksamen menschlichen Kräfte einzubeziehen.

Im Grunde genommen stehen wir bei der Wiedervereinigung Deutschlands vor ganz ähnlichen Fragen und Problemen, und wieder scheiden sich hier die Geister.

Ich stehe jedenfalls klar und eindeutig auf dem Standpunkt, daß die Wiedereingliederung des deutschen Ostens mit den Mitteln und nach den Grundsätzen der Marktwirtschaft erfolgen müsse. Man mag es mir darum auch nicht verdenken, wenn ich der Arbeit der verschiedenen Gremien, die sich vorausschauend mit den Eingliederungsaufgaben befaßten, allenthalben mit Mißtrauen, Skepsis und Sorge begegne. Wenn auch meine Bedenken im einzelnen zerstreut werden konnten, so bleibt doch bestehen, daß der Erkenntniswert des gewonnenen und erarbeiteten Materials für die praktische Politik zuletzt doch nur bescheiden sein kann.

Natürlich ist es von Wichtigkeit, zu wissen, wie z. B. zu dem gegebenen Zeitpunkt die Verkehrsverhältnisse geartet sein werden, welche Institutionen staatlicher und nichtstaatlicher Art für diese oder jene öffentlichen, wirtschaftlichen oder sozialen Aufgaben bis dahin zuständig sind, in welchem Umfang in das

Eigentum eingegriffen wurde, welche neuen Formen der betrieblichen und überbetrieblichen Zusammenarbeit entwickelt worden sind und andere tatbestandliche Feststellungen organisatorischer und verwaltungstechnischer Art mehr. Fast ohne praktischen Erkenntniswert und nahezu uninteressant aber sind Angaben über die geleistete Produktion und vorhandene Kapazitäten, über Beschäftigung, Rohstofflage und Außenhandelsverhältnisse, weil die Fruchtbarmachung der menschlichen und sachlichen Produktivkräfte nach dem Zusammenschluß unter völlig anderen Markt- und Umweltbedingungen vor sich gehen wird und Schlüsse von der Gegenwart auf die Zukunft fast naturnotwendig zu krassen Fehlurteilen führen müssen.

Als erste Maßnahme wird sich eine Währungsneuordnung in der Sowjetzone, d. h. eine Einbeziehung in unser Währungssystem, als unerläßlich erweisen. Damit vollzieht sich dann zwangsläufig eine Angleichung des Preis- und Lohnniveaus an die in der Bundesrepublik herrschenden Verhältnisse. Man wird dabei auf die Erfahrungen der Währungsreform von 1948 zurückgreifen können und wie seinerzeit der Methode nach die Erstausstattung mit neuem Geld in Form von Kopf- und Betriebsquoten vornehmen. Inwieweit und in welchem Verhältnis im Zuge einer endgültigen Bereinigung die DM-Ost-Anrechnung in DM-West, die dann allgemein gültige Währung, erfolgen kann, bedarf dann noch gründlicherer Untersuchung. Angesichts der völlig verzerrten Zwangswirtschaft und des Wirtschaftsterrors in der Sowjetzone kann über die echte Kaufkraft der Ost-Mark vorläufig unmöglich etwas ausgesagt werden.

Mit diesem Prozeß wird dann naturgemäß die wirtschaftliche Lage der Sowjetzone schonungslos offengelegt, und es kann kein Zweifel bestehen, daß das Resultat betrüblich, ja, vielfach sogar erschütternd sein wird. Das heißt mit anderen Worten, daß wir mit einem starken Leistungsgefälle zwischen Ost und West rechnen müssen und daß sich daraus schwerwiegende

Konsequenzen für die sozialen Verhältnisse der Bevölkerung ergeben können. Dennoch müssen wir den Mut zur Klarheit und zur Wahrheit aufbringen, weil erst dann die Mittel der Heilung eingesetzt und wirksam werden können.

Das ist denn auch das eigentliche Problem, die Produktivität der Sowjetzonenwirtschaft so rasch und so energisch zu verbessern, daß der Prozeß der Leistungsangleichung auch zeitlich so kurz wie möglich bemessen werden kann. Gerade hinsichtlich der Bewältigung dieser Aufgabe sind charakteristische Unterschiede der Auffassungen zu verzeichnen. Die einen wollen die Sowjetzone gegenüber der Konkurrenz von außen zunächst abgeschirmt wissen, um der Ostwirtschaft nach einem vorgefaßten Plan in einer bestimmten Stufenfolge Zeit und Ruhe zu jener Leistungsangleichung zu geben, während andere – und zu dieser Gruppe zähle ich selbst – der Auffassung sind, daß dieser unumgänglich notwendige Angleichungsprozeß um so rascher und erfolgreicher vor sich gehen wird, je inniger von Anbeginn an die Verflechtung dieser beiden Wirtschaftsgebiete sein wird und je mehr private Initiative und Tatkraft sich entfalten können. Eine abgeschirmte Ostwirtschaft wird in der Enge des eigenen Raumes niemals zu der notwendigen Kraftentfaltung kommen und wird zudem der Befruchtung aus der freien Beziehung zum Westen nicht teilhaftig werden können.

Die staatlich manipulierte wirtschaftliche Verbindung zwischen Ost und West wird in einer solchen Zwischenzeit niemals die volle Freizügigkeit ersetzen können. Daraus erwächst die Gefahr, daß bei einer vorläufigen Sonderbehandlung ein Wirtschaftsgebilde ersteht, das in seiner Leistung wohl auch erstarken mag, in struktureller Hinsicht aber und in der Ausrichtung der Maßstäbe entbehren müßte, weil sich erst aus den gesamten und umfassenden Beziehungen innerhalb der gesamtdeutschen Wirtschaft die spezifische Stellung und Aufgabe der Sowjetzonenwirtschaft herauskristallisieren kann.

Auch 1948 stellte sich uns die Frage, ob wir aus einem Schutzbedürfnis heraus die Wiederverflechtung Deutschlands mit der Welt in allmählichen Übergängen vollziehen oder ob wir durch eine freizügigere Handelspolitik von Anbeginn an versuchen sollten, uns dennoch im internationalen Wettbewerb durchzusetzen. Bei der Entscheidung mußte einerseits geprüft werden, ob eine echte Chance gegeben war, unter dem Druck dieses Wettbewerbs schnell zu einer Leistungsangleichung der deutschen Wirtschaft zu kommen, aber andererseits mußte berücksichtigt werden, daß die Wiederingangsetzung der deutschen Wirtschaft und eine ausreichende Beschäftigung in unserem Land nur dann zu bewerkstelligen war, wenn wir durch ausreichende Exporte unseren Importbedarf an Nahrungsmitteln und Rohstoffen decken konnten. Mit der „Liberalisierung" haben wir uns zu dieser kühneren Politik bekannt, und niemand kann mehr leugnen, daß dieser Schritt zu einem geradezu überraschenden Erfolg führte.

Die Sorge, daß die Sowjetzonenwirtschaft mit der Umorientierung nach dem Westen wegen unzureichender Rohstoffversorgung in ihrer Intensität gehemmt sein könnte, ist unbegründet. Wir sind heute auf Grund der Devisensituation und unserer Guthaben aus Ausfuhrüberschüssen durchaus in der Lage, einen zusätzlichen Import von drei bis vier Milliarden DM zu bewerkstelligen, wobei noch erleichternd hinzukommt, daß uns die Wiedervereinigung ja auch zu Deviseneinsparungen verhelfen wird. Des weiteren darf nicht vergessen werden, daß nach diesem erlösenden Schritt auch die Menschen sich wieder frei bewegen dürfen und daß Unternehmer und Gewerbetreibende aller Art das mittel- und ostdeutsche Wirtschaftsgebiet dann nicht nur als neue Absatzmärkte betrachten, sondern sich dort auch in der Produktionssphäre betätigen werden. Es ist wohl kaum zuviel gesagt, daß die ganze Wirtschaft der Bundesrepublik mit Rat und Tat bereitsteht, um der rückgegliederten Ostwirtschaft die Aufgabe der Leistungsangleichung zu erleichtern.

Privates und öffentliches Kapital dürfte in ausreichendem Maße mobilisiert werden können, um zur Erreichung dieses Zieles beizutragen, zumal die Wiedervereinigung Deutschlands ohnedies nur in einer weltpolitisch befriedeten Atmosphäre denkbar ist und ohne übertriebenen Optimismus angenommen werden kann, daß dann im Haushalt der Bundesrepublik Mittel für die Verteidigungsleistungen freigesetzt und für den wirtschaftlichen und sozialen Aufbau der Sowjetzone eingesetzt werden können. Das bedeutet mit anderen Worten, daß für eine Übergangszeit der Westen mit güterwirtschaftlichen Leistungen der Wirtschaft, d. h. der Bevölkerung der Sowjetzone helfend zur Seite steht, und es kann da gar kein Zweifel sein, daß die in der Bundesrepublik vorhandenen Kapazitäten zu solcher Leistung auch ausreichen.

Wie aber steht es mit der künftigen Beschäftigung der Bevölkerung der Sowjetzone? Wird da nicht bis zur Aufholung des Leistungsrückstands eine große Arbeitslosigkeit Platz greifen müssen, und besteht dann überhaupt die Aussicht, das Leistungsgefälle jemals auszugleichen? Gewiß wird es auch jetzt wieder Leute geben, die genau wie vor der Währungsreform auf Grund mechanistischer Verfahren zu erschütternden Prognosen kommen werden. Bekanntlich hat ein wissenschaftliches Institut in Deutschland seinerzeit ein Arbeitslosenheer von fünf bis sechs Millionen Menschen vorausgesagt. Wir können also schon mit einiger Gelassenheit den trüben Prophezeiungen derer entgegensehen, die in ihrer rationalen „Vollkommenheit" wieder einmal die menschlichen und soziologischen Imponderabilien, die Impulse und Energien vergessen werden, die sich eben nicht auf eine rechenhafte Formel bringen lassen. Gerade die Not der noch unter der Tyrannei lebenden Menschen, ihr Hunger und ihr Mangel an allem, was das Leben lebenswert macht, werden sich aber als eine mächtige, vorwärtsdrängende Kraft erweisen und der menschlichen Arbeit fast ungeahnte Anwendungsmöglichkeiten bieten.

Wenn ich mit aller Entschiedenheit der Überzeugung bin, daß der Wirtschaft und der Bevölkerung der Sowjetzone mit einer vermeintlichen Schutzpolitik ein schlechter Dienst erwiesen werden würde, ja, eine möglichst rasche und erfolgreiche Wiedereingliederung auf solche Weise sogar gefährdet erschiene, so verkenne ich doch nicht, daß der Wirtschaft des Ostens vom Staate Hilfestellung geboten werden muß. Viel besser aber als leistungshemmende Schutzmaßnahmen erweisen sich produktionsfördernde steuerliche Erleichterungen und Befreiungen. Bei der Höhe der heute auf unserer Wirtschaft ruhenden Steuerlast sind alle und ausreichende Voraussetzungen gegeben, um durch Steuerentlastung, trotz der Leistungsdifferenz zwischen Ost und West, den Unternehmungen der Sowjetzone zu betriebs-, kosten- und ertragswirtschaftlich gleichartigen Startbedingungen im Wettbewerb zu verhelfen. Nicht zuletzt ist es gerade diese Überlegung, die mich für freiheitliche marktwirtschaftliche Grundsätze und Methoden der Rückgliederung der Sowjetzone eintreten läßt.

So kommen wir im ganzen zu dem Schluß, daß die allerorts vorherrschenden Befürchtungen hinsichtlich tragischer materieller Rückwirkungen auf menschliche Eigenschicksale hüben und drüben als unbegründet angesehen werden müssen. Weder wird für die heutige Bevölkerung des Bundesgebietes durch den Zusammenschluß eine steuerliche Belastung eintreten noch etwa dadurch die Existenz von Betrieben gefährdet werden. Der Kapazitätszuwachs durch die gesamtwirtschaftliche Einbeziehung der Sowjetzone wird im Durchschnitt noch nicht einmal dem steigenden Bedarf der Sowjetzonenbevölkerung entsprechen, so daß sogar für weitere wirtschaftliche Expansion Raum bleiben dürfte.

Die Arbeitsmarktlage im seitherigen Bundesgebiet wird durch ein solches Ereignis nicht oder wenn überhaupt, dann nur nach der positiven Seite hin berührt. Aber auch in der Sowjetzone selbst ist mit einer stärker zunehmenden Arbeitslosigkeit nicht zu rechnen. Die Betriebe und Unternehmungen im Osten werden durch den Wettbewerb nicht erdrückt werden, sondern umgekehrt gerade durch den Wettbewerb rascher und erfolgreicher zu höherer Leistungsergiebigkeit gelangen. In politischer, wirtschaftlicher und menschlicher Beziehung wird die Wiedervereinigung Deutschlands Kräfte freimachen, von deren Stärke und Macht sich die Schulweisheit der Planwirtschaftler nichts träumen läßt.

Aus: Karl Hohmann (Hrsg.), Ludwig Erhard: Gedanken aus füf Jahrzehnten: Reden und Schriften, Econ Verlag, Düsseldorf, Wien, New York 1988, Seiten 381–386

Ludwig Erhard

Station Europa

Bei der Lektüre der folgenden Seiten mag der Leser der 8. Auflage besonders beachten, daß dieses Kapitel Anfang 1957 geschrieben wurde. Um der historischen Wahrheit willen wurde die damalige Formulierung beibehalten. Manche Feststellungen mögen im Sinne einer vordergründigen Betrachtung nicht mehr aktuell erscheinen. Die geistige Grundhaltung, die damals für die Beurteilung der Integrationsbemühungen ausschlaggebend war, muß aber auch in den gegenwärtigen Auseinandersetzungen bestimmend sein und in Zukunft bestimmend bleiben.

Am 2. September 1956 erklärte ich bei der Eröffnung der Internationalen Frankfurter Herbstmesse nicht zum ersten Male:

„Die Integration Europas ist notwendiger denn je, ja sie ist geradezu überfällig geworden. Aber die beste Integration Europas, die ich mir vorstellen kann, beruht nicht auf der Schaffung neuer Ämter und Verwaltungsformen oder wachsender Bürokratien, sondern sie beruht in erster Linie auf der Wiederherstellung einer freizügigen internationalen Ordnung, wie sie am besten und vollkommensten in der freien Konvertierbarkeit der Währungen zum Ausdruck kommt. Konvertierbarkeit der Währung schließt selbstverständlich die volle Freiheit und Freizügigkeit des Waren-, Dienstleistungs- und Kapitalverkehrs ein."

In diesen wenigen Worten ist meine Grundeinstellung zur Frage der zweckmäßigen Integration Europas gekennzeichnet. Nach meiner Auffassung steckt die Welt voll unermeßlicher Chancen, wenn wir sie nur zu nutzen verstehen würden. Der Segen ist kaum auszudenken, der aus einer freien weltwirtschaftlichen Politik erwachsen könnte. Den kühnen Aspekten von morgen muß aber die zunächst noch harte Wirklichkeit von heute entgegengehalten werden.[1]

Trotz weitgehender Übereinstimmung in dem Wunsch, zu einer europäischen Einheit und im speziellen zu einem gemeinsamen Markt gelangen zu wollen, erscheint es doch zweckmäßig und unerläßlich, zu einer Reihe von Einzelfragen Stellung zu nehmen. Die Auseinandersetzung mit diesen Problemen ist die notwendige Voraussetzung für eine ernsthafte Diskussion über die künftige Gestaltung Europas.

In Anbetracht der seit einigen Jahren bestehenden Montanunion seien einige Worte der Frage gewidmet, ob der Weg, Europa durch eine Summierung von Teilunionen zu schaffen, weiter beschritten werden soll oder ob Erfahrungen und Erkenntnisse dagegen sprechen. Diese Frage spielte in den vergangenen Jahren eine erhebliche Rolle, als es Mode zu werden drohte, für jede Branche und jeden größeren Wirtschaftszweig eine eigene Union zu schaffen. Es ist, so glaube ich überhaupt, etwas Mißliches, wenn sich die wirtschaftliche Integration – gleich welche Bereiche sie einschließt – immer nur auf einzelne Produkte erstreckt, d. h. wenn dabei in der Kategorie von Teilintegrationen gedacht wird.

Hierbei darf nicht übersehen werden, daß auch die geistigen Väter der Montanunion sich dieser Mängel wohl bewußt waren. Sie wollten die europäische Zusammenarbeit keineswegs allein auf die Montanunion und die Bereiche von Kohle, Eisen und Stahl begrenzt wissen. Sie faßten die Montanunion nur als eine erste Klammer auf, die einen Zwang begründete, sich an einen gemeinsamen Tisch zu setzen, volkswirtschaftliche Probleme gemeinsam zu erörtern und sich schiedlich, friedlich vertragen zu müssen. Sehr schnell wurde dann für alle Gutwilligen offenbar, daß man sich dabei auch über andere Fragen,

---

1 05.01.1954; Bayer. Rundfunk, München

z. B. über die Investitions- und Konjunkturpolitik oder über Währungsprobleme, sehr wohl unterhalten kann. Das Gelingen des Experiments der Montanunion sowie eine fruchtbare Arbeit der Montanunion wird wesentlich davon abhängen, in welchem Tempo, in welchem Umfang und in welchen Bereichen weitere echte Integrationsformen entstehen.[2]

Da die letzten Jahre leider keinen entscheidenden Fortschritt gebracht haben, befinden wir uns heute, um die Jahreswende 1956/57, in einer Zwischenphase.

Das Ziel: umfassende Integration

So ernst die Probleme sind, und so sehr wir deshalb gehalten sind, um neue Lösungen zu ringen, darf doch nicht vergessen werden, daß der eigentliche Erfolg und die fruchtbare Lösung des mit der Montanunion aufgerufenen Problems woanders liegt:

Wir müssen zur Integration im Totalen hinfinden. Wir müssen vor allem die Grundlagen für eine echte Integration schaffen. Diese liegen aber nach meiner Auffassung in erster Linie auf einem andern Sektor: in einer währungspolitischen Ordnung.[3] Hierbei muß von der wissenschaftlichen Erkenntnis ausgegangen werden, daß die volkswirtschaftliche Ordnung nicht auf einer Addition von Teilordnungen beruht, sowenig die Volkswirtschaft als ein aus „Kästchen" errichtetes Gebäude zu begreifen ist. Bei ihr handelt es sich um eine Funktion, um ein Ganzes und Untrennbares. Es handelt sich um Beziehungen menschlicher und materieller Art, die nicht voneinander gelöst und zerschnitten werden können, um dann nach Belieben wieder willkürlich zusammengefügt zu werden.[4]

---

[2] 07.01.1954; Volkswirtschaftliche Gesellschaft e. V., Essen
[3] 07.01.1954; Volkswirtschaftliche Gesellschaft e. V., Essen
[4] 07.03.1954; Internationale Frankfurter Messe

In diesem Zusammenhang verdient auch ein anderer Gedanke Erwähnung. Es scheint heute allenthalben eine gewisse Scheu vor dem Wettbewerb vorzuherrschen, der notwendigerweise mit der Schaffung von größeren Markteinheiten verbunden ist bzw. durch sie ausgelöst wird. Man wähnt, daß die Bedingungen für einen freien Wettbewerb bei einer derartigen Integration zu ungleich wären, als daß dieses Ordnungsprinzip der Marktwirtschaft gesetzt werden dürfte. Man sollte daher – so meinen manche Wirtschaftskonstrukteure – zuerst einmal alle diese Unterschiedlichkeiten ausgleichen bzw. sie alle auf ein gleiches Niveau bringen, ehe man den freien Wettbewerb eröffnet.

Solche Versuche könnten zwar in engen Grenzen zu einem bescheidenen Erfolg führen; es ist aber völlig illusionistisch, anzunehmen, daß man in dieser Welt, d. h. in einer konkurrierenden, in Wettbewerb stehenden Welt, in bezug auf die einzelnen Kostenfaktoren gleiche Startbedingungen herbeiführen könnte. Dieses Ziel auch nur anstreben zu wollen, müßte einen Dirigismus und Dilettantismus sondergleichen auslösen, der von vornherein zur Unfruchtbarkeit verurteilt wäre.

Wir dürfen durchaus annehmen, daß im Mittel Gunst und Ungunst ziemlich gleichmäßig und „gerecht" verteilt sind. Der liebe Gott hat seine Sache schon ganz gut gemacht, wenn er dem einen auf diesem Felde einen natürlichen Vorsprung eingeräumt hat, während anderen Völkern wieder andere Begünstigungen zuteil geworden sind. Wie immer sich auch die Kostenkomponenten zusammensetzen: Im Preis werden sie eine Integration erfahren. Nur der Preis, in welchem dann naturgemäß auch die Qualität Berücksichtigung und Ausdruck findet, ist der ökonomische Maßstab zur Beurteilung von Leistungen. Es ist daher notwendig, die Integration nicht nur in einem mechanischen oder quantitativen Sinn zu begreifen, denn wir würden sonst sehr schnell in die Sünden und die Unzulänglichkeiten der Vergangenheit zurückfallen. Integration bedeutet für jeden Einsichtigen daher freien und umfassenden Wettbewerb, bedeutet wirtschaftliche Zusammenarbeit auf einer funktionell höheren Ebene.[5]

Sizilien liegt nicht an der Ruhr

Diese kritische Anmerkung gilt natürlich auch gegenüber solchen Vorstellungen, die ebenso abwegige Gedanken unter einem anderen Motto, dem der „Harmonisierung", verfolgen und unter dieser Flagge eine Gleichmacherei aller ökonomischen Verhältnisse betreiben wollen. Ich übertreibe nicht, wenn ich berichte, daß man dabei an die Löhne, die Sozialleistungen, die Urlaubsregelung, an die Bezahlung der Überstunden denkt. Ist man aber bereit, die These der sozialen Harmonisierung anzuerkennen, dann gibt es logisch keine Grenze, und mit gleicher Berechtigung könnte dann die Forderung auf Einbeziehung der Energie- und Transportkosten oder der Steuern erhoben werden.

Wollte man den Versuch unternehmen, alle betriebswirtschaftlichen Kostenelemente von Land zu Land und über einen größeren Bereich von Ländern hinaus so zu harmonisieren, d. h. auszugleichen, daß der Wettbewerb keine „störenden" Wirkungen zeitigen kann, bedeutet dies nicht Integration, sondern eine Desintegration schlimmsten Ausmaßes.

Ich will mit dieser Feststellung gar nicht leugnen, daß sicherlich jeder Krankheitsherd im nationalen Bereich zugleich auch eine Störung der zwischenstaatlichen Beziehungen bedeutet. Diese Erkenntnis darf aber nicht dahin führen, irgendeinem Land das Recht zu geben, seine Partner im Gemeinsamen Markt aufzufordern oder sogar zu zwingen, in schneller Folge fragwürdige Prinzipien des eigenen Landes zur Anwendung zu bringen.

Unter dem Stichwort „Harmonisierung" ging das Ansinnen sogar so weit, daß am Ende der Übergangsperiode die Lohn-

[5] 29.05.1954; CDU-Parteitag, Köln

niveaus der einzelnen Mitgliedsstaaten angeglichen und ihre Gesamt-Arbeitskosten „äquivalent" sein müßten. Man könnte über diese Forderung hinweggehen, weil sie volkswirtschaftlich einfach nicht realisierbar ist, denn von Sizilien bis zum Ruhrgebiet kann es keine gleiche Produktivität und mithin auch keine gleichen Arbeitskosten geben. Die Praktizierung dieses Grundsatzes müßte gebietsweise sogar zu einem wirtschaftlichen Massensterben führen. Die Lohnkosten sind in ihrer jeweiligen Höhe ein Ausfluß der Produktivität und nicht die Voraussetzung einer gleichen Leistungskraft.

Niemand kann glauben wollen, daß es möglich sein könnte, in allen beteiligten Ländern quer durch alle Industriezweige einen gleichen Produktivitätsstandard zu setzen und einen gleichen Produktivitätsfortschritt zu erzielen. Selbst wenn durch künstliche Manipulationen an einem bestimmten Stichtag gleiche Startbedingungen gesetzt werden könnten, würden am Tage danach schon wieder Veränderungen Platz greifen, weil die Vorstellungen und das Verhalten der Menschen und auch der Völker hinsichtlich ihres Sparen-und-Verbrauchen-Wollens, des Leistungsstrebens, ihres Fleißes u. ä. m. auch in einem gemeinsamen Markt niemals auf einen gemeinsamen Nenner gebracht werden können.

Jene Forderung beruht also auf einer völlig illusionären Verkennung ökonomischer Gesetze und Tatbestände, aber sie charakterisiert zugleich eine geistige Haltung, die sich in einem integrierten Europa unter keinen Umständen durchsetzen darf, wenn nicht menschliche Initiative und schöpferische Kraft, ja das Leben selbst, erstickt werden sollen.

Es ist also eine Illusion, die hinter diesen Vorstellungen steht, der Wahn zu glauben, man könnte die natürlichen Gegebenheiten korrigieren und die strukturellen Bedingungen von Land zu Land mit künstlichen Mitteln so weit ausgleichen, daß jedes Land in jedem Bereich mit gleichen Kosten arbeitet. Ich halte dies

– von der Unmöglichkeit, daß man dieses fragwürdige Ziel jemals wird erreichen können, einmal abgesehen – auch in keiner Weise für erstrebenswert. Dann gäbe es auch keinen Hinderungsgrund mehr, wieder in die nationale Isolierung zurückzufallen, denn wenn jeder Mann jede Ware zu den gleichen Kosten anbieten kann, warum – so frage ich – soll ich sie dann anderwärts kaufen? Hier verliert der zwischenstaatliche Güteraustausch seinen letzten und eigentlichen Sinn. Das ist doch gerade der Witz, daß alle Länder unter verschiedenen Bedingungen arbeiten, daß bei dem einen die Gunst auf dieser, bei dem andern auf jener Seite liegt, daß der eine da und jener dort leistungsfähiger ist. Gerade hieraus erwächst ja die Notwendigkeit der gegenseitigen Ergänzung und die Fruchtbarkeit eines solchen Bemühens.

Wer dieser Harmonisierungstheorie folgt, darf nicht der Frage ausweichen, wer die Opfer bringen und womit die Zeche bezahlt werden soll. In der praktischen Konsequenz muß ein solcher Wahn naturnotwendig zur Begründung sogenannter „Töpfchen" führen, d. h. von Fonds, aus denen alle diejenigen, die im Nachteil sind oder es zu sein glauben, entweder entschädigt oder künstlich hochgepäppelt werden. Das aber sind Prinzipien, die mit einer Marktwirtschaft nicht in Einklang stehen. Hier wird nicht die Leistung prämiiert, sondern das Gegenteil getan, es wird der Leistungsschwächere – aus welchen Gründen auch immer – subventioniert. Das scheint mir nicht das Prinzip zu sein, welches geeignet ist, echten Fortschritt zu bringen, jenen schnellen Fortschritt, den wir in Europa so notwendig brauchen. So läßt sich auch nicht das Ziel erreichen, die Lebensmöglichkeiten unseres Volkes und diejenigen aller europäischen Völker zu verbessern.

Gegenüber diesen Theorien habe ich zu wiederholten Malen darauf hingewiesen, daß ich jene „Sozialromantik", die hier zum Ausdruck kommt, für außerordentlich gefährlich halte.[6]

---

[6] 25.09.1955; 9. Deutscher Betriebswirtschaftertag, Berlin

Dagegen trete ich dafür ein, daß gemeinsame Mittel nach strukturellen und soziologischen Maßstäben einer echten Produktivitätssteigerung sowie für die Erhaltung lebensfähiger Wirtschaftszweige nutzbar gemacht werden. Die Geister scheiden sich nicht in der Fragestellung, ob ein gemeinsamer Markt sobald als möglich entstehen soll oder nicht; es geht ausschließlich um die Ordnungsprinzipien und die geistige Ausrichtung.

Gegen ein bürokratisch manipuliertes Europa

Ein Europa, das nicht in der Gläubigkeit der menschlichen Herzen lebt, das nicht als eine echte Schicksalsgemeinschaft empfunden wird, für das sich Opfer zu bringen lohnt, ein Europa, das nicht die Freiheit oben ansetzt, sondern sie gängeln und bändigen möchte, und ein Europa schließlich, das nicht in seinen geistig-seelischen und politischen Konturen schon heute erkennbar wird, kann weder die Welt noch die europäischen Völker selbst bewegen. Ein bürokratisch manipuliertes Europa, das mehr gegenseitiges Mißtrauen als Gemeinsamkeit atmet und in seiner ganzen Anlage materialistisch anmutet, bringt für Europa mehr Gefahren als Nutzen mit sich. Westdeutschland hat sich durch eine Politik der Stabilität gegenüber den Infiltrationsversuchen aus dem Osten immun gemacht, und allein aus diesem Grunde muß ein gemeinsamer Markt unter den gleichen Gesetzen stehen. Diese Politik aufzugeben, würde heißen, auf die Ursachen dieser erfreulichen Immunität gegenüber dem Kommunismus zu verzichten.

Neben den politischen Gefahren, die mit der sogenannten sozialen Harmonisierung verbunden sind, ist diese Konzeption wissenschaftlich überhaupt nicht diskussionsfähig. Die soziale Harmonisierung steht nicht am Anfang, sondern am Ende der Integration; sie ist nicht durch gequälte Konstruktionen zu verwirklichen, sondern durch eine Angleichung der Lebensformen und Lebensvorstellungen im Rhythmus der fortschreitenden Integration. Obwohl ich also einen gemeinsamen Markt bejahe, bin ich doch der Auffassung, daß auch in einem solcherart integrierten Europa die Lebens- und Produktionsbedingungen niemals einheitlich sein werden. In gewissem Sinne beruht die Funktion des Gemeinsamen Marktes ja gerade umgekehrt auf der Möglichkeit und Notwendigkeit einer fruchtbaren Ergänzung der einzelnen Länder nach Maßgabe ihrer besonderen und unterschiedlichen Leistungskraft und der Vielfältigkeit der naturgegebenen und strukturellen Bedingungen.

Wenn so der Weg einer Teilunion, aber auch derjenige einer seelenlosen Gleichmacherei, nicht als gangbar bezeichnet werden kann, bleibt die Frage zu stellen, ob Europa etwa über einen neuen Institutionalismus geschaffen werden kann. Es ist verständlich, daß man angesichts der gegenwärtigen Ordnungszustände in den nationalen Volkswirtschaften allgemein dazu neigt, sich hinsichtlich einer übernationalen Zusammenarbeit neu zu schaffender Institutionen bedienen zu wollen. Angesichts der ökonomischen Unzulänglichkeiten und Differenzierungen scheint allenthalben keine andere Lösung möglich zu sein. Aber auch diese Feststellung kann nicht unbesehen und kritiklos hingenommen werden.

Ordnung auf leichten Sohlen

Man kann und darf Europa vom wirtschaftlichen Standpunkt aus nicht so sehr als eine Organisation oder als eine Institution verstehen, sondern man muß es als eine Funktion auffassen. Dann aber ist die Frage dahin zu stellen, was wir tun können, um dieses Europa zur Entfaltung freier Funktionen zu befähigen. Es ist eine fast tragische Erkenntnis, glauben zu müssen, daß wir innerlich bereits derart verkrampft sind, Ordnung nur noch in der Vorstellung der „Organisation“ begreifen zu können. Wir haben den Sinn für echte Ordnung verloren, die gerade dort am stärksten ist und dort am reinsten obwaltet, wo sie als solche überhaupt nicht bemerkt und verzeichnet wird.[7]

Damit soll nicht gesagt sein, daß ich europäischen Bindungen grundsätzlich widerstrebe. Ich möchte vielmehr die Voraussetzung hierfür schaffen, wenn ich zuvörderst die innere Ordnung der einzelnen Volkswirtschaften sichergestellt wissen will, weil sonst die Integration zwangsläufig zu einem übernationalen Dirigismus führen müßte.

Europa ist nicht mit kleinen Mittelchen zu bauen; es ist nur als eine komplexe, ökonomische und politische Funktion zu verstehen. Die Vorstellungen, daß fortschreitend einzelne Sachbereiche der nationalen Souveränität entzogen und supranationaler Verwaltung übergeben werden sollten und daß dann von einem bestimmten Augenblick an das Gewicht des supranationalen Einflusses automatisch zu einer totalen Überwindung nationaler Zuständigkeiten führen würde, erscheint mir wenig realistisch und hält einer wirtschaftstheoretischen Durchleuchtung nicht stand.[8] Die Ganzheit der volkswirtschaftlichen Funktion läßt sich nicht in Zuständigkeiten aufspalten. Jeder derartige Versuch müßte dahin führen, daß alle Volkswirtschaften zwischen den Stühlen sitzen, und niemand mehr weiß, wer Koch oder Kellner ist.

Die Ausweitung supranationaler Zuständigkeiten mag vielleicht von einiger politischer Bedeutung sein, aber zur Lösung der angeschnittenen ökonomischen Probleme wird sie kaum etwas Entscheidendes beizutragen vermögen.[9] Meine Befürchtung bleibt deshalb bestehen, daß wir allzusehr geneigt sein könnten, die europäische Integration zu sehr auf die Schaffung von Institutionen abzustellen, d. h. also, daß wir das Institutio-

[7] 12.09.1953; Mont Pelerin Konferenz, Seelisberg (Schweiz)
[8] 21.07.1955; in „Deutsche Korrespondenz“
[9] 14.05.1955; in „Stuttgarter Zeitung“

nelle gegenüber dem Funktionellen überbewerten[10] – eine Befürchtung allerdings, deren Berechtigung man in jüngster Vergangenheit immer mehr anzuerkennen bereit ist.

In diesem Zusammenhang mag auch ein Wort zu der Hoffnung mancher Planwirtschaftler gesagt werden, sie könnten ihre Ideen und Ideologien, die sie im nationalen Raum nicht durchzusetzen vermochten, nunmehr auf der europäischen Ebene verwirklichen. Nach unseren Erfahrungen im nationalen Raum bedarf es keiner Erklärung mehr, warum die Prinzipien der Plan- und Lenkungswirtschaft nicht geeignet sind, nun etwa im weiteren Raum die Produktivkräfte Europas zu entwickeln. Diese Wirtschaftsauffassung ist nicht einmal geeignet, auch nur zu den primitivsten Formen einer Arbeitsteilung, geschweige denn zu einer fruchtbaren und reibungslosen Zusammenarbeit der Volkswirtschaften zu gelangen.

Meiner Auffassung nach steht uns gar kein anderer Weg offen, als in allen Fragen des Waren- und Dienstleistungsverkehrs, des Geld- und Kapitalverkehrs, der Behandlung der Zollpolitik und hinsichtlich der Freizügigkeit der Menschen in raschem Fortschreiten zu immer umfassenderen Freiheiten zu gelangen und auf dem Wege dorthin auf alle staatlichen Manipulationen zu verzichten, die diesen Prinzipien zuwiderlaufen. Wo institutionelle Einrichtungen zur Durchsetzung dieser Prinzipien der Freiheit unvermeidlich sind, trete auch ich für sie ein. Mir will scheinen, daß derjenige ein wahrhaft guter Europäer ist, der diese Gemeinsamkeit des Handelns und Verhaltens zur Verpflichtung aller Beteiligten erhoben wissen will.[11]

---

[10] 31.05.1954; Deutsch-Belgisch-Luxemburgische Handelskammer, Antwerpen

[11] 21.07.1955; in „Deutsche Korrespondenz“

Die Erfolge der EZU

Eine solche Betrachtung muß notwendig zu einer kritischen Würdigung der bestehenden europäischen Institutionen führen. Von der Montanunion war insoweit schon die Rede, als ihre europäische Bedeutung vornehmlich darin gesehen wurde, die Rolle einer Ouvertüre für eine schnelle und umfassende europäische Integration zu spielen. In ihr klingen wohl Themen und Motive an; die Melodie prägt sich erst im Spiele selbst. Es ist gewiß nicht die Schuld der Montanunion, wenn sich diese Erwartung nicht voll erfüllt hat; ob sie aber unter dem Aspekt, Europa schaffen zu helfen, noch allzu hoch bewertet werden darf, sei individuellem Urteil überlassen. Davon unabhängig kann die Montanunion in ihrem eigenen Bereich zweifellos sehr nützliche Arbeit leisten.

Um nicht dem Vorwurf ausgesetzt zu sein, vor lauter Wald die Bäume nicht zu sehen, sei in diesem Zusammenhang ausdrücklich auf die großen Erfolge hingewiesen, die wir mit der Europäischen Zahlungsunion (EZU) erringen konnten. Diesem Gemeinschaftssystem multilateraler Prägung war es vor allem zu verdanken, daß sich die beteiligten Staaten aus der Enge bilateraler Wirtschaftsbeziehungen befreien konnten und daß damit in der Entfaltung der wirtschaftlichen Kräfte Europas ein entscheidender Sprung nach vorne gelang.[12] Ein kurzer Blick auf die Statistik bestätigt diese Feststellung. So stieg beispielsweise die Ausfuhr der Bundesrepublik Deutschland nach dem EZU-Raum von 6,32 Mrd. DM im Jahre der Gründung der EZU 1950 auf 28,12 Mrd. DM im Jahre 1959. Diese Vervielfachung unseres Exports nach den Ländern der Europäischen Zahlungsunion entwickelte sich im einzelnen wie folgt:

[12] 09.02.1954; Amerika-Gesellschaft, Hamburg

Außenhandel mit dem EZU-Raum in Mrd. DM

	1950	1951	1952	1954	1956	1958	1959
Einfuhr	7,87	8,87	10,15	12,30	16,99	19,05	22,80
Ausfuhr	6,32	10,63	12,19	15,78	22,29	25,65	28,12
	–1,55	+1,76	+2,04	+3,48	+5,30	+6,60	+5,32

Quelle: Statistisches Bundesamt

Der Handel zwischen den Mitgliedsländern der OEEC erhöhte sich von 17,4 Mrd. $ im Jahre 1949 auf 31,2 Mrd. $ im Jahre 1954, 35,7 Mrd. $ im Jahre 1955 und 41,6 Mrd. $ im Jahre 1959.

Bei aller Anerkennung dieser Erfolge kann doch nicht darauf verzichtet werden, den Finger auf die Wunde zu legen und darzutun, was innerhalb der Europäischen Zahlungsunion eben noch nicht hinreichend geordnet, noch unvollkommen ist und auch mit den für die Zukunft gegebenen Mitteln der EZU nicht ohne weiteres erreicht werden kann. Auch hier bedeutet eine Kritik an dieser Einrichtung nicht Abkehr oder Verurteilung, sondern umgekehrt eine Mahnung, einen Aufruf zur entscheidenden Tat.

Woran krankt denn die Europäische Zahlungsunion?

Daran, daß die einzelnen an der Zahlungsunion beteiligten Volkswirtschaften nicht mit bindender Kraft zu einem geordneten wirtschaftlichen und finanziellen Verhalten im Sinne der inneren Stabilität ihrer Volkswirtschaften veranlaßt oder gezwungen werden können. Auch in der Europäischen Zahlungsunion spielen die nationalen Empfindlichkeiten, falsch verstandene Vorstellungen von wirtschaftspolitischer Autonomie und nationaler Souveränität noch immer eine bedeutende Rolle. Kein europäischer Staat ist bereit, sich allgemein verbindlichen Richtlinien zu unterwerfen. Die Europäische Zahlungsunion kann bestenfalls Empfehlungen geben, aber sie kann diese Empfehlungen nicht einmal bis zur Tat im nationalen Raum durchsetzen.

„Stability begins at home“

In Amerika gibt es eine Sentenz, die lautet: Stability and convertibility begin at home. Das ist genau das, was uns in Europa fehlt. Die EZU erleidet insoweit das gleiche Schicksal, welches auch einem gemeinsamen Markt beschieden sein müßte, in dem die beteiligten Länder nicht den Mut und den Willen zur Ordnung aufbringen. Die Beteiligung eines Landes an derartigen Gemeinschaften macht also auf dem Felde der Wirtschaft und der Finanzen ein ganz bestimmtes Verhalten dieses Staates erforderlich. Ein Mitgliedsland kann nur dann zur Integrationsreife gelangen, wenn es gewillt ist, seine innere Ordnung nicht nur herzustellen, sondern diese auch unverrückbar zu bewahren.

An sich erscheint der derzeitige Zustand Europas gar nicht so verwunderlich, wenn man bedenkt, wie zerrissen dieses Europa gewesen ist und es auch heute noch ist. Wieviel an Dogmatik hat sich doch in den einzelnen europäischen Volkswirtschaften ausgetobt, wie unterschiedliche Vorstellungen von wirtschafts- und finanzpolitischen Möglichkeiten sind doch lebendig, und wie viele Theorien haben die Geister bewegt! Man denke z. B. nur an die Keynesschen Lehren, das „deficit spending“, an die „Politik des billigen Geldes“ mit allem, was dazugehört, um dann zu begreifen, daß es in diesem Raum außerordentlich schwer sein wird und schwer sein muß, zu gemeinverbindlichem Handeln und zu einer straffen, einheitlichen Politik hinzufinden. Diese Geschlossenheit ist aber die Voraussetzung für frei konvertierbare Währungen.

Wenn etwa zuzeiten der Goldwährung irgendein souveränes Land glaubte, auf eine geordnete Wirtschafts- und Finanzpolitik und eine verantwortungsbewußte Kreditpolitik verzichten zu können, oder – anders ausgedrückt – wenn ein Land irgendeiner Ideologie gehuldigt hätte; die diesem Postulat der inneren Ordnung und des Gleichgewichts widersprochen hätte, dann würden die Konsequenzen seines Verhaltens sehr schnell spürbar geworden sein – es hätte die Folgen selbst zu tragen gehabt. Wenn unter den Spielregeln der Goldwährung die Möglichkeit einer Kapitalaufnahme oder diejenige des Goldabstroms erschöpft war, dann gab es keine Macht der Welt, die den Wechselkurs dieses Landes hätte vor dem Absinken bewahren können. In Zeiten der Goldwährung sind weder durch Institutionen noch durch Personen Befehle erteilt worden. Es gab den anonymen Befehl, der aus dem Ordnungsprinzip, aus dem System heraus erteilt wurde. Dieser war indessen nicht belastet mit Vorstellungen nationaler Souveränität, nicht mit dem Wahnglauben an eine mögliche wirtschaftspolitische Autonomie oder was es sonst noch alles an Vorurteilen oder Empfindlichkeiten geben mag. Soweit sind wir leider noch nicht wieder.

Wir benutzen die Europäische Zahlungsunion sozusagen als eine Krücke. Erst wenn alle an der Europäischen Zahlungsunion beteiligten Länder zu der Einsicht gelangt sein werden, es obliege ihrer eigenen Verantwortung, Ordnung im eigenen Hause zu schaffen, erst dann sind wenigstens die Voraussetzungen gegeben, um die eigentlichen Ziele der Europäischen Zahlungsunion zu erfüllen.

Immerhin war ja dem Wirken der Zahlungsunion von Anfang an die These vorangestellt: Die Mitglieder sollen über die zunehmende Liberalisierung des Waren- und Dienstleistungsverkehrs zur freien Konvertierbarkeit hinfinden, was besagt, daß am Ende der Liberalisierungsanstrengungen allen Partnern freie, austauschbare Währungen als reife Frucht ihrer Bemühungen in den Schoß fallen müßten.

Bei dieser Würdigung der Europäischen Zahlungsunion darf gleichwohl nicht übersehen werden, daß das System der EZU in seiner praktischen Auswirkung die Diskriminierung gegenüber dem Dollarraum weiter aufrechterhält, wenn nicht sogar fördert und damit die Integration in dem größeren Rahmen der westlichen freien Welt behindert. Amerika, das Europa geholfen hat und helfen wollte, muß erwarten oder befürchten, daß die Güterströme im wachsenden Umfang am amerikanischen Markt vorbeilaufen. Ich habe während der vielfältigen Pariser Verhandlungen wiederholt darauf aufmerksam gemacht, daß hier ein Konstruktionsfehler vorliegen muß, wenn eine größere Freizügigkeit europäischer Länder gegenüber dem Dollarraum indirekt als eine Beeinträchtigung der Wirksamkeit der EZU empfunden wird. Wir sind bei der ständigen Erweiterung unserer Dollarliberalisierung auf jetzt ebenfalls über 90 Prozent zu wiederholten Malen auf diese falsche Wertung gestoßen.[13]

Diese Kritik an der Europäischen Zahlungsunion sollte allerdings nicht die Dankbarkeit überdecken, die wir diesem System schulden. Es war, wie bereits gesagt, der große Erfolg der EZU, die bis dahin nur bilateral verankerten Auslandsbeziehungen und die multilateralen Verrechnungsmöglichkeiten grundsätzlich aufzulockern. Hier hat die EZU den ersten Ausweg aus der Enge eröffnet.

Vom Unsinn des Bilateralismus

Daß der Bilateralismus nie zu befriedigenden Ergebnissen führen kann, bedarf heute kaum noch einer Begründung. Es ist einfach nicht vorstellbar, daß der Bedarf und die Wünsche zweier Länder sich exportpolitisch so vollkommen und so organisch ergänzen, daß ein beide Partner befriedigender Ausgleich möglich wäre. Es muß dabei immer Mißvergnügte geben, denn das Gesamtvolumen des bilateralen Warenaustausches richtet sich automatisch nach den Liefer- oder Bezugsmöglichkeiten des schwächsten Partners. Der gesamte Warenaustausch bleibt

---

[13] 31.05.1954; Deutsch-Belgisch-Luxemburgische Handelskammer, Antwerpen

dann auf einem derart niedrigen Niveau, daß das ökonomische Ziel einer maximalen oder auch nur optimalen Zusammenarbeit zwischen den Volkswirtschaften auf keinen Fall erreicht werden kann.[14]

Die Tätigkeit der EZU und der OEEC ist naturgemäß unter Berücksichtigung der Grenzen zu werten, die den Aufgaben dieser beiden Institutionen gesetzt sind. Soweit wir auch im Rahmen dieser Institutionen in der Liberalisierung fortgeschritten sind, so wissen wir doch, daß, solange noch Vorschriften der Devisenbewirtschaftung bestehen, das gesteckte Ziel gar nicht erreichbar ist.

Wie nun, so werden meine Leser fragen, stelle ich mir das werdende Europa vor. Am Beginn eines Versuchs, konkretere Vorstellungen zu entwickeln, muß der Satz stehen: Alles Streben nach politischer und wirtschaftlicher Integration muß scheitern, wenn nicht endlich alle Beteiligten den Mut und die Kraft finden, sich zu einer ständig fortschreitenden Liberalisierung des Waren-, Dienstleistungs- und Kapitalverkehrs, eines raschen Abbaues der Zölle sowie anderer protektionistischer Schranken und Manipulationen zu bekennen und danach zu handeln.

Zu einem freien und gemeinsamen Markt gehören, gleich wie früher bei der Goldwährung, nicht Reichtum und Stärke, sondern nur die bescheidene Einsicht, daß auch ein Staat, ebensowenig wie ein Volk, über „seine Verhältnisse" leben kann. Ich würde dieser freiheitlichen und nicht nur auf einzelne oder auf eine Gruppe von Ländern beschränkten Annäherung unter nur ökonomischen Gesichtspunkten eindeutig den Vorzug vor Integrationsversuchen im kleineren Raum geben. Ich glaube auch, daß dieser Weg in den freiheitlichen Großraum gerade für Deutschland, dessen Wohlstand nicht zuletzt auf seiner Verbindung mit möglichst allen Märkten aufbaut, rational gesehen der beste wäre.

---

[14] 06.02.1952; Universität Zürich

Europa – Insel der Desintegration?

Wenn wir unter politischem Aspekt gleichwohl den Weg der Integration der sechs Staaten, die an der Montanunion beteiligt sind, beschreiten, so ist um so mehr darauf zu achten, daß die Liberalisierung und die Freizügigkeit schlechthin in diesem kleineren Integrationsraum rascher voranschreitet als diejenige im Gesamtbereich der westlichen Welt. Keinesfalls darf es sich ereignen, daß der Abbau all der vielfältigen Schranken, die die verschiedenen Volkswirtschaften noch trennen, im großen internationalen Rahmen des Westens schneller vonstatten geht als etwa in einem künftigen gemeinsamen Markt Westeuropas. Es müßte als eine Groteske besonderer Art bezeichnet werden, wenn diese Europäische Union dann zu einer Insel der Desintegration werden würde.

Diese europäische Integration erscheint in der zunächst angestrebten Ausprägung einer Zollunion, unter Beachtung dieser eben genannten Forderung eines vergleichsweise schnelleren Abbaues alles Trennenden, auch nur dann sittlich, ökonomisch und politisch gerechtfertigt, wenn diese Gemeinschaft nicht ihrerseits Kontraste und neue Spannungen auslöst. Das bedeutet, daß die Handelspolitik der Zollunion nach außen liberal gehandhabt werden muß und Diskriminierungen gegenüber dritten Ländern unterbleiben.

In diesem Zusammenhang ist auf den hochbedeutsamen britischen Vorstoß von Anfang Herbst 1956 zu verweisen, den gemeinsamen Markt der sechs Montanunions-Länder durch die Freihandelszone der OEEC-Staaten zu erweitern. Es ist mir nur zu verständlich, daß hierzu von London aus verlautete, eine Zollmauer, die den angestrebten kleineren europäischen gemeinsamen Markt von der übrigen Welt abschirmen würde, könnte nicht im gesamteuropäischen Interesse liegen. Hinter dieser Formulierung verbergen sich genau die Gefahren, denen ich vordem Ausdruck geben wollte.

Diese Postulate haben, auch wenn man sich das heiße Eisen anzupacken scheut, zur Konsequenz, der Devisenzwangswirtschaft abzuschwören und zu frei konvertierbaren Währungen zurückzufinden. Die nationale Politik, die sich auch heute noch hinter diesen barbarischen Einrichtungen verschanzt, verhindert jeden echten und großzügigen wirtschaftlichen und sozialen Fortschritt. Diese Hemmung ist von so ungeheurem Ausmaß, daß nur die Unkenntnis der tatsächlichen Zusammenhänge den geistigen Aufstand aller freien Menschen und aller freien Völker verhindert.

Wir dürfen auch nicht vergessen, daß wir mit dieser Beseitigung der Unfreiheiten, und wahrscheinlich nur auf diesem Wege, die Grundlagen einer echten gesellschaftlichen Ordnung im besten Sinne des Wortes zurückgewinnen.

Je mehr wir es dahin bringen, daß sich die Menschen als Individuen fühlen und sich gerade in der persönlichen Freiheit ihrer Kraft und Würde bewußt werden, um so besser und wohltätiger wird die gesamte gesellschaftliche Ordnung sein. Diese wird von viel höherer sittlicher Qualität sein als eine Gesellschaft, die immer neuer Organisationen und Institutionen bedarf, um das Chaos einer aus ihren inneren Zusammenhängen gerissenen Wirtschaft zu bändigen. Ich nehme gern die Unpopularität auf mich, einer der lautesten Verkünder der Freiheit zu sein – gerade aus der Sorge um die Gestaltung der freien Welt und um die Zusammenarbeit der freien Völker. Ich sehne auch im übernationalen Rahmen eine ehrliche Ordnung herbei. Dazu gehört in erster Linie die Wahrung der menschlichen Freiheit. Wir müssen überall die Ordnungsgrundsätze verwirklichen, die freiheitliche und echte menschliche Beziehungen sicherstellen – sowohl auf dem wirtschaftlichen Felde als auch im Bereich des politischen Lebens.[15]

---

[15] 07.03.1954; Internationale Frankfurter Messe

Dabei muß Sorge getragen werden, daß wir nicht nur, wie etwa vor 1914, zwar in den Methoden und Techniken über brauchbare Instrumente verfügen, sondern daß wir darüber hinaus auch zu einer gemeinsamen geistigen Zielrichtung gelangen, die uns den nationalen Egoismus und den Protektionismus in neuen Formen echter Gemeinschaften überwinden läßt. Die echte Integration hebt uns im Geistigen, im Sittlichen und im Seelischen auf eine höhere Ebene der Zusammenarbeit empor.

Die Unterschiede liegen hier in der Qualität und nicht so sehr in der Quantität der Zusammenarbeit. Integration und Konvertierbarkeit sind nicht Gegenpole, wobei das eine Streben etwa das andere behindern oder überflüssig machen könnte, sondern sie ergänzen sich. Wenn wir z. B. von einem Leistungswettbewerb auf dem gemeinsamen Markt sprechen, dann verstehen wir darunter eine Form der Zusammenarbeit, die die Unzulänglichkeiten der engen Begrenzungen im europäischen Raum aufsprengen. Immer wieder ist zu fragen, warum denn die europäischen Volkswirtschaften um so viel weniger ergiebig sind als die amerikanische Volkswirtschaft?[16]

Die hier erkennbaren gewaltigen Unterschiede resultieren doch nicht etwa daraus, daß die Menschen in den Vereinigten Staaten so sehr viel fleißiger und tüchtiger sind als die Europäer. Sie ergeben sich vielmehr aus der Weite des wirtschaftlichen Raumes, und zugleich sind sie das Ergebnis der größeren Freizügigkeit. Beides führt dazu, daß dort ein viel höheres Maß an Produktivität und an Ausnutzung der menschlichen und technischen Produktivkräfte entfaltet werden kann.

Dieser Vergleich sollte uns aber auch lehren, jene Gegebenheiten anzustreben und ihre Verwirklichung als ein europäisches Ziel zu setzen. Wir müssen uns neu formieren. Wir müssen daher vor allen Dingen uns eines neuen Geistes bedienen

---

[16] 29.05.1954; CDU-Parteitag, Köln

und die Solidarität begründen, die die europäischen Volkswirtschaften und Völker um dieses Zieles willen vereinen soll.[17]

Aus diesen Überlegungen ergibt sich der absolute Vorrang der funktionellen Integration, deren Wesensmerkmale wiederholt herausgestellt wurden. Wie bei allen meinen wirtschaftspolitischen Überlegungen gehe ich auch hierbei von dem Grundgedanken einer Unteilbarkeit der Freiheit aus.

Die Freiheit ist unteilbar

Für mich ist es eine Selbstverständlichkeit, daß derjenige, der für eine freie Wirtschaftsgesellschaft im Innern eintritt, auch zu den Vorkämpfern einer freien weltwirtschaftlichen Arbeitsteilung und einer engen zwischenstaatlichen Zusammenarbeit gehört. Die Bundesrepublik hat sich aus der Erkenntnis der Unteilbarkeit der wirtschaftlichen Freiheit in allen internationalen Gremien und Institutionen mit Nachdruck für die Befreiung des internationalen Wirtschaftsverkehrs von allen kurzsichtigen Reglementierungen und kleinlichen Schikanen eingesetzt.

Lassen Sie mich in diesem Zusammenhang auch kurz eine grundsätzliche Frage streifen, die in der Diskussion vor allem im privaten Kreis, aber auch in der Öffentlichkeit, immer wieder auftaucht: Muß etwa der Wohlstand eines Landes in einer freien Welt für die Nachbarn Anlaß zu Sorge oder Angst sein?

Selbstverständlich ist das mit aller Entschiedenheit zu verneinen.

Es ist eine ökonomische Binsenweisheit, daß es dem einen Partner nur gut gehen kann, wenn auch seine Mitspieler wirtschaftlich gedeihen. Mit Bettlern kann man keine Geschäfte machen.[18]

---

[17] 29.05.1954; CDU-Parteitag, Köln
[18] 16.06.1955; Tagung der Internationalen Wollvereinigung, München

Es ist sowohl meine Überzeugung wie meine Erfahrung, daß all das, was im nationalen Raum gilt und für dort als richtig erkannt wurde, auch über die Grenzen hinaus gelten kann und soll. So wie wir in unseren Ländern vor der Notwendigkeit stehen, das Volk aus Armut und Not zu befreien, immer mehr Menschen an einem gehobenen Lebensstandard teilhaben zu lassen, dem Volke die Möglichkeit und die Sicherheit zu geben, sich frei entfalten zu können, unabhängig gegenüber den Gewalten des Staates zu werden und sich dennoch der Ordnung des Staates verpflichtet zu fühlen, so gilt es auch, diese gleichen Prinzipien in der weltwirtschaftlichen Zusammenarbeit der freien Welt anzuwenden.[19]

Wer den Ernst dieses Strebens erfühlt, wird mit mir in dem Wunsch und der Forderung einig sein, daß der jeweils erreichte Stand der Freizügigkeit nicht durch einseitige staatliche Maßnahmen wieder zurückgeschraubt werden darf. Solange eine solche Möglichkeit des Rückfalls offen bleibt, so lange bleibt auch das Bekenntnis zur europäischen Integration nur eine Liebeserklärung sehr platonischer Art.

Damit ist uns heute nicht mehr geholfen.

Dieser Grundsatz muß naturgemäß auch für den gemeinsamen Markt und die Zollunion nach Art der Brüsseler Empfehlungen gelten. Es wäre gewiß nicht sinnvoll, den einzelnen Mitgliedsländern freie Hand für Rückschritte auf dem Integrationsweg zuzubilligen, so daß etwa bei Zahlungsbilanzschwierigkeiten kraft einer in diesem Falle wieder auflebenden eigenen Souveränität Schutzklauseln zur Anwendung gebracht werden dürfen. Es ist auch keine gute Lösung, wenn das betreffende Land – wie im Zuge der Brüsseler Verhandlungen einmal vorgeschlagen – nachträglich gezwungen werden kann, diese

[19] 31.05.1954; Deutsch-Belgisch-Luxemburgische Handelskammer, Antwerpen

Schutzklauseln aufzuheben, sofern ein diesbezüglicher Beschluß von einer qualifizierten Mehrheit gefaßt wird. Es gehört wenig Phantasie dazu, um zu erkennen, daß ein solcher Beschluß als ein politisch unfreundlicher Akt praktisch kaum zustande kommen dürfte. Derartige Vorschriften würden auch nicht von dem lebendigen Bewußtsein einer schicksalhaften Gemeinschaft zeugen. Gerade dieses aber muß entzündet werden, denn solange es fehlt, werden wir nie das Ziel erreichen, nie die Kraft aufbringen, eine echte Gemeinschaft zu formen, die etwa mit dem nordamerikanischen Wirtschaftsraum vergleichbar wäre.

Wir brauchen auf diesem Felde endlich Taten. Der Worte sind wirklich genug gewechselt.

So viele weise Männer auch darüber sprechen mögen – ich bin fest davon überzeugt: Das Problem ist in kürzester Frist zu einem guten Ende zu führen, wenn wir es nur mit etwas mehr Mut und Zuversicht anpacken wollten. Ich habe in meinem Leben immer wieder die Erfahrung gemacht, daß sich die Freiheit und vor allem der Mut zur Freiheit immer gelohnt haben. Alles, was wir unter diesem Aspekt begonnen haben, hat sich hin zum Guten gewandelt[20] – überall dort aber, wo uns der Mut zur Freiheit fehlte, sind die Dinge im Unheil steckengeblieben.

Nach meinem Geschmack klingt es auch nicht gerade überzeugend, wenn man mit Pathos von einer europäischen Integration spricht, aber gleichzeitig neben einem freien Waren- und Dienstleistungsverkehr nicht auch den Menschen die Möglichkeit eröffnet, sich überall frei zu betätigen. Es ist ein unmöglicher Zustand, wenn in einem europäischen Lande noch Millionen Arbeitslose vorhanden sind, während andere Staaten nicht wissen, woher sie die Hände und Köpfe zur Bewältigung aller anstehenden Aufgaben nehmen sollen.

[20] 22.02.1953; Internationale Frankfurter Messe

Diese Feststellung treffe ich übrigens nicht erst seit heute oder gestern. Ich habe immer den Standpunkt vertreten, daß man von einem Europa erst dann sprechen könne, wenn jeder Bürger in jedem anderen Lande freie und gleiche Betätigungsmöglichkeiten findet. Solange dies nicht der Fall ist, ist unser Bekenntnis letztlich nicht ehrlich.

Solange wir nicht den Mut haben, an diese neuralgischen Punkte heranzugehen, scheint mir ein allgemeines Integrationsgerede oder ein perfektionistischer Mechanismus rein ökonomischer Verfahrensregeln wenig geeignet zu sein, das politische, ökonomische und soziale Ziel gleichermaßen zu erreichen.[21]

Soweit alle Bemühungen, zur Integration Europas zu gelangen, überhaupt auf einen Nenner gebracht werden können, so auf den: Verwirklicht die Freiheit in allen Lebensbereichen!

Liberalisierung die beste Arznei

Lassen Sie mich nur an einem Beispiel ganz kurz dartun, was die Freiheit selbst dann zu leisten vermag, wenn sie noch keineswegs vollkommen ist. Die Auswirkungen der Liberalisierung des Warenverkehrs auf unseren Außenhandel sind so überzeugend, daß sie nichts an Geltung verlieren, wenn ich darauf verweise, daß Deutschland auf diesem Wege um die Jahreswende 1950/51 eine der schwersten Krisen, vielleicht die schwerste der Nachkriegszeit überhaupt, durchzustehen hatte. Sie gab seinerzeit sogar vielen Leuten Anlaß, meine Politik als endgültig gescheitert anzusehen. Als ich im Jahre 1948 mein Amt in der Bizone übernahm, bewegte sich der durchschnittliche Export monatlich um rund 200 Mill. DM und war zudem seinem Wesen nach vornehmlich Zwangsexport von Kohle,

---

[21] 25.09.1955; 9. Deutscher Betriebswirtschaftertag, Berlin

Holz und anderen in Deutschland selbst dringend benötigten Rohstoffen. Fertigwaren figurierten in unserer Außenhandelsbilanz nur als unbeachtliche Schnörkel. Anfang 1960 schwankt der monatliche Export zwischen 3,6 und 4,4 Mrd. DM – davon allein nach dem EZU-Raum zwischen 2,5 und 3 Mrd. DM. Diese überzeugenden Ergebnisse werden nicht zuletzt dank der konsequenten Liberalisierungspolitik Westdeutschlands erreicht. Die Gewährung der Freiheit auch in den internationalen Beziehungen macht sich eben, wie ich schon sagte, bezahlt; sie ist kein Geschenk, das nur einseitig gegeben wird, sondern löst Reaktionen und Konsequenzen aus, die befruchtend und heilend wirken.

Zur Erhärtung sei noch ein kurzer Blick auf unsere Exportstruktur gestattet. Der für die westdeutsche Wirtschaft entscheidende Fertigwarenanteil ist jetzt auf 84% angestiegen. Hier zeigt sich besonders deutlich, wie sehr schon die Befreiung, die in meinen Augen alles andere als bereits vollkommen ist, dennoch eine Exportstruktur herbeizuführen geeignet ist, die den strukturellen Gegebenheiten der einzelnen Volkswirtschaften wesensgemäß entspricht.

Die Entwicklung, die sich in den letzten Jahren vollzogen hat, wird am treffendsten durch folgende Zahlen beleuchtet, wobei ich das Gründungsjahr der EZU (am 19. September 1950) als Ausgangsbasis wähle und die ersten Nachkriegsjahre, in denen der Außenhandel allzusehr durch Zwangsauflagen belastet war, bewußt ausklammere.

Zeugt es denn nicht auch von einer geradezu grotesken Entartung, wenn wir die übelste Form der Unordnung, nämlich die Devisenzwangswirtschaft, in der Rubrik „Ordnung“ führen. Endlich sollten wir uns auch freimachen von der Ansicht, daß ein Maximum von Ordnung dort herrscht, wo sich möglichst viele Menschen mit der Erzwingung der Ordnung und der Bändigung der Unordnung beschäftigen müssen.

Ausfuhr in Mill. DM (Monatsdurchschnitt)
Gewerbliche Wirtschaft

Monats-durchschnitt	Gesamtex-port	Rohstoffe	Halbwaren	Fertigwaren
1950	697	97	131	452
1952	1409	107	212	1058
1954	1836	141	240	1412
1956	2572	143	318	2034
1958	3083	143	324	2533
1960	3996	182	417	3292
1962	4415	197	415	3689

Quelle: Statistisches Bundesamt)

Wenn niemand sichtbar wird, der die Ordnung wahrt, dann glauben noch allzu viele in einer merkwürdigen Verblendung, daß so überhaupt eine Ordnung nicht bestehen könne. Es liegt auf der gleichen Linie, wenn ich meine, daß bei allen Europagesprächen nicht nur das zu bedenken wäre, was wir zu arrangieren haben; wir sollten ebensosehr daran denken, was wir fallenlassen können oder sogar müssen, um ein natürliches, organisches Werden Europas zu ermöglichen. Da z. B. die Konvertierbarkeit die echte und zugleich beste Lösung einer Vielzahl von Problemen bringen würde, dürfte zu erwarten sein, daß der Effekt dieser Ordnung auf fast alle Bereiche des gesellschaftlichen Lebens ausstrahlt. Die Wirtschaftspolitik würde in diesem Zeichen eine viel klarere Ausprägung gewinnen.

Dieses mein ständiges Werben und Mahnen, Europa unter Voran- und Sicherstellung der „Funktion“ zu schaffen, soll nun nicht dahin mißverstanden werden, als ob ich nun völlig starr jede Institution auf europäischer Ebene ablehnen würde. Was ich entschieden ablehne, ist allerdings die Auffassung, es könnte durch die Schaffung von Institutionen gelingen, den eigentlichen

Schwierigkeiten wirksam zu begegnen. Hierin gerade bestehen die eigentlichen Meinungsunterschiede.

Wer ist ein guter Europäer?

Jeder institutionelle Lösungsversuch bringt die Gefahr mit sich, in Scheinlösungen steckenzubleiben. Aber auch für mich gibt es bei diesem Fragenkomplex nicht ein Entweder-Oder, sondern ein Sowohl-Als-Auch – wobei allerdings der Akzent eindeutig auf der Priorität der funktionellen Integration liegt.

Ich habe es selbst zu wiederholten Malen erfahren, wie fruchtbar es sein kann, wenn sich Menschen zusammensetzen müssen, um gemeinsame Lösungen zu finden.[22] Nur kommt es entscheidend darauf an, daß die institutionell begründete Arbeit das funktionale Wirken nicht verdrängen, ersetzen oder gar negieren will. Die Institution muß vielmehr dienen – und zwar ausschließlich –, um die Funktion des gemeinsamen Marktes zu unterstützen; sie muß helfen, Freiheit zu eröffnen. Wenn dagegen die Institution selbst „ordnen" will, ist sie fehl am Platze.

Der moderne Mensch ist tatsächlich so sehr daran gewöhnt, sich eine echte Ordnung nur dann vorstellen zu können, wenn diese in Organisationen oder in einem Heer von Beamten Ausdruck findet und womöglich noch der Sand in der Maschine hörbar wird. So kommt es denn auch, daß der von mir vorgeschlagene Weg der Freiheit immer wieder dem Angriff ausgesetzt ist, ich wäre ein schlechter Europäer. Diese Situation veranlaßt mich bereits sehr frühzeitig in der „Deutschen Korrespondenz", nämlich am 21. Juli 1955, ausführlich zu der Frage Stellung zu nehmen: Wer ist ein guter Europäer? Ich sagte dazu:

---

[22] 31.05.1954; Deutsch-Belgisch-Luxemburgische Handelskammer, Antwerpen

Ich jedenfalls bin nicht willens, mir meine europäische Gesinnung und auch nicht meine Gläubigkeit aberkennen zu lassen, weil ich die diesbezüglichen Fragen anders gestellt und allen Beteiligten zu prüfen anheimgegeben habe, ob es denn nur einen Weg und nur eine Methode hin zu Europa gäbe oder ob nicht andere Mittel vielleicht schneller und wirksamer zum Ziele führten. Ich möchte es ganz deutlich sagen und bekennen, daß ich nicht weniger, sondern mehr Europa wünsche, als es in den Vorschlägen nach weiteren Teilintegrationen zum Ausdruck kommt. Wenn man neuerdings dem Begriff „Teilintegration" eine andere Auslegung geben und dabei nicht mehr so sehr an branchenwirkliche Zusammenfassungen denn an die Abtretung von Teilfunktionen denken möchte, so kann das nur zu einer Verwirrung der Begriffe führen.

Jede echte Funktion ist unteilbar. Es ist darum nicht meine Flucht vor, sondern meine Sorge um Europa, wenn ich befürchte, daß durch eine solche Art von Additionen und Akkumulationen weder das ökonomische noch das politische Ziel erreicht werden wird. Desweiteren widerstrebe ich nicht europäischen Bindungen, sondern möchte umgekehrt die Voraussetzung hierfür schaffen, wenn ich mahne, daß zuvörderst die innere Ordnung der Volkswirtschaften in nationaler Verantwortung sicherzustellen sei, weil sonst die Integration zu einem übernationalen Dirigismus führen müßte.

Aus dieser meiner Schau wird aber auch deutlich, daß ich nicht geneigt bin, Europa als ein letztes und absolutes Ziel der ökonomischen Ordnung anzusehen. Hier mag sich der Wirtschaftspolitiker von dem Außenpolitiker unterscheiden. Für mich bedeutet die Integration nur eine erste Station, die uns sichtbar vor Augen liegt und in der es zunächst gilt, alle Schranken des internationalen Warenaustausches abzubauen.

Ich erstrebe unter allen Umständen den Weg der freiheitlichen und freizügigen Verbindung mit allen Ländern der westlichen Welt, insbesondere natürlich mit unseren europäischen Partnern. Europa ist insoweit eine Integrationsform wirtschaftlicher oder politischer Art. Das Ziel geht jedoch darüber hinaus, und das eben heißt, daß wir die westliche Welt nicht noch einmal in verschiedene Wirtschaftsräume aufsplittern dürfen.[23]

Aus: Ludwig Erhard, Wohlstand für alle, aktualisierte Neuauflage, Econ Verlag, Düsseldorf 1990, Kapitel 14, Seiten 283–310

---

[23] 11.03.1951; Internationale Frankfurter Messe

Angela Merkel

Die Soziale Marktwirtschaft als Leitbild einer Volkspartei

Das Konzept der Sozialen Marktwirtschaft war und ist immer mehr gewesen als eine wirtschaftspolitische Ordnung. Die Grundwerte und die Ideen, auf denen sie basiert, gehen weit über die Setzung eines Rahmens für wirtschaftliches Handeln hinaus. Die Soziale Marktwirtschaft ist ein Gesellschaftsmodell. Und die CDU, die Politik für alle Gruppen unserer Gesellschaft gestaltet, richtet ihre Entscheidungen an denselben Grundwerten aus, die unverzichtbarer Bestandteil der Sozialen Marktwirtschaft sind. Die Soziale Marktwirtschaft ist heute wie vor weit über 50 Jahren zu Recht ein zentrales Leitbild unserer Volkspartei.

Nicht zuletzt angesichts der Herausforderungen des 21. Jahrhunderts müssen wir jedoch den ursprünglichen Ansatz Ludwig Erhards wieder freilegen, gängige Unschärfen des Verständnisses der Sozialen Marktwirtschaft korrigieren und ihre Grundprinzipien neu zur Geltung bringen.

Wir spüren heute einen neuen Druck, der durch den in den letzten Jahren zunehmenden weltweiten Wettbewerb entstanden ist. Das ist zunächst einmal zu begrüßen, denn wir wissen, daß freier Handel und Wettbewerb wesentliche Teile des Wirtschaftsmodells von Ludwig Erhard sind. Und wir wollten immer, daß auch ärmere Länder die Chance haben, sich nach oben zu arbeiten. Wir erleben jetzt Schritte auf dem Weg zu einer gerechteren Weltordnung, und wir müssen weiter gestaltend dabei mitwirken.

Aber internationale Wettbewerber fordern uns auch immer wieder neu heraus. Die Politik muß auf der einen Seite weltweite

Zusammenhänge berücksichtigen, auf der anderen Seite die Sorge vor Veränderungen im eigenen Land ernst nehmen.

Die Antworten des vor allem auf Umverteilung ausgerichteten Sozialstaats der letzten Jahrzehnte tragen allein nicht mehr. Wir müssen vielmehr den Bürgern wieder mehr Raum geben, die eigenen Kräfte zur Verbesserung ihrer Lage einzusetzen. Wohlstand für alle wird nur dann wieder ein glaubwürdiges Ziel, wenn wir mehr Freiheit wagen. Natürlich ist das ein anspruchsvolles Ziel. Welche Prinzipien wir beachten müssen, damit es erreicht werden kann, das kann uns Ludwig Erhards Konzept der Sozialen Marktwirtschaft lehren.

Die Wirtschaftsordnung, so meinten Ludwig Erhard und seine Mitstreiter in der zweiten Hälfte der vierziger Jahre, müsse sinnvoll in die Rechts- und Gesellschaftsordnung der Bundesrepublik eingebettet werden. Sie könne und dürfe kein Fremdkörper in der politischen Ordnung sein.

Die Wettbewerbsordnung der Sozialen Marktwirtschaft sorgt für Rahmenbedingungen, in denen sich die schöpferischen Fähigkeiten des einzelnen frei entfalten können. Diese Entfaltung findet aber ihre Grenzen an den Rechten und Chancen des Mitmenschen. Damit ist die Soziale Marktwirtschaft die *wirtschaftlich-soziale* Ordnung der Freiheit innerhalb der *politischen* Ordnung der Freiheit. Parlamentarische Demokratie und die Soziale Marktwirtschaft gehören in der Bundesrepublik Deutschland unzertrennlich zusammen. Unsere Wirtschaftsordnung ist vom gleichen Impuls getragen wie die Staatsverfassung: Es geht ihr um die Wahrung der Würde des Menschen vor Übergriffen des Staates und vor der Willkür von Mitmenschen. Ziel ist eine Freiheit, die weder durch staatliche Bevormundung noch durch Zwangsgewalt und wirtschaftliche Macht bedroht ist.

In dieser Wirtschaftsordnung ist der selbständige und sich selbst sowie der Gemeinschaft gegenüber verantwortlich handelnde Mensch das Leitbild. Der Mensch muß etwas leisten können. Erstens um Mensch zu sein; zweitens um als dieser Mensch, frei und verantwortlich, für sich selbst sorgen zu können. Die Leistung muß sich also auch lohnen. Ludwig Erhard hat es einmal so formuliert: „Ich will mich aus eigener Kraft bewähren, ich will das Risiko des Lebens selbst tragen, will für mein Schicksal selbst verantwortlich sein. Sorge Du, Staat, dafür, daß ich dazu in der Lage bin.“ (Wohlstand für alle, Gütersloh o.J., S. 151)

Eine Gesellschaftsordnung ist die Soziale Marktwirtschaft also deshalb, weil die wirtschaftliche Wettbewerbsordnung das Verfassungsideal des freien und gleichen Staatsbürgers in eine Chancengleichheit der frei wirtschaftenden Bürger übersetzt. Auf diese Weise gelang es, Klassendenken zu überwinden und soziale Grenzen durchlässig zu machen. Das Ziel der Sozialen Marktwirtschaft war für Erhard 1949 „abseits von Interessen- und Gruppenwünschen aller Art die gesunde Wirtschaft, die die Existenz des gesamten Volkes sichert und jeden nach Maßgabe seiner Leistung am Sozialprodukt der Nation teilhaben läßt“. („Tagesspiegel“, 23.04.1949, in: Schlecht/Stoltenberg: Soziale Marktwirtschaft, S. 56)

Die verbreitete Vorstellung, es gebe hier die egoistische Welt des Marktes und dort ergänzend das Soziale als Korrektur, ist verfehlt. Für Erhard galt: Der geordnete und gehütete Markt ist selbst sozial. Das Soziale ist in Erhards Konzept nicht sozialer Ausgleich. Soziale Gerechtigkeit ist nicht Umverteilung. Vielmehr geht es um eine Ordnungspolitik, die jedem einzelnen in der modernen Wirtschaftsgesellschaft die Möglichkeit zur Entfaltung seiner Person gibt.

Die Soziale Marktwirtschaft zeichnet sich durch ihre Integrationsleistung aus. Sie eröffnet Chancen für alle Bürger und ermöglicht dadurch Wohlstand für alle. Der demokratische Staat muß die Chancen und Gerechtigkeit sichern, indem er für Gewerbe- und Ertragsfreiheit eintritt und den Schutz vor Marktzutrittsbarrieren und Marktaustrittsschranken sowie den Schutz vor Machtmißbrauch durch marktbeherrschende Unternehmen und vor der Bildung von Monopolen sicherstellt.

Sozial ist die Soziale Marktwirtschaft, weil sie den Menschen die Möglichkeit gibt, auch in der modernen Gesellschaft ihrer Bestimmung zur Selbständigkeit gemäß, aber auch als gesellschaftliche Wesen zu leben. Weil sie grundsätzlich jedem die Möglichkeit gibt, für sich und für die Seinen selbst zu sorgen. Und sozial ist sie auch, weil wettbewerblich geordnete Märkte die Versorgung auch mit preiswerten Gütern und Dienstleistungen sicherstellen.

Die solidarische Unterstützung darf daher nicht das Prinzip der Selbsthilfe verdrängen. Solidarität muß als erstes Hilfe zur Selbsthilfe sein. Solidarität, die ja von Bürgern für Bürger erbracht wird, muß, so Erhard, „im Rahmen der sittlichen Verantwortung jedes einzelnen dem Ganzen gegenüber" bleiben. (Schlecht/Stoltenberg: Soziale Marktwirtschaft, S. 98)

Aufgrund der Verschiedenartigkeit der Menschen und ihrer daraus resultierenden unterschiedlichen Leistungskraft besteht durchaus die Notwendigkeit, sozialpolitische Ziele gesondert von Marktprozessen zu verfolgen. Erhard sprach 1948 von der „sozial verpflichteten Marktwirtschaft, die das einzelne Individuum wieder zur Geltung kommen läßt, die den Wert der Persönlichkeit obenan stellt und der Leistung dann aber auch den verdienten Ertrag zukommen läßt". (August 1948 Parteikongreß CDU Britische Zone ohne Quellenangabe zitiert in Schlecht/Stoltenberg, a.a.O., S. 56)

In Erhards Ansatz steckt eine Kombination liberaler und christlich-sozialer Anschauungen. Das war bei den sogenannten Ordoliberalen, in deren geistigem Umkreis sich Erhard bewegte, gerade kein klassischer Liberalismus. Alfred Müller-Armack, der Schöpfer des Begriffs der Sozialen Marktwirtschaft, Wirtschaftsprofessor und Staatssekretär in Erhards Wirtschaftsministerium, schrieb: „Das sittliche Wollen des Sozialismus, der Ordo-Gedanke des Katholizismus, die Beseelung der Berufsidee und die brüderliche Hilfsbereitschaft des Protestantismus können [...] im neuen Liberalismus viel bewirken." (ohne Quellenangabe zitiert in Schlecht/Stoltenberg, a.a.O., S.35)

Die Idee der Sozialen Marktwirtschaft wurde entwickelt angesichts des Versagens der Leitideen des 19. Jahrhunderts, der liberal-individualistischen ungelenkten Marktwirtschaft unbeschränkter Vertragsfreiheit auf der einen, und des kollektivistischen Sozialismus, der zentralen Verwaltungswirtschaft auf der anderen Seite. Verabschiedet wurde eben auch der Laissez-faire-Liberalismus, der prinzipiell auf Staatsferne setzte und aus sich heraus keine Lösung der sozialen Frage fand.

Dagegen setzten die Ordoliberalen auf den durchaus aktiven und starken Staat, der in der Lage ist, auf die Einhaltung der von ihm gesetzten Rahmenbedingungen zu achten, und der vor allem für einen funktionierenden Wettbewerb sorgt und Konzentration wirtschaftlicher Macht verhindert. Doch einzelner, unsystematischer Interventionen sollte dieser Staat der Sozialen Marktwirtschaft sich enthalten. Und vor allem: Kein staatlicher Eingriff darf den Markt behindern; keine staatliche Maßnahme darf die Anreize zu eigener Leistung lähmen!

Aber: Der Staat war in diesem Ordoliberalismus nie aus dem Spiel. Und auch heute ist die Maxime „Privat geht vor Staat" nicht immer das richtige Rezept. Zwar müssen wir Eingriffe des Staates dort zurückführen, wo der Marktprozeß bessere Lösungen liefert. Aber „mehr Freiheit" heißt nicht unbedingt immer „weniger Staat". Der Staat bleibt dort ein wichtiger Förderer der Freiheit, wo sie droht eingeschränkt zu werden durch gesellschaftliche, wirtschaftliche oder politische Entwicklungen.

So muß der Staat zur Kenntnis nehmen, daß es eine zunehmende Zahl an Familien gibt, die in nicht ausreichender Weise ihre Erziehungsfreiheit und Erziehungsverantwortung wahrnehmen. Er muß sich deshalb stärker für die Erziehungs- und Bildungschancen, also letztlich für die Freiheit der Kinder engagieren. In einem anderen Bereich mußte der Staat zur Kenntnis nehmen, daß berufstätige Frauen nicht immer die tatsächliche Freiheit haben, sich für ein Kind zu entscheiden. Diese Freiheit wird deshalb jetzt mit der Einführung des Elterngeldes befördert.

Das von der Bundesregierung mit Kirchen und Bildungsträgern geschlossene „Bündnis für Erziehung", das die Werte-Erziehung als Bedingung für die verantwortliche Teilnahme an dieser Gesellschaft stärken will, weist darauf hin, daß wir in Deutschland in dieser Frage neu zu denken beginnen. Lange leuchtete der berühmte Satz Ernst-Wolfgang Böckenfördes unmittelbar ein, daß der moderne, freiheitliche und säkularisierte Staat von Voraussetzungen lebe, die er selbst nicht garantieren könne. Im Horizont des klassischen politischen Liberalismus ist die Möglichkeit des Staates, die Garantie seiner kulturellen Grundlagen zu seiner ureigenen Aufgabe zu machen, eng begrenzt. Heute erleben wir, daß die wertegebundenen und kulturellen Voraussetzungen unseres Staates nicht mehr durch sich selbst für jeden Bürger verständlich sind. Deswegen wird es für uns wichtiger, daß der Staat heute mehr, als es früher nötig war, die Rolle des Förderers unserer Werte übernimmt.

Dies alles zeigt: Wir brauchen auf einigen Feldern durchaus auch mehr Staat, um mehr Freiheit zu erreichen. Das ist etwas, das wir nach dem Untergang des Sozialismus und damit dem Ende der Zentralverwaltungswirtschaft wieder verständlich machen müssen. Unser Gesellschaftsmodell basiert dennoch weiterhin wesentlich auf Freiheit. Dies wird aber nicht mehr durch die Abgrenzung zu anderen Gesellschaftsvorstellungen für jeden erkennbar. Heute muß die Unverzichtbarkeit der Freiheit neu erklärt und begründet werden.

Das Menschenbild, auf dem die Soziale Marktwirtschaft basiert, ist das christliche Menschenbild. Im christlichen Freiheitsverständnis gehören Freiheit und Verantwortung zusammen. Freiheit ist auch Selbstbeschränkung und Wahrnehmung von Verantwortung. Freiheit heiße ja nicht „Freibeutertum", meinte Erhard einmal. Mitmenschlichkeit und Verantwortung zu übernehmen, gehören zum Wesen des Menschen. Eine Ordnungspolitik für die Freiheit darf diese natürliche Sozialität des Menschen nirgends behindern. Sie muß die Bereitschaft zur Verantwortung für sich selbst und für den Mitmenschen stärken.

Indem Erhard das Soziale ins Wirtschaftliche integriert hat, hat er eine Spaltung der Werte und Ziele von vorneherein vermieden. Wo andere wie Wilhelm Röpke sich bemühten, dem Freiheitsprinzip des Marktes ein „Sozial- und Humanitätsprinzip" beizugesellen, hat Erhard im Einklang mit dem christlichen Menschenbild Freiheit und Verantwortung schon in sich miteinander verbunden gesehen.

In den zurückliegenden 50 Jahren gab es immer wieder Anlaß, verantwortliches Verhalten auf allen gesellschaftlichen Ebenen einzufordern. In Zeiten globaler Renditeerwartungen, anonymer Aktionärs-Eigentümerstrukturen und angestellter Manager ist das Feld für freies und verantwortliches Handeln unübersichtlicher und anspruchsvoller als früher. Gerade deshalb benötigen wir einen neuen Anlauf unter der Mithilfe aller Beteiligten, eine erneuerte Kultur der Verantwortung zu schaffen. Die meisten deutschen Unternehmen beweisen übrigens mit ihrer Unternehmenspolitik, daß freies und verantwortliches Handeln in der Sozialen Marktwirtschaft zusammengehen. Dies gilt insbesondere für den Mittelstand.

Es bleib weiter wichtig: Nur der frei Handelnde kann verantwortlich handeln; vom Eingeengten ist nur die Flucht aus der Verantwortung zu erwarten. Erhard hatte den Ehrgeiz, den Bürger „zu befreien und ihn wieder zu einem Bewußtsein seiner eigenen Kraft, seiner Stärke und seiner Wünsche zu verhelfen". (Deutsche Wirtschaftspolitik. Der Weg der S.M., Düsseldorf u. a. 1962, S.219)

Wer das als eine Phrase versteht, setzt die Zielsetzung des Erhardschen Gesellschaftsmodells herab. Es sind politische Sätze im besten Sinne: Der Politiker muß etwas wollen; er muß eine moralische Zielvorstellung entwickeln, an der er die zu entscheidenden Einzelfragen mißt; er muß nach meiner Überzeugung in dieser Weise vom einzelnen Menschen und seinem Menschsein her denken. Wir dürfen nicht dabei stehenbleiben, manche Menschen als antriebslos zu beschreiben; wir müssen alles tun, daß sie wieder handeln, etwas unternehmen. Politik für die Freiheit und für die Würde des Menschen ist in der heutigen Welt schwieriger denn je. Ohne handlungsleitende Ideale wird sie scheitern.

Das christliche Bild vom freien und verantwortlichen, vom selbständigen und solidarischen Menschen ist der Kern der christdemokratischen Vorschläge zur Erneuerung des Staates. Wir erwarten, daß die Kräfte und Entscheidungen des einzelnen zur Verbesserung des Ganzen führen werden. Wir wollen dem freien Handeln der Bürger Spielräume zurückgeben. Die Bürger müssen wieder besser in die Lage versetzt werden, für sich selbst sorgen zu können.

Der Mensch des christlichen Menschenbildes ist solidarisch. An Solidarität muß sich die CDU von niemandem erinnern lassen. Aber wir müssen uns in Deutschland daran erinnern, daß es um Solidarität mit den Schwachen, die sich nicht selbst helfen können, geht. Deshalb fordern wir, in vielen Bereichen zu prüfen, ob Anreize falsch gesetzt sind.

Das gesellschaftliche Ordnungsprinzip, das diesem Menschenbild entspricht, ist das Prinzip der Subsidiarität, wie es die christliche Soziallehre entwickelt hat. Im Staat sollen so viele Dinge wie möglich so nahe beim Bürger und der jeweils kleineren Einheit erledigt werden. Den größeren Einheiten wird nur das vorbehalten bleiben, was überregional, national oder international geregelt werden muß. Für uns ist wichtig, daß die Menschen vor Ort ihre Kompetenz nutzen können. Dadurch wird der Spielraum für eigenverantwortliches Handeln größer.

In einer wohlgeordneten Sozialen Marktwirtschaft, wie sie Erhards Ziel war und wie wir sie immer wieder neu anstreben, sind Unterschiede der Einkommensergebnisse nicht ungerecht. Leistung muß sich lohnen, sagen wir. Deshalb müssen unterschiedliche Ergebnisse nicht nivelliert werden. Entscheidend aber ist die Gleichheit der Chancen. Und Grundlage der Gerechtigkeit ist dabei die Gleichheit aller Menschen in ihrer von Gott gegebenen Würde und Freiheit. Gerechtigkeit soll jedem die Möglichkeit geben, sich in gleicher Freiheit so zu entfalten, wie es seinen persönlichen Fähigkeiten entspricht. Zuerst geschieht das durch die Gewährleistung der Rechtsgleichheit, der Gleichheit vor dem Gesetz, der politischen Gleichheit, also der Gleichheit als Staatsbürger. Sodann geschieht das durch die Gewährleistung der gesellschaftlichen Chancengleichheit.

In der heutigen politischen Philosophie findet dieses Verständnis von Gerechtigkeit große Unterstützung. Es umfaßt mehr als einen Begriff von „sozialer Gerechtigkeit", der allein um eine „gerechte Verteilung" von Gütern kreist. Das heißt aber auch, daß Versuchen, die Soziale Marktwirtschaft durch Kartelle oder Monopole, ob international oder national auszuhöhlen, vehement entgegengetreten werden muß. Chancengerechtigkeit darf nicht behindert werden, dafür hat der Staat zu sorgen. Es geht auch um die Bereitstellung der institutionellen Voraussetzungen, der Chancen selbsttätiger Lebensführung: Rechtsstaat, Demokratie, Erziehung, Bildung, Arbeitsmarkt, Versorgung mit einem bürgerlichen Existenzminimum in Notfällen.

Die gemeinsame Verwirklichung der Grundwerte Freiheit, Solidarität und Gerechtigkeit im Gesellschaftsmodell der Sozialen Marktwirtschaft und in einem System sozialer Sicherung gewährleistet, daß die Bürger sich sicher fühlen können. Unsere Politik entwickelt und fördert Strukturen, in denen sich Menschen frei und sicher fühlen können.

Ludwig Erhard hat diese Überlegungen in der Sozialen Marktwirtschaft berücksichtigt: „Ich glaube, die beste Sicherheit ist die, wenn der einzelne Mensch wieder zum Bewußtsein und zu der Gewißheit gelangt, daß er aufgrund seiner Leistungen und seiner Arbeit sein Schicksal selber gestalten kann.“ (Deutsche Wirtschaftspolitik, a.a.O., S.216) Eine Ordnung, deren Fluchtpunkt die verantwortete Freiheit ist, sorgt dafür, daß die verläßlichste Quelle der Sicherheit, die Selbsthilfe der Menschen, nicht versiegt.

Bei allem Erfolg von Erhards Sozialer Marktwirtschaft, die das Wirtschaftswunder ermöglichte und die junge Demokratie in Westdeutschland stabilisierte, muß doch ehrlicherweise gesagt werden, daß sie als wirkliche Synthese von Wirtschafts- und Sozialpolitik, als Integration der Sozialpolitik in die Wirtschaftspolitik, nie in reiner Form existiert hat. Von Anfang an sah sie sich einer sozialstaatlichen, sozialpolitischen Tradition der Umverteilung gegenübergestellt, die seit Bismarcks Einführung der Sozialversicherungen in Deutschland kontinuierlich an Kraft gewonnen hatte.

Heute scheinen wir an einem Ende dieses sozialstaatlichen Wachstumspfads zu stehen. Und überhaupt an einem Punkt, an dem uns strukturelle wirtschaftliche Schwäche und schlecht funktionierende soziale Sicherungssysteme erkennen lassen, wo staatliche Eingriffe, hohe Steuern und Sozialabgaben, Subventionen und Bürokratie, eine klare Ordnungspolitik zerstört haben.

Für Erhard galt: „Nichts ist unsozialer als der Wohlfahrtsstaat, der die menschliche Verantwortung erschlaffen und die individuelle Leistung absinken läßt.“ (Deutsche Wirtschaftspolitik, a.a.O., S.393) Heute liegt längst klar vor Augen, wovor Erhard immer warnte. Zuviel staatliche Umverteilung schädigt die Soziale Marktwirtschaft. Leistungsanreize und Leistungsbereitschaft schwinden. Man unterläßt Leistung, wenn man von ihren Erträgen zu viel wieder abgeben muß. Oder man verwendet mehr Energie darauf, die Abgabe zu vermeiden, als darauf, mehr zu leisten.

Die Besinnung auf Ludwig Erhard sollte uns Mut machen. Denn nur in einer politischen und wirtschaftlichen Freiheitsordnung kann es eine Gesellschaft selbständiger Bürger geben. Und Erhard hat diese Freiheitsordnung gegen große Widerstände durchgesetzt. Wir haben heute die Chance, das Gesellschaftsmodell der Sozialen Marktwirtschaft für uns zurückzugewinnen. Das Wichtigste ist, die Wirtschafts- und Arbeitsmarktpolitik wirklich an diesem Konzept zu orientieren. Hier können wir noch viel Freiheit wagen, bevor wir berechtigt sind, von Grenzen des Konzepts zu reden.

Aber dann müssen wir auch danach fragen, ob sich mit dem in der noch relativ geschlossenen deutschen Industriegesellschaft des 20. Jahrhunderts entstandenen Konzept noch alle Fragen einer neuen globalen Wirtschaftswelt beantworten lassen. Ich bin überzeugt: Auch auf die Herausforderungen durch die Globalisierung ist die Soziale Marktwirtschaft die richtige Antwort.

Viele Menschen fragen sich ja durchaus zu Recht: Kommen wir da noch mit, wenn die Chinesen viele Stunden arbeiten für ein Zehntel unserer Löhne, wenn uns – wie es ja geschieht – unser geistiges Eigentum geraubt wird? Es ist ganz unmöglich und es schadet uns letztlich auch, im Angesicht von Wettbewerbern wie China oder Indien protektionistische Mauern zu errichten.

Wenn Deutschland und Europa das Konzept der Sozialen Marktwirtschaft beherzt umsetzen, können wir es sehr wohl mit neuen Wettbewerbern aufnehmen, von deren zukünftigen sozialen Verwerfungen und ökologischen Problemen wir uns heute noch gar keine Vorstellungen machen können. Trotzdem bleibt die Frage: Welchen wirtschaftlichen Ordnungsrahmen braucht unsere veränderte Welt, um Teilhabe für jeden einzelnen zu ermöglichen? Das macht die neue, die internationale Diskussion der sozialen Marktwirtschaft in unserer Zeit aus. Und die Politiker, die heute in der Tradition Erhards Politik machen, müssen diese neue Stufe der sozialen Marktwirtschaft erkennen.

Der Staat hat auch heute den Auftrag, eine Ordnung des Wettbewerbs und freier Märkte zu schaffen und zu erhalten. Im Weltmaßstab kann das nicht durch einen Weltstaat geschehen, aber durch eine Zusammenarbeit von Staaten in dafür geschaffenen Organisationen. Regeln der Sozialen Marktwirtschaft wie etwa der Schutz geistigen Eigentums oder arbeitsrechtliche Mindeststandards sind weltweit zu etablieren. Deutschland wird dazu jede Möglichkeit nutzen.

Trotz vieler Irritation durch Phänomene einer globalisierten Wirtschaft bietet uns diese Veränderung auch große Chancen. Viele mittelständische Eigentümer-Unternehmen, die der Kern unserer Volkswirtschaft bleiben, haben sich für den Weltmarkt hervorragend neu aufgestellt.

Würde Ludwig Erhard heute befragt werden, würde er eine massive globale Veränderung der Umstände für eine neue Soziale Marktwirtschaft erkennen und dann hinzufügen: Der einzelne Mensch, dessen Kraft zu Freiheit und Verantwortung uns damals allein in der Lage schien, eine menschenwürdige Ordnung zu schaffen, ist auch heute der Kern stetiger Verbesserung des Gemeinwesens. Die Zeiten mögen sich ändern, nicht aber der Auftrag an die Politik, Entfaltungsbedingungen für die Kräfte der Menschen zu schaffen, damit sie den veränderten Zeiten begegnen können.

Für politisch und gesellschaftlich Verantwortliche heißt das heute: Bildung ermöglichen und Bedingungen schaffen, die die Erschließung neuer Beschäftigungsfelder und -formen begünstigen. Zudem hat die Bundesregierung begonnen, Anreize für Angebot und Nachfrage gering entlohnter Arbeit zu schaffen, den Abbau hemmender Verwaltungsvorschriften und leistungsfeindlicher Regelungen zu betreiben. Und sie hat angefangen, den privaten Haushalt als Arbeitgeber zu begreifen und auch so zu behandeln; hier kann eine Kultur der Dienstleistung entstehen, die wir in Deutschland brauchen, um Erhards Ziel des „Wohlstands für alle" heute zu erreichen. Eine Dienstleistungskultur, in der Menschen Chancen finden, die sie in der hochtechnologisierten Industrie nicht mehr finden. Die Politik muß die Bedingungen dafür schaffen, daß Arbeit bezahlbar wird. Es geht heute um nichts weniger als die Gestaltung einer neuen Arbeitsgesellschaft.

Die Soziale Marktwirtschaft ist das realistische Leitbild einer Gesellschaftsordnung, die alle integriert. Das Leitbild einer Gesellschaftsordnung, die eine möglichst große Zahl von Menschen durch ihre eigene Leistung von sozialen Transfers unabhängig macht, die allen ermöglicht, aktive Bürger statt passiver Leistungsempfänger zu sein und ihre Lebensumstände in eigener Verantwortung zu gestalten. Einer Ordnung also, die der gleichen politischen Teilhabe in der Demokratie die gleiche gesellschaftliche Teilhabe zur Seite stellt. Nur gemeinsam können beide Ordnungen überleben.

Wolfgang Schüssel

Kursbestimmung für die Modernisierung einer Volkswirtschaft

Der österreichische Kurs: Die „ökosoziale Marktwirtschaft"

Die Marktwirtschaft ist ein faszinierendes Gebilde. Sie erlaubt es uns, eine Ordnung in unser Zusammenleben zu bringen, in der wir alle den Bedürfnissen unserer Mitmenschen dienen, die wir gar nicht kennen, und uns ständig der Hilfe von Menschen bedienen, von denen wir ebensowenig wissen. Die Marktwirtschaft hat es geschafft, unser Zusammenleben so zu verbessern, daß jeder einzelne der Gemeinschaft einen Mehrwert bringen kann, ohne daß er alle Mitglieder und ihre Bedürfnisse persönlich kennen muß. Auf dieser freien Marktwirtschaft und auf dessen Weiterentwicklung in Richtung sozialem Zusammenhalt und Nachhaltigkeit baut das wirtschaftspolitische Grundkonzept der Ökosozialen Marktwirtschaft.

Das Fundament dafür ist eine leistungsfähige, innovative Wirtschaft, die auf der Dynamik eines freien Marktes, auf Eigentum und Eigenverantwortung basiert. Darauf ruhen zwei starke Säulen: Die eine bedeutet sozialen Ausgleich, also die faire Verteilung der erwirtschafteten Güter, um einen dauerhaften Konsens innerhalb der Gesellschaft zu erreichen. Die andere Säule beinhaltet den Schutz der Umwelt. Hohe Leistungsfähigkeit und Wettbewerb in Kombination mit einer auf Nachhaltigkeit ausgerichteten Sozial- und Umweltpolitik sind unser wirtschaftspolitischer Weg in das 21. Jahrhundert.

Obwohl der damalige tschechische Premierminister und heutige Staatspräsident Vaclav Klaus stets eine „Marktwirtschaft ohne Adjektive" gefordert hatte, weil der Begriff „Markt" seiner Ansicht nach bereits alles enthalte, hat sich der Begriff der

„sozialen Marktwirtschaft" als wirtschaftspolitisches Fundament des europäischen Lebensmodells durchgesetzt. In Österreich sind wir seit den späten achtziger Jahren sogar einen Schritt weitergegangen und haben mit der „ökosozialen Marktwirtschaft" ein weiteres Adjektiv hinzugefügt. Die ökosoziale Marktwirtschaft beruht, wie auch die Erhardsche „soziale Marktwirtschaft", auf den Grundsätzen Freiheit, Leistung, Verantwortung und Solidarität. Die politische und wirtschaftliche Ordnung des Staates muß den Leistungswillen jedes einzelnen Menschen fördern. Gleichzeitig muß sie darauf bedacht sein, die vom Markt ausgeschlossenen Menschen nicht ins wirtschaftliche Abseits zu drängen. Zu dieser sozialen Komponente tritt aber auch das ökologische Prinzip der Nachhaltigkeit, das besagt, daß wirtschaftliches Handeln die Zukunftschancen der nächsten Generationen und die Regenerationskraft der Natur nicht schmälern darf. Sie ist ein klarer Auftrag an die Politik, die natürlichen Lebensgrundlagen zu schonen und zu bewahren. Den nachkommenden Generationen muß es möglich sein, in einer menschenwürdigen, gesunden Umwelt zu leben.

Dieser von der Österreichischen Volkspartei als Ökosoziale Marktwirtschaft weiterentwickelte Ausgleich unter den volkswirtschaftlichen und gesellschaftlichen Zielkonflikten ist in Österreich die Grundlage für den Wohlstand breiter Bevölkerungsschichten. Eine erfolgreiche Marktwirtschaft war und ist die Basis unseres Wohlstands. Sie allein erwirtschaftet genug, um umfassende soziale Sicherungssysteme erhalten zu können. Nur dort, wo solide gewirtschaftet wird, ist sozialer Fortschritt mach- und finanzierbar. Die deutliche Betonung der sozialen Marktwirtschaft läßt Österreich bei jedem internationalen Vergleich, vor allem auch innerhalb der EU als sozialpolitisches Vorbild erscheinen. Wirtschaft ist nicht Selbstzweck, sondern sorgt für Wohlstand und sozialen Zusammenhalt, ohne den ein friedvolles und geordnetes Zusammenleben nicht möglich ist.

Ganz im Sinne der sozialen Marktwirtschaft weiß aber auch die ökosoziale Marktwirtschaft, daß nur eine freie Wirtschaftsordnung „mit Geländer“ dem einzelnen wie auch dem ganzen Halt, Sicherheit, Orientierung und letztlich wieder Freiraum für Wachstum und Wohlstand geben kann. Diesen Wert des Ausgleichs zwischen Leistung, Solidarität und Nachhaltigkeit gilt es zu bewahren und für die Zukunft abzusichern.

Wie einst ein zentraler Wahlkampfslogan der ÖVP besagt hat, muß „wer gutes bewahren will, auch manches verändern“. Zehn Jahre später hat sich einiges in Österreich verändert: Wir sind Teil der EU, unsere Nachbarn im Osten in dieser Union vereint, mehr als jeder zweite Euro unseres Wohlstands wird bereits im Ausland erwirtschaftet, aus der „Verstaatlichten Industrie“ sind heute globale erfolgreiche Unternehmen geworden, Strom-, Gas- und Telekomversorgung sind keine Monopole mehr, und unsere sozialen Sicherheitssysteme sind zukunftsfähig. Aus diesem Reformeifer und Vertrauen in positive Gestaltungsmöglichkeiten kann auch ein kleines Land wie Österreich einen wichtigen Beitrag zu einem gemeinsamen europäischen Wirtschaftskurs leisten.

Die europäische Dimension

Beim Informellen EU-Gipfel der Staats- und Regierungschefs 2005 in Hampton Court wurde in einer Art „Konklave“ über die Zukunft des europäischen Wirtschafts- und Sozialmodells nachgedacht. Mit der Frage: Wie kann man unseren Wohlstand und unsere soziale Sicherheit mit mehr Wachstum absichern, ohne gleichzeitig die ökologische Nachhaltigkeit aus den Augen zu verlieren? Einiges wurde damals auf den Punkt gebracht:

Es gibt kein einheitliches „europäisches System“, sondern mehrere Systeme, die alle auf ein gemeinsames Ziel zusteuern: Das europäische Lebensmodell, das uns vom „american way of life" insofern unterscheidet, als es mehr auf soziale Sicherheit und Nachhaltigkeit setzt – gewissermaßen eine „ökosoziale Marktwirtschaft" auf Europa ausgedehnt. Es gibt also mehrere Systeme mit unterschiedlichen Resultaten. Das nordische, das angelsächsische, das kontinentale und das mediterrane. Das erfolgreichste ist laut einhelliger Meinung der Experten das Nordische: Sie schaffen den Ausgleich zwischen „Efficiency" und „Equity" am besten, nämlich indem sie als einziges Modell in überzeugender Weise beides erreichen. Das angelsächsische ist zwar effizient, gilt aber als weniger sozial gerecht, das kontinentale Modell (inklusive Deutschland) ist sozial gerecht, aber wenig effizient, und beim mediterranen System sehen Experten die größten Schwächen.

Neben dem skandinavischen Modell kann erstaunlicherweise das genau gegensätzliche Modell, nämlich das angelsächsische (Großbritannien und Irland), mit der liberalsten Ausrichtung ebenfalls genügend Antworten auf die Herausforderungen der Globalisierung liefern: Denn in den vergangenen zehn Jahren lagen die Wachstumsraten hier über dem EU-Durchschnitt, die Arbeitslosenraten deutlich darunter. Allerdings wuchs in diesen Staaten auch die Kluft zwischen Arm und Reich. Gewachsen sind die beiden derzeit konkurrenzfähigsten Modelle allerdings auch an ihren Krisenphasen – Großbritannien in den siebziger und achtziger Jahren, Dänemark gegen Ende der achtziger Jahre, Schweden und Finnland in den frühen Neunzigern. Echte Krisenphasen mußten die beiden anderen Modelle – das kontinentale und das mediterrane – noch nicht durchmachen. Möglicherweise hat gerade das die Reformbereitschaft behindert.

Die Modelle unterscheiden sich vor allem in ihren Ansätzen zur Lösung der Arbeitslosenproblematik. Die Systeme mit hoher Beschäftigungsquote haben durchwegs lockere Kündigungsschutzbestimmungen und einen deregulierten Arbeitsmarkt, aber können sich dafür auch höhere finanzielle Zahlungen für Arbeitslose leisten. Die Zukunft der Arbeitsmarktpolitik muß in Richtung „Flexicurity-Modell“, wie es in Dänemark praktiziert wird, gehen. Die Überlegungen zu „Flexicurity“ oder „Flexibilität durch Sicherheit“ beginnen an der Frage, wie die Erhaltung der europäischen Wettbewerbsfähigkeit mit der Sicherung des Europäischen Lebensmodells in Einklang zu bringen ist. Es geht kurz gesagt darum, Beschäftigung und nicht Arbeitslosigkeit zu subventionieren. Daher müssen auch die Zumutbarkeitsbestimmungen an die neue Arbeitswelt angepaßt werden. Nicht eine soziale Hängematte zum Zurücklehnen, sondern ein soziales Sprungbrett soll den Menschen zur Verfügung gestellt werden, mit dessen Hilfe es ihnen unter eigenen Anstrengungen gelingt, wieder in Beschäftigung zurückzukehren. Das hat nichts mit sozialer Kälte zu tun: In Wahrheit liegt das Glück des einzelnen doch darin, etwas aus seiner eigenen Arbeitskraft zu machen.

Bemerkenswert ist, daß Österreich als einziger nicht-nordischer Staat neben den Niederlanden zum nordischen Erfolgsmodell gerechnet wird. Österreich hat tatsächlich ein überdurchschnittliches Wachstum, eine überdurchschnittliche und wachsende F&E Quote, eine hohe Beschäftigungsquote und eine unterdurchschnittliche Armutsgefährdungsquote. Österreich – oder das „Erfolgsmodell Österreich“ wie es freundlicherweise in zahlreichen deutschen Medien zitiert wurde – hat als einziges Land ohne augenscheinliche und immanente „Krise“ nachhaltige Reformen umsetzen können.

Die Notwendigkeit von Reformen

Val Koromzay, der Direktor für Länderstudien der OECD und damit sicher einer der profundesten Länderanalysten, hat festgestellt, daß Reformmaßnahmen der OECD-Länder stets zwei Voraussetzungen als gemeinsamen „roten Faden“ aufweisen:

Erstens muß die Bevölkerung eine wirkliche Notwendigkeit für Änderungen spüren, und zweitens muß eine Regierung diese Notwendigkeit in konkrete Maßnahmen umsetzen wollen und können.

Daß in Österreich tiefgreifende Reformen überhaupt erst umgesetzt werden konnten, haben wir dem Wahlauftrag aus dem Jahr 1999 zu verdanken. Die Österreicher haben die Notwendigkeit von Reformen erkannt und damit überhaupt erst den politischen Spielraum ermöglicht, sie zu verwirklichen. Sie waren damit Pioniere in Europa, denn in anderen Ländern wurden weitreichende Reformen immer erst dann umgesetzt, wenn die Krise bereits eingetroffen war. In Schweden nach der Finanzkrise der neunziger Jahre, in Finnland mit dem Wegbrechen des russischen Marktes oder in den Niederlanden mit dem Poldermodell nach der Strukturkrise. In Österreich war die Wettbewerbsfähigkeit und der Sozialstaat nie unmittelbar und kurzfristig gefährdet – sehr wohl aber langfristig.

Man hätte sich in Österreich ja auch in den letzten Jahren die Frage stellen können: Wozu überhaupt handeln, wenn doch bisher ohnehin alles funktioniert hat? Die Arbeitslosigkeit ist die viertniedrigste der EU, bei der Beschäftigungsquote hat Österreich das EU-Ziel für 2010 heute schon frühzeitig erreicht. Die Exporte boomen wie noch nie, die Lohnstückkosten sind im EU-Spitzenfeld. Wozu braucht man da überhaupt Reformen? Wozu braucht man einen hohen Forschungsanteil, eine sanierte Pensionskasse, ein ausgeglichenes Budget, eine niedrige Steuerquote oder eine entstaatlichte Industrie? Die Antwort gab uns der Leiter des WIFO in Wien, Professor Aiginger, bereits vor einigen Jahren: „Weil wir nicht erst auf den Beweis einer Krise warten dürfen, sondern nach der Wahrscheinlichkeit handeln müssen, daß eine Krise kommen könnte“. Das Chinesische Zeichen für „Krise“ ist zugleich auch das Zeichen für „Chance“. Ein Regimewechsel ist aber nur dann nicht schmerzhaft und langwierig, wenn die Chance bereits vor dem Ausbruch einer Krise ergriffen wurde.

Denn was wäre passiert, hätten wir die Reformen nicht durchgeführt? Hätten wir die Pensionen nicht harmonisiert und für die Zukunft abgesichert, die Steuern nicht gesenkt, die Forschungsquote nicht angehoben, die ehemalige verstaatlichte Industrie nicht entschuldet, die Energiemärkte nicht liberalisiert, die Verwaltung nicht modernisiert? In den nächsten Jahren hätten wir sicher nichts gemerkt. Aber spätestens ab dem Jahr 2010 hätten wir einer Krise, wie sie die anderen Staaten durchlebt haben (oder noch durchleben werden), nicht entkommen können.

Wenn nichts passiert wäre, hätten die Pensionsbeiträge um 53 Prozent erhöht, oder die Pensionen um 45 Prozent gekürzt, oder das Antrittsalter um elf Jahre erhöht werden müssen, um den Status Quo der Pensionsversorgung halten zu können. Das bleibt uns jetzt erspart. Hätten wir keine Konjunkturbelebungspakete gehabt, hätten wir in den Jahren 2002 und 2003 ein um mehr als die Hälfte geringeres Wirtschaftswachstum gehabt. Hätten wir keine Steuerreform gemacht, würde sich unser Wachstum in den nächsten Jahren fast um ein Viertel reduzieren. Hätten wir seit 2000 die Budgets nicht nachhaltig konsolidiert, hätten wir jedes Jahr ein drei Mal so hohes Budgetdefizit gehabt: In den Jahren 2000 bis 2006 hätte das bedeutet, daß wir rund 20 Milliarden Euro mehr an Staatsschulden angehäuft hätten. Das wiederum hätte bedeutet, daß wir jedes Jahr, ad infinitum, eine Milliarde Euro zusätzlich an Zinsen hätten zahlen müssen.

Reformen bedeuten nun einmal, kurze Belastungen oder Umstellungsphasen auf sich zu nehmen, um dann die Renditen längerfristig ernten zu können. Wir nennen es oft, die „Wende-Dividende“ ernten. Die Angelsachsen nennen es „Short term pain for long term gain“. Und gerade Österreich hat in seiner kurzen Geschichte der Zweiten Republik bewiesen, daß es vorausblicken kann und bereit ist, Reformen einzuleiten, lange bevor die Krise auszubrechen droht.

Natürlich hat es in den Jahren seit 2000 immer wieder Proteste gegen die Reformmaßnahmen gegeben. Aber wenn selbst das strenge Auge des IWF unserer Politik attestiert, wir wären ein „Musterbeispiel an Reformpolitik", dann muß es uns zuversichtlich stimmen, daß wir die richtigen Maßnahmen getroffen haben. Auch im Bericht der EU-Kommission über die Lage der öffentlichen Finanzen heißt es „Österreich scheint in einer merklich besseren Situation zu sein, die steigenden Haushaltskosten der älter werdenden Bevölkerung decken zu können, als vorher". Österreich ist das einzige Land, in dem die Budgetausgaben für Altersrenten in Prozent des BIP bis 2050 rückläufig sein werden. Die EU-Kommission hat nach den Reformmaßnahmen in Österreich die Prognose der Staatsschuldenquote für das Jahr 2050 von 123 Prozent des BIP auf 67 Prozent zurückgenommen, also trotz „Demographiefalle" auf nur knapp über dem heutigen Wert. Wir haben also zeitgerecht vorgesorgt, mit dem Ziel, die Ausgabendynamik zu bremsen.

Die drei großen wirtschaftspolitischen Herausforderungen im 21. Jahrhundert

Reformen werden nie aus einem Selbstzweck heraus eingeleitet, sondern um Antworten auf neue wirtschaftspolitische Herausforderungen zu geben. Im 21. Jahrhundert sind meiner Ansicht nach die drei großen Herausforderungen:

1. **Altlasten sanieren** (am Beispiel der Staatsschulden)
2. **Veränderungen antizipieren** (am Beispiel der demographische Entwicklung in Richtung Alterung und Kinderlosigkeit und

3. **Neue Chancen wahrnehmen** (am Beispiel der Globalisierung, die besonders kleine, offenen Volkswirtschaften wie Österreichneue Chancen gibt)

Natürlich ist bei allen Lösungsansätzen ein nachhaltiges Wirtschaftswachstum der entscheidende Schlüssel und noch immer das oberste Ziel der Wirtschaftspolitik. Darüber ist sich die große Mehrheit der Wirtschaftswissenschafter einig. Langfristig gesehen, ist Wirtschaftswachstum aus mehreren gesellschaftspolitischen Gründen wichtig. Erstens ermöglicht es eine harmonische Entwicklung der Einkommensverteilung: Ohne Wirtschaftswachstum, das heißt bei konstantem Volkseinkommen, würden die Verteilungskämpfe eskalieren. Während es bei Wachstum vorwiegend darum geht, wie die Einkommenszuwächse verteilt werden, bedeutet in einer stagnierenden Wirtschaft der Zuwachs für eine Gruppe notwendigerweise einen entsprechenden Verlust einer anderen Gruppe. Ein zweiter Grund ist die drohende Arbeitslosigkeit: Auch wenn in einer nicht wachsenden Wirtschaft nur wenig investiert wird, kommt es dennoch aufgrund des technisch-organisatorischen Fortschritts zu einer stetigen Erhöhung der Produktivität. Anders ausgedrückt, man kann das gegebene BIP mit immer weniger Arbeitskräften herstellen. Die Konsequenz wäre ein fortgesetzter Anstieg der Arbeitslosigkeit. Drittens ist auch die heute als selbstverständlich angesehene Errungenschaft einer funktionierenden Umwelt- und Sozialpolitik ein Grund für Wirtschaftswachstum. Die Erfahrung zeigt, daß sich nur wohlhabende Länder, also solche, die auf Wachstum gesetzt haben, eine nachhaltige Umwelt- und Sozialpolitik leisten können.

Altlasten sanieren

Ein anderer wichtiger Grund, warum wir das Wirtschaftswachstum forcieren müssen, sind die Staatsschulden. Das stetig sinkende Wachstumspotential ist zwar ein Zeichen des Wohlstands und des Endes der Aufbaujahre nach dem Zweiten Weltkrieg, aber das Problem bei dieser Entwicklung ist, daß beim Beginn des keynesianischen Schuldenberges Anfang der siebziger Jahre alle Investitions- und Renditeberechnungen mit Rückblick auf den Aufbauboom der fünfziger und siebziger Jahre entstanden sind, und man mit einer Wachstumsrate von bis zu fünf Prozent auch für die Zukunft gerechnet hat. Das bedeutet, daß sowohl die exzessiven Aufnahmen von Staatsschulden in den siebziger Jahren als auch die im Umlageverfahren gegründeten Sozialversicherungssysteme (hier vor allem die Pensionsversicherung) eine wesentlich höhere Wachstumsrate für ihre Rentabilitäts- und Rückzahlberechnungen extrapoliert hatten, als dies heute realistischerweise erwirtschaftet werden kann.

Es ist verständlich, daß ein Staat während einer konjunkturell schlechten Zeit ein Defizit zu verzeichnen hat. Dieses gleicht er gemäß Theorie in wirtschaftlich guten Zeiten wieder aus. Dieses Defizit ist für den Staat kein Problem und wirtschaftlich sinnvoll. Das Defizit, welches man in guten Zeiten jedoch nicht mehr ausgleichen kann – das strukturelle Defizit – führt zu stetig steigenden Schulden. Das Problem an den Schulden sind die Schuldzinsen, die der Staat bezahlen muß. Diese nehmen bei steigenden Schulden ständig zu und führen dazu, daß der Staat noch mehr Schulden machen muß, um die Zinsen bezahlen zu können. Der Staat droht also in einen Teufelskreis zu geraten, in dem mehr Schulden zu mehr Zinsen führen, was wiederum zu mehr Schulden führt.

Die maßgebliche Zahl zur Messung der Schuldenbelastung kann nur die Staatsschuldenquote sein (Staatschulden in Prozent des BIP) also die Verschuldung gemessen an der Wirtschaftsleistung. Schließlich soll erkannt werden, ob Schulden und Wirtschaftswachstum in Einklang stehen, und wieviel Steueraufwand notwendig ist, um die Schulden wieder zurückzuzahlen. So gesehen ist der Vergleich selbstredend: In den Jahren der SPÖ-Kanzlerschaft 1970-1999 stiegen die Schulden schneller als das Wachstum, und die Schuldenquote schnellte um ganze 350% auf 66,5% des BIP nach oben. Seit dem Jahr 2000 stieg das Wachstum erstmalig schneller als die Schulden, und die Schuldenquote sank um fünf Prozent. Ohne den geerbten Schuldenberg und deren jährlichen Zinsen und Zinseszinsen, hätten wir heute eine Staatschuldenquote von nur 14 Prozent des BIP (!).

Was das für unser heutiges Budget bedeuten würde? Wir hätten statt 7 Milliarden Euro nur rund 1,7 Milliarden Euro an jährlichen Zinsen zu zahlen und damit jedes Jahr einen gewaltigen Budgetspielraum: Wir könnten entweder die Ausgaben für aktive Arbeitsmarktmaßnahmen versechsfachen oder die Ausgaben für Forschung vervierfachen; entweder die Mehrwertsteuer auf unter 15 Prozent senken oder die Unternehmenssteuern (Körperschaftssteuer inklusive Kapitalertragssteuer) ganz abschaffen oder sogar alle Einkommen bis 28 000 Euro im Jahr steuerfrei stellen! Was das für unser Wachstumspotential bedeuten würde, bedarf wohl keiner zusätzlichen Erklärung.

Eine verantwortungsvolle Budgetpolitik muß Prioritäten setzen, je nachdem welche Anforderungen die Zeit an Staat, Wirtschaft und Gesellschaft stellt. Das 21. Jahrhundert stellt drei große Herausforderungen an die Budgetpolitik. Sie muß Schulden abbauen, die Bürger und die Betriebe entlasten, und in die Zukunft investieren. Wir haben unsere Budgetpolitik daher schwerpunktmäßig auf drei Säulen gestellt, die gemeinsam umgesetzt werden müssen:

- ein ausgeglichenes Budget über dem Konjunkturzyklus und damit ein Abbau der Schuldenquote
- eine Senkung der Steuer- und Abgabenquote auf 40 Prozent bis 2010
- Zukunftsinvestitionen für ein nachhaltiges Wachstum (Ausgaben für Forschung, Bildung, Infrastruktur und Familie)

Schuldenabbau macht Budgetsünden von *gestern* wieder gut; Steuerentlastungen erleichtern das Leben der Menschen von *heute*, und Ausgabenerhöhungen bei Zukunftsinvestitionen sind Leistungen für *morgen*. Die drei Säulen sind einfach miteinander verbunden: Eine Senkung der Steuern und Abgaben bringt mehr Dynamik und somit mehr Wachstum. Dadurch entsteht ein Schuldenabbau, der die Zinsbelastung im Budget senkt und damit mehr Spielraum für mehr Zukunftsinvestitionen bringt. Und mehr Zukunftsinvestitionen bringen wiederum mehr Wachstum in den kommenden Jahren. Somit schließt sich der Kreislauf, und eine Positivspirale aus mehr Wachstum, Arbeit und Entlastung wird in Gang gesetzt.

Veränderungen antizipieren

Die zweite große wirtschaftspolitische Herausforderung des 21. Jahrhunderts ist der sich abzeichnende Trend der demographischen Alterung der Gesellschaft. Die Bevölkerung wird immer älter und damit immer kürzer erwerbstätig.

Seit 1990 ist in Österreich laut Arbeitsmarktbericht der OECD die Arbeitszeit pro Kopf der Bevölkerung um 2,5 Prozent gesunken. Dabei setzt sich der Rückgang der Arbeitszeit pro Bevölkerung laut OECD aus zwei Faktoren zusammen: Zu einem Prozent aus der sinkenden Arbeitszeit und Beschäftigtenquote und zu 1,5 Prozent aus der negativen demographischen Entwicklung. Unterschiede gibt es dabei vor allem zwischen der EU und den USA: Während beim Schlußlicht der EU (Frankreich) die Arbeitszeit gemessen an der Gesamtbevölkerung seit 1970 um 20 Prozent zurückging, stieg sie in den USA im gleichen Zeitraum um 20 Prozent.[1] Was die reine Arbeitszeit pro Arbeitnehmer betrifft, so ist diese auch in den USA gesunken.

[1] OECD Employment Outlook 2004

Sie haben diesen Effekt aber wieder, im Gegensatz zu den Europäern, durch die steigende Beschäftigungsquote und die positive demographische Entwicklung mehr als kompensiert.

Heute erhalten 100 Erwerbsfähige 23 Pensionisten und 25 Kinder. 2050 erhalten 100 Erwerbsfähige knapp 50 Pensionisten und rund 23 Kinder. Dies entspricht einer Verdoppelung der Altersbelastungsquote. Bei der Pensionsversicherung der Landwirte stehen übrigens bereits seit dem Jahr 2000 jedem Beitragszahler mehr als ein Pensionist gegenüber. Hinzu kommt noch, daß Österreich heute mit nur knapp 30 Prozent Beschäftigungsquote in der Altersgruppe der 55- bis 64jährigen weit unter dem EU-Durchschnitt von rund 39 Prozent und damit fast drei Viertel der über 55jährigen in Österreich nicht mehr aktiv zum Sozialversicherungssystem beitragen.

Neben der Sozialversicherungsproblematik (Beitragszahler fallen nicht nur weg, sondern müssen zusätzlich noch von den Aktiven erhalten werden) ist vor allem mit einem Rückgang des Wirtschaftswachstums aufgrund des bereits erwähnten Arbeitskräftemangels zu rechnen. Das renommierte Schweizer Beratungsunternehmen „Prognos“ sagt bis 2012 ein durchschnittliches Wirtschaftswachstum von 3,2 Prozent in den USA und nur 1,8 Prozent im Europa der Euro-Zone voraus.[2] Der wesentlichste Grund dafür ist laut Prognos die besorgniserregende Bevölkerungsentwicklung.[3] Während die Bevölkerungsgröße der Euro-Zone laut Prognos zwischen 2002 und 2012 mit einem Plus von 1,3 Prozent praktisch stagniert, nimmt sie in den USA um 7,9 Prozent zu. Neben einem knapperen Arbeitskräfteangebot bedeutet dies für die Euro-Zone vor allem höhere Kosten für

2 Prognos World Report „Industrial Countries 2001–2012“

3 „Die Herausforderungen annehmen“; Bericht der Wim-Kok Sachverständigengruppe zur Halbzeitbilanz der Lissabon-Strategie; November 2004; aus: „The EU-Economy: 2002 review“ Nr. 6/2002; S.192

die Alterssicherung. Was Österreich betrifft, so prognostiziert die OECD ein Potentialwachstum von nur 1,7 Prozent für die nächsten 50 Jahre statt den aktuellen 2,25 Prozent.

Während seit den fünfziger Jahren das Angebot an Arbeitskräften kontinuierlich zunahm, werden künftig die Unternehmen erstmals vor allem um qualifizierte Arbeitskräfte kämpfen müssen. Da die Geburtenrate rückläufig ist, die Gesellschaft immer älter wird, die Anforderungen zugleich aber steigen, wird in allen Bereichen ein Mangel an Arbeitskräften auftreten. Während Kapital und Rohstoffe für Unternehmen auch in Zukunft relativ einfach verfügbar sein werden, müssen wir mittelfristig aufgrund der demographischen Entwicklung mit einem eklatanten Engpaß des Faktors Arbeit rechnen. Ab 2010 wird die Zahl der Personen im erwerbsfähigen Alter merklich und kontinuierlich sinken. Der Bericht von Wim Kok zur Halbzeitbilanz des EU-Lissabon-Prozesses, stellt sogar fest: Durch die Bevölkerungsalterung wird das Potentialwachstum der EU bis 2040 von den heutigen 2,25 Prozent auf ca. 1,25 Prozent beinahe halbiert. Die kumulative Wirkung eines solchen Rückgangs wäre ein EU-weiter Wohlstandsverlust von ca. 20 Prozent.

Neben der wirtschaftspolitischen Problematik der Demographiefalle sei aber auch angemerkt, daß die Alterung der Bevölkerung auch eine gesellschaftspolitische Falle darstellt. Die Menschen wollen heute zwar immer älter *werden*, sie wollen aber nicht älter *sein*. Jeder frönt dem Jugendkult und möchte eine hohe Lebenserwartung haben, fühlt sich dann aber im Alter eher in einem Ausgedinge als in die Gesellschaft integriert. Die Demographiefalle ist politisch deshalb so heikel, weil sie im Grunde genommen ein Kind unseres Wohlstands ist. Der Zukunftsforscher Horst W. Opaschovski hat in seinem Buch „Der Generationenpakt“ treffend beschrieben: „Je höher das Pro-Kopf-Einkommen ist, desto geringer die Pro-Kopf-Geburtenrate und je höher die Lebenserwartung in einem Land, desto geringer die Geburtenrate.“ Die immer geringere Fertilität (Kind pro Frau) der Bevölkerung wird damit begründet, daß die Kinder den Eltern durch die immer leistungsfähigere Sozialversicherung immer weniger Nutzen bringen und heute nicht mehr als Vorsorge in die Welt gesetzt werden müssen – zumindest nicht im Individualfall. Die Sozialversicherungsgesetzgebung konnte damit indirekt den Grundstein für das Absinken der Geburtenrate legen. Was die immer höhere Lebenserwartung betrifft, so ist diese bekanntlich sogar direkt auf das moderne Sozialversicherungssystem zurückzuführen. Es ist wohl eine Ironie des Schicksals, daß gerade die ständige Weiterentwicklung der Sozialversicherung langfristig aufgrund der Demographiefalle ihren eigenen Kollaps bedeuten könnte. Wenn man nicht dagegen steuert.

Neue Chancen wahrnehmen

Die dritte große Herausforderung für die Wirtschaftspolitik des 21. Jahrhunderts ist die Globalisierung. Die Globalisierung verschärft einerseits die Notwendigkeiten von Reformen und bietet andererseits neue, bisher ungeahnte Lösungsmöglichkeiten. Ein kleines Beispiel: Die Globalisierung der Finanzmärkte verschärft die Herausforderung der Staatsverschuldung, da mittlerweile 75 Prozent der österreichischen Staatsanleihen im Ausland emittiert werden und damit volkswirtschaftliche Rendite bei wachsender Staatsverschuldung zunehmend ins Ausland fließt, aber sie bietet bei der demographischen Herausforderung die Möglichkeit, vermehrt Vorsorgeprodukte für die Alterspension in stärker wachsenden „Ermerging Markets“ anzulegen und somit die heimische Renten durch höhere ausländische Rendite abzusichern.

Einer kleinen, offenen Volkswirtschaft wie Österreich bietet die Globalisierung besonders große Chancen. Mit einer Exportquote von 53 Prozent des BIP und einer Steigerung von über 50 Prozent seit dem Jahr 2000 wird heute bereits mehr als jeder zweite Euro unseres Wohlstands im Ausland erwirtschaftet. Gewinner sind vor allem die Konsumenten: Der funktionierende Markt ermöglicht ihnen mehr Auswahl und billigere Waren. Das Jahr 2003 war übrigens ein Meilenstein für die Wettbewerbsfähigkeit der österreichischen Unternehmen. Zum ersten Mal in der österreichischen Wirtschaftsgeschichte hat der Wert der heimischen Investitionen in der Welt den Wert der ausländischen Investitionen in Österreich übertroffen. Österreich hat sich damit von einem historisch gewachsenen Kapitalempfänger zu einem schlagkräftigen internationalen Investor entwickelt. Das beweist, daß in der heutigen Weltwirtschaft Marktanteile nicht mehr nur durch Größe, sondern vor allem durch Schnelligkeit und Kreativität erobert werden.

Österreichs Wirtschaft hat die Chancen aus der Öffnung neuer Märkte, insbesondere im Osten, in beeindruckender Weise wahrgenommen: So profitiert Österreich mit einem kumulierten Wohlstandzuwachs von 0,7 Prozent des BIP mit Abstand am meisten unter den „alten" EU-Mitgliedstaaten von der Erweiterung. Durch die „Ostöffnung" sind seit dem Jahr 1990 laut WIFO 77 000 zusätzliche Arbeitsplätze in Österreich entstanden und durch die EU-Erweiterung seit 2004 über 27 000. Rund 1000 Headquarters internationaler Unternehmen in unserem Land unterstreichen die Rolle als Drehscheibe zum Osten.

In Slowenien, Bulgarien, Rumänien und Kroatien sowie in Serbien-Montenegro und Bosnien-Herzegowina ist Österreich sogar der Investor Nummer eins.

Und die Internationalisierung der Wirtschaft hat auch einen positiven Einfluß auf den Arbeitsmarkt. Rund 251 900 Österreicher und Österreicherinnen finden einen Arbeitsplatz bei in ausländischem Eigentum stehenden Unternehmen. Das sind immerhin 10 Prozent aller Arbeitnehmer im nichtöffentlichen Sektor. Umgekehrt beschäftigen österreichische Unternehmen rund 327 700 Arbeitskräfte im Ausland. Eine Studie des Internationalen Central Europa Institut (icei) unter mehr als 1 200 Managern über die Auswirkung der Globalisierung auf Österreichs Unternehmen und deren Beschäftigung besagt: Pro Arbeitsplatz, der im Zeitraum 2000 bis 2005 aus Österreich in ein Niedriglohnland verlagert wurde, schafften dieselben Unternehmen im Durchschnitt 2,5 neue Arbeitsplätze in Österreich. Die Studie belegt damit überraschend deutlich, daß die Internationalisierung der Wertschöpfungskette durch heimische Unternehmen nicht nur die Beschäftigung in Österreich sichert, sondern sogar neue Jobs entstehen läßt.

„Weniger Staat – mehr Privat“

„Der Zeit ihre Kunst – der Kunst ihre Freiheit“ steht in goldenen Lettern über dem Eingang der Wiener Sezession – dem Symbol vom Bruch mit dem Althergebrachten und vom Aufbruch in die Moderne. Umgemünzt auf die heutige Wirtschaftsordnung müßte der Spruch lauten: „Der Zeit ihre Wirtschaft – der Wirtschaft ihre Freiheit.“ Jede Zeit hat ihre Merkmale. Der Staat kann und soll heute nicht mehr der Versorgungsstaat sein, der in den Nöten der Nachkriegszeit eine kaum vorhandene Wirtschaftsstruktur ersetzen mußte. Die heutige Wirtschaft hat sich weiterentwickelt. Sie ist in eine Gesellschaft eingebettet, die die Chancen der zusammenwachsenden, globalisierten Welt nutzen und deren Risken minimieren möchte.

Die Chancen zu nutzen heißt aber, sich vom gutgemeinten mütterlichen Schoß des Staates zu emanzipieren und sich auf die Suche nach neuen Herausforderungen zu begeben. Nur aus eigener Kraft oder mit einem gleichgesinnten Partner kann man den harten Wettbewerb als Entdeckungsreise für Innovationen nutzen. Nur mit einem kapitalkräftigen und dem Markt vertrauten Partner kann man die Risken des Wettbewerbs minimieren. Der Staat muß sich daher schrittweise aus der Wirtschaft zurückziehen. Er soll regulieren, und die Wirtschaft soll expandieren. Die Rolle des Staates muß auf einen begrenzten Kernbereich reduziert werden – nur dann kann von einem „starken Staat" die Rede sein: Die Aufgabe des Staates ist es zum einen, den für eine funktionierende Marktwirtschaft unerläßlichen rechtlichen Rahmen zu schaffen, und zum anderen, einige öffentliche Güter bereitzustellen, für die sich kein privater Produzent finden würde. Alles andere gehört in private, unternehmensfreudige und dem Markt sich flexibel anpassende Hände.

Der Erfolg der Privatisierungen der letzten Jahre gibt uns Recht. Aus den ehemaligen verstaatlichten Betrieben sind heute dynamische und ertragreiche Spitzenunternehmen und teilweise Weltmarktführer wie Böhler-Uddeholm, Voestalpine oder AT&S geworden. Ein staatlicher Eigentümer findet kaum die Risikobereitschaft oder die Flexibilität, in Krisenzeiten andere Absatzmärkte oder eine andere Produktpalette zu finden. Es fehlt die Motivation, das eingesetzte Kapital tatsächlich zu einer Rendite zu führen. Die Verluste müssen schließlich die Steuerzahler ungefragt abdecken.

Insgesamt mußte der österreichische Staat der „verstaatlichten Industrie" zwischen 1980 und 1992 über 4,4 Milliarden Euro zur Verlustabgeltung zuschießen, und 55 000 Arbeitsplätze mußten abgebaut werden. Die Schulden, die sich seit Jahrzehnten aufgebaut hatten, waren aber noch immer gewaltig. Schließlich kam man an den Punkt, an dem man durch die Erträge der verstaatlichten Unternehmen nicht einmal mehr den Zinsendienst bewältigen konnte. Das war Anlaß genug, eine Kehrtwende durchzuführen und die Zeichen endgültig auf Privatisierung zu stellen.

Insgesamt ist der Anteil des Staates und seiner Ausgaben an der Wertschöpfung in Österreich bis ins Jahr 2000 kontinuierlich, wie durch ein eisernes Gesetz, gestiegen. Ende des 20. Jahrhunderts hat sich die Staatsquote bis auf über 50 Prozent erhöht. Der Hauptgrund dafür sind höhere Sozialausgaben und Transferleistungen, die der Wohlfahrtstaat heute anbietet. Diese Sozialausgaben müssen jedoch von der Wirtschaft, und damit letztendlich von den Menschen selbst finanziert werden. Daher ist es wichtig, daß der Wirtschaft der notwendige Freiraum zum effizienten Arbeiten gegeben wird.

Das „Wagnersche Gesetz", wonach Staatsausgaben langfristig automatisch und unaufhaltsam zunehmen wenn die Wirtschaft wächst, darf nicht immer als Rechtfertigungsmuster herangezogen werden. Es sollte vielmehr sensibilisieren, daß es einen großen Reformwillen bedarf, um den Automatismus der steigenden Staatsausgaben und damit auch der steigenden Steuerbelastungen zu durchbrechen.

Obwohl Staatsausgaben kurzfristig auch einen positiven Effekt für die Wirtschaft und dessen Wachstum haben (Bereitstellung öffentlicher Güter nach Marktversagen und Investitionsausgaben, die die Produktivität steigern), sind die negativen Effekte einer zu hohen Ausgabenquote (und damit auch einer zu hohen Steuer- und Abgabenquote) doch überwiegend: So verdrängen zum Beispiel hohe Konsumausgaben des Staates private Konsumausgaben und private Investitionen („Crowding-out-Effekt"). Es ist daher ein Widerspruch zu behaupten, man fördere immer die private Nachfrage und den privaten Konsum mit höheren Staatsausgaben. Darüber hinaus verursachen Staatsausgaben Steuern. Und diese beeinflussen die Wirtschaft stark. Je mehr Steuern es gibt, desto schlechter ist dies für die Wirtschaft. Das vielleicht größte Problem liegt im administrativen Aufwand (vor allem die KMUs sind mit dem administrativen Aufwand überlastet) und im Wohlfahrtsverlust, dem sogenannten „Deadweight Loss“. Dieser steigt überproportional mit der Steuer. Ab einer gewissen Steuerhöhe werden die Steuereinnahmen bei einer weiteren Erhöhung sogar kleiner, und eine Steuerentlastung führt daher zu mehr Wachstum.

Es besteht also ein negativer Zusammenhang zwischen zu hoher Ausgabenquote oder Abgabenquote und Wirtschaftswachstum. Ist der öffentliche Sektor klein, so steigen Wachstumsrate und Produktivitätswachstum mit dem Wachstum des öffentlichen Sektors, wenn dieser etwa die Infrastruktur verbessert, Schulen baut etc. Ab einem gewissen Punkt nehmen jedoch die negativen Effekte überhand. Eine Ausdehnung der öffentlichen Ausgaben über diesen Punkt hinaus wirkt sich negativ auf Wachstumsrate und Produktivitätswachstum aus. Diesen Punkt haben viele europäische Haushalte bereits erreicht.

Schweden, das fälschlicherweise gerne als Beispiel dafür angeführt wird, wie eine hohe Staatsausgaben-, das heißt Steuer- und Abgabenquote einem soliden Wachstum nicht entgegensteht, liefert im Gegenteil gerade dafür die beste Fallstudie, wie eine konsequente Abgabensenkung – von einem hohen Niveau ausgehend – zu nachhaltigem Wachstum führt. Kurzfristig betrachtet, könnte man sich zu der Argumentation verleiten lassen, Schweden (und andere nordeuropäische Länder wie Finnland und Dänemark) haben gute Konjunkturdaten trotz hoher Abgabenquote und die Politik der Senkung der Abgabenquoten sei daher falsch. Aber das Gegenteil ist der Fall. Interessant ist die längerfristige Betrachtung:

Das „Schwedische Modell“ mit seinem ausufernden Wohlfahrts- und Versorgungsstaat ist bereits Ende der achtziger und Anfang neunziger Jahre gescheitert. Seit dem Ersten Weltkrieg hatte der schwedische Staat die zentrale sozialpolitische Aufgabe der „Herstellung sozialer Gleichheit“. Die gesamte Bevölkerung wurde in die entstehenden wohlfahrtsstaatlichen Leistungssysteme einbezogen, und es zeichnete sich wie in anderen nordischen Staaten eine Tendenz zur „Volkssicherung“ ab. Charakteristisch für die schwedische Sozialpolitik war der starke Ausbau kollektiver sozialer Dienste. Der überproportionale Anstieg der Sozialleistungsquote führte zu einer massiven Krise hinsichtlich der Staatsverschuldung und des Anstiegs der Arbeitslosigkeit. Dies erforderte drastische Konsolidierungsmaßnahmen in der ersten Hälfte der neunziger Jahre. Die einschneidende Verringerung der Sozialleistungen nach 1993 ist in erster Linie auf die Verschärfung der Bedingungen für die Erlangung von Invaliditätsrenten, auf die Einführung von Karenztagen in der Kranken- und Arbeitslosenversicherung sowie auf die Reduktion von Geldleistungen bei Krankheit, Arbeitslosigkeit und Alter zurückzuführen. Außerdem wurden auf der Finanzierungsseite in mehreren Leistungssystemen Selbstbeteiligungen eingeführt. Bis dahin erfolgte die Finanzierung des Sozialbudgets fast ausschließlich über Steuern und Arbeitgeberbeiträge. All diese Sanierungsmaßnahmen wurden bei nur gedämpftem Protest der Gewerkschaften durchgesetzt und stellen die bestehenden Transfer- und Dienstleistungssysteme nicht grundsätzlich in Frage.

In den letzten Jahren wurde damit in Schweden die Steuer- und Abgabenquote von 55,4 Prozent (1999) auf 50,4 Prozent (2004) gesenkt. Auch Dänemark und Finnland haben die Notwendigkeit von Strukturreformen erkannt und, ausgehend von einem hohen Niveau, die Abgabenquoten in den letzten Jahren deutlich gesenkt. Diese dynamische Betrachtungsweise offenbart daher nicht die Rechtfertigung der aktuell noch hohen Steuerquote in Schweden, sondern vielmehr die Rechtfertigung einer drastischen Senkung dieser hohen Steuerquote. Nicht die Quote ist relevant für Wachstum, sondern die Veränderung der Quote und dessen ständige Anpassung auf realwirtschaftliche Rahmenbedingungen. Pointiert könnte man sagen: Schweden (und andere nordische Länder wie Finnland und Dänemark) ist auf dem richtigen Weg, seine hohe Steuerquote drastisch zu reduzieren und sein System des allgegenwärtigen Versorgungsstaates zu reformieren.

Ausblick für Deutschland

Ich würde gerne mit einem Gedanken schließen, der auch die Schlußworte des Beitrags von Professor Felderer, dem Leiter des Wiener Forschungsinstituts IHS und langjähriger Professor für Volkswirtschaft an der Universität Köln, in einer Festschrift zum meinem 60. Geburtstag im Vorjahr mit dem passenden Titel „die Zukunft von Wirtschaft und Staat" gebildet hatte:

„Es ist auffallend, daß die kleinen Länder Kontinentaleuropas in ihrer Anpassung an den neuen internationalen Standortwettbewerb wesentlich erfolgreicher waren als die großen Länder. Der Grund mag darin liegen, daß die Bevölkerung kleiner Länder immer die Notwendigkeit gesehen hat, sich nach außen zu wenden und durch Exporte die Devisen zu verdienen, die es ermöglichen sollten, diejenigen Güter, die im Lande nicht produziert werden, einzukaufen. Dadurch entsteht eine hohe Vertrautheit mit fremden Kulturen und bessere Sprachkenntnisse der Bevölkerung. Anpassung wird nicht als besondere Belastung oder Zerstörung der eigenen Identität empfunden, sondern gehört zur Existenzstrategie dieser Länder." ... „Der Erfolg einer Region oder einer Nation, sofern dieser Begriff in der globalisierten Welt noch dieselbe Bedeutung hat, wie wir ihn heute kennen, wird entscheidend von der Fähigkeit seiner Bevölkerung abhängen, sich den für die eigene Nation relevanten Herausforderungen zu stellen. Bei diesen Anpassungsprozessen wird das Sozialkapital, vor allem die Fähigkeit, klare kollektive Entscheidungen treffen zu können, eine sehr wichtige Rolle spielen. Es wird also wichtig sein, daß es auch in Zukunft Regierungen und Staatsmänner gibt, die, den langfristigen Horizont im Auge behaltend, wichtige Entscheidungen für das Land durchsetzen können. Im übrigen war es noch nie so klar, daß der Wohlstand eines Landes nur in geringem Umfang von Ressourcenausstattung oder vorhandenem Kapital abhängt, sondern vom Vorhandensein einer gut gebildeten, motivierten und anpassungsfähigen Bevölkerung."

Insofern, so meine ich, hat Deutschland die besten Voraussetzungen für einen fruchtbringenden Reformkurs im 21. Jahrhundert.

Karl Kardinal Lehmann

Soziale Gerechtigkeit neu denken: Solidarität braucht Eigenverantwortung

I.

Die Vision vom „Wohlstand für alle“, mit der Ludwig Erhard die Idee der sozialen Marktwirtschaft in den fünfziger Jahren begründet hat, hat ihren Ausdruck und Niederschlag in der Gestaltung des Sozialstaats gefunden, die einen produktiven Kompromiß zwischen Wirtschaftsfreiheit und sozialem Ausgleich herstellt und die sozial gerechte Teilhabe auch der Nichterwerbstätigen am wirtschaftlichen Fortschritt und der Wohlstandssteigerung zum Ziel hat. „Wohlstand für alle“: Das ist auch eine Chiffre für soziale Gerechtigkeit.

Der Begriff der sozialen Gerechtigkeit ist ein Zentralbegriff des Politischen geworden: die Erwartung, daß die staatlichen Institutionen um die Erlangung dieses Ziels bemüht sind, vor allem aber spürbare Ergebnisse dieses Bemühens haben insbesondere in ihrer Gründungsphase wesentlich zur Akzeptanz der Bundesrepublik beigetragen. Das Versprechen, diese Erwartung an den Staat zu erfüllen, scheint im politischen Wettbewerb heute unverzichtbar zu sein. Dieser Wertschätzung und seiner gleichsam konstitutiven Bedeutung entsprechend wäre anzunehmen, der Begriff „soziale Gerechtigkeit“ müsse im Grundgesetz prominent verankert sein.

Doch nicht alles, was wir für einen grundlegenden Bestandteil der verfassungsrechtlichen Ordnung unseres Landes halten, ist auch tatsächlich im Grundgesetz zu finden. Nun kommt in unserer Verfassung das Wort „soziale Gerechtigkeit“ nicht vor. Man sollte dies beachten, aber daraus auch keine sophistische Argumentation machen. Denn in Art. 20 Abs. 1 des Grundgesetzes heißt es: „Die Bundesrepublik Deutschland ist ein demokratischer und sozialer Bundesstaat.“ Nach Art. 28 Abs. 1 GG muß „die verfassungsmäßige Ordnung in den Ländern ... den Grundsätzen des republikanischen und sozialen Rechtsstaates im Sinne dieses Grundgesetzes entsprechen.“ Mit der Staatszielbestimmung des „sozialen Rechtsstaats“ nimmt das Grundgesetz implizit die Idee der Sozialen Gerechtigkeit auf.[1]

Wichtig ist, daß das Sozialstaatsprinzip nicht nur politisches Programm, sondern unmittelbar geltende Verfassungsnorm ist, die Gesetzgebung, Verwaltung und Rechtsprechung bindet. Freilich wird das Sozialstaatsprinzip im Grundgesetz viel weniger konkretisiert als zum Beispiel die Rechtsstaatlichkeit. Dies hängt gewiß damit zusammen, daß der Sozialstaat in seiner Verwirklichung in hohem Maß von der wirtschaftlichen und sozialen Entwicklung abhängig bleibt. So ist die Realisierung des Sozialstaats sehr stark auf den Gestaltungswillen des Gesetzgebers angewiesen und ein Prozeß, der für ökonomische Entwicklungen und sozialen Wandel offen ist und sein muß.[2]

---

[1] Vgl. zusammenfassend die Artikel Sozialstaat: M. Spieker, in: Staatslexikon, 7. Aufl., V. Band, Freiburg i.Br. 1989, 72–78; H. F. Zacher, in: Lexikon für Theologie und Kirche, 3. Aufl., IX. Band, Freiburg i.Br. 2000, 791–793; L. Wiedemann, in: Evangelisches Soziallexikon. Neuausgabe, hrsg. von M. Honecker, Stuttgart 2001, 1486–1491; J.-Chr. Kaiser, in: Religion in Geschichte und Gegenwart, 4. Aufl., Bd. 7, Tübingen 2004, 1513–1515. In allen Artikeln findet sich auch neuere und neueste Literatur, vgl. auch unten Anm. 9 und 11.

[2] So läßt sich auch verstehen, daß es Interpretationen gibt, die auf der einen Seite dem Sozialstaatsprinzip Verfassungsrang absprechen, weil dadurch der Staat in die Abhängigkeit von der Gesellschaft und bestimmten Interessengruppen kommen könnte (E. Forsthoff, H. Krüger und W. Weber). Auf der anderen Seite gibt es Deutungen, die im Sozialstaatsprinzip den Schlüssel des Grundgesetzes für alle anderen Verfassungsprinzipien sehen und in Verbindung mit Art. 15 (Ermächtigung zur Sozialisierung) in diesem Prinzip geradezu eine Tür zu ei-

Man darf nicht übersehen, daß dem Sozialstaatsprinzip in den ersten Jahren nach Erlaß des Grundgesetzes gelegentlich die rechtliche Verbindlichkeit abgesprochen worden ist. Berühmt ist zum Beispiel die Äußerung von Friedrich August von Hayek, wonach das Attribut des „Sozialen" im Kontext mit dem Rechtsstaat, aber auch der Marktwirtschaft ein „Wieselwort"[3] sei, das keine spezifische Bedeutung habe. Ebenso wie ein „sozialer Rechtsstaat" kein Rechtsstaat mehr sei, sei auch eine „soziale Marktwirtschaft" keine Marktwirtschaft mehr.[4]

Dagegen kann mit Blick auf die heutige Verfassungswirklichkeit eine doppelte Interpretationslinie festgehalten werden: Das Prinzip des Sozialstaats ist verfassungsrechtlich verbindlich. Es hat jedoch auch eine inhaltliche Unbestimmtheit und so eine funktionale Offenheit, die freilich nicht mit einem Lippenbekenntnis verwechselt werden darf. Es orientiert sich gleich ursprünglich an mehreren Zielen, es findet seine Schranke an den Grundrechten, schließlich ist bei der Realisierung des Sozialstaatsprinzips der Grundsatz der Subsidiarität zu beachten. Durch diese Einbettung und diesen umfassenden Kontext eignet sich der Begriff Sozialstaat der Sache nach schlecht zu einer verkürzenden Argumentation oder gar einer plakativen Agitation, denn seine Verwirklichung erfordert immer eine gleichzeitige Orientierung an mehreren normativen Momenten, die zueinander notwendigerweise in einer gewissen Spannung ste-

---

ner sozialistischen Veränderung der Gesellschaft erkennen wollen (W. Abendroth, H. Ridder, H.-H. Hartwich).

3 F. A. v. Hayek, Die verhängnisvolle Anmaßung: Die Irrtümer des Sozialismus, Tübingen 1996, bes. 124–127.

4 Vgl. F. A. von Hayek, Wissenschaft und Sozialismus. Aufsätze zur Sozialismuskritik, hrsg. von M. E. Streit, Tübingen 2004; hier bes. die Aufsätze: Die Illusion der sozialen Gerechtigkeit (1976), a.a.O., 186–196 und: Der Atavismus „soziale Gerechtigkeit" (1976), a.a.O., 197–208; vgl. auch: H. Kelser, Die Illusion der Gerechtigkeit. Eine kritische Untersuchung der Staatsphilosophie Platons, Wien 1985.

hen und des Ausgleichs bedürfen. Freilich gibt es bei Nichtbeachtung dieser Struktur auch eine hohe Anfälligkeit. Vermutlich erklärt dies auch schon manches in den kontroversen Diskussionen der Gegenwart.

Es dürfte auch von Anfang an hilfreich sein, den Begriff Sozialstaat von jenem des Wohlfahrtsstaates[5] abzugrenzen, soweit dies möglich ist. Ein Wohlfahrtsstaat hat die Tendenz zu einem „Fürsorgestaat", der soziale Sicherheit garantiert und dabei primär die Umverteilung der gesellschaftlichen Ressourcen im Blick hat. Der Begriff Sozialstaat betont dagegen die Verantwortung und Mitwirkung *aller* für sozial gerechte Strukturen einer Gesellschaft. Er ist bemüht, den Schutz seiner Bürger gegen Einkommensrisiken zu gewährleisten, die aus Krankheit, Invalidität, Alter und Arbeitslosigkeit erwachsen. In diesem Zusammenhang setzt der Sozialstaat auch auf Subsidiarität, das heißt auf die Hilfe zur Selbsthilfe im Sinne eines gewissen Vorrangs der Eigenverantwortung. In diesem Sinne ist der Sozialstaat an die individuelle Leistungsfähigkeit gekoppelt. Er kann nach einer Formulierung von H. Lampert als Staat folgendermaßen bestimmt werden:

1. „Er leistet Hilfe gegen Not und Armut und sichert ein Existenzminimum, das für ein menschenwürdiges Dasein erforderlich ist;
2. er gewährleistet soziale Sicherheit gegenüber den Risiken des Unfalls, der Krankheit, der vorzeitigen Erwerbsunfähigkeit, der Arbeitslosigkeit, des Alters und des Verlustes des Ernährers;

[5] Dazu Th. Olk, H.-U. Otto (Hg.), Der Wohlfahrtsstaat in der Wende, Weinheim 1985; Bundesministerium für Arbeit und Sozialordnung (Hg.), Sozialstaat im Wandel, Bonn 1994.

3. er bemüht sich um die Herstellung rechtlicher Gleichheit, um die Abmilderung von Abhängigkeitsverhältnissen und um die Verringerung von Wohlstandsdifferenzen;
4. er schafft die Voraussetzungen für eine Wohlstandsmehrung und sorgt für eine mehrheitlich als gerecht empfundene Verteilung dieses Wohlstandes.“[6]

II.

In der Neuen Zürcher Zeitung (Ausgabe vom 31. Juli/ 1. August 2004) hat der schwedische Ökonom Nils Karlson über die ethischen Folgen des lange Zeit vollumsorgenden – schwedischen – Wohlfahrtsstaats folgendes ausgeführt: „Der schwedische Wohlfahrtsstaat und die hohe Steuerlast, die notwendigerweise mit ihm einhergeht, haben wahrscheinlich der menschlichen Würde schweren Schaden angetan. Die meisten Schwedinnen und Schweden sind vom Staat äußerst abhängig geworden und haben weder Mittel noch Fähigkeiten, um die Verantwortung für ihr eigenes Leben zu übernehmen.“

Sicher ist dies eine stark zugespitzte Aussage, die nicht leichtfertig übernommen werden darf, zumal Karlson über den schwedischen Wohlfahrtsstaat spricht, der sich in einigen Aspekten vom deutschen Sozialstaat unterschiedet. Aber letztlich kommt darin die zentrale Freiheitsfrage zum Ausdruck, die der krisenhaften Lage auch des deutschen Sozialstaats und

[6] Kann der Sozialstaat gerettet werden? = Volkswirtschaftliche Diskussionsreihe, Beitrag Nr. 247, Juli 2003, 4 (unter Aufnahme von Formulierungen von K. Stern und H. Zacher) – Auf das Problem der Umverteilung kann hier nicht näher eingegangen werden, vgl. dazu M. Möhring-Hesse, Die demokratische Ordnung der Verteilung. Eine Theorie der sozialen Gerechtigkeit, Frankfurt 2004; M. Schefczyk, Umverteilung als Legitimationsproblem = Alber-Reihe: Praktische Philosophie 71, Freiburg i.Br. 2003.

insbesondere seiner Sozialversicherungen zugrunde liegt: Wieviel Freiheit wollen und sollen die Menschen wahrnehmen, und wieviel Freiheit wollen und sollen sie zugunsten von sozialer Sicherheit abgeben?

Diese Grundfrage beschäftigt auch die kirchliche Sozialverkündigung. Papst Johannes Paul II. hat 1991 in der Enzyklika „Centesimus annus“[7] auf diesen Aspekt hingewiesen: „Der Wohlfahrtsstaat, der direkt eingreift und die Gesellschaft ihrer Verantwortung beraubt, löst den Verlust menschlicher Energie und das Aufblähen der Staatsapparate aus, die mehr von bürokratischer Logik als von dem Bemühen beherrscht werden, den Empfängern zu dienen.“ Es wäre zum Schaden für den Menschen, wenn der Staat durch ein übermäßiges Versorgungsangebot die Freiheit des einzelnen untergraben und ihm die Verantwortung für sein eigenes Leben entziehen würde.

Das katholische Prinzip der Subsidiarität basiert auf dem Miteinander von Solidarität und Eigenverantwortung. In den letzten Jahrzehnten sind die Gewichte zwischen Solidarität und Eigenverantwortung einseitig zugunsten des Solidaritätsgedankens verschoben worden. Der Impulstext „Das Soziale neu denken“[8], den die deutschen Bischöfe im Jahr 2003 veröffentlicht haben, soll dazu beitragen, Solidarität und Eigenverantwortung neu in ein ausgewogenes Verhältnis zueinander zu bringen. Wenn wir wollen, daß die Solidarität aller weiterhin da einspringen kann, wo sie nötig ist, müssen wir den Sozialstaat so reformieren, daß sie nicht auch dort eingreifen muß, wo sie nicht nötig ist. Es geht darum, die notwendige Solidarität durch die mögliche und notwendige Wahrnehmung von Eigenverantwortung zu sichern. In diesem Sinn: Solidarität braucht

---

[7] Vgl. Nr. 48.

[8] Sekretariat der Deutschen Bischofskonferenz (Hrsg.), Die deutschen Bischöfe, Erklärungen der Kommissionen, Nr. 28, 2003.

Eigenverantwortung[9]. So kann soziale Gerechtigkeit zustande kommen.

Sollen grundlegende Reformen gelingen, dann ist es erforderlich, Klarheit darüber zu erlangen, was wirklich notwendig ist. Dabei genügt es nicht, sich nur an ökonomischen Daten und Zusammenhängen zu orientieren. In gleicher Weise brauchen wir auch eine Verständigung über die für die Veränderung erforderlichen Einstellungen und Herangehensweisen. Es muß stärker in den Blick genommen werden als bisher, welche Auswirkungen der Wohlfahrtsstaat auf die Einstellungen der Menschen, den sozialen Zusammenhalt und die menschliche Würde hat. Deshalb ist Klarheit darüber zu erlangen, in welchem Verhältnis Solidarität und Eigenverantwortung zueinander stehen müssen. Dieses Verhältnis entscheidet letztlich darüber, ob und inwieweit soziale Gerechtigkeit herrscht.

Die verschiedenen Dimensionen von sozialer Gerechtigkeit lassen sich anhand folgender Definition näher beleuchten, die zum Teil im Anschluß an den bedeutenden Sozialethiker Oswald von Nell-Breuning formuliert worden ist:

---

[9] Entgegen mancher Behauptungen ist dies auch bereits im Gemeinsamen Wort des Rates der Evangelischen Kirche in Deutschland und der Deutschen Bischofskonferenz zur wirtschaftlichen und sozialen Lage in Deutschland im Jahr 1997 gesagt worden, vgl. Nr. 26 f., 109, 120, 149, 257. Manche Deutungen und einige politische Instrumentalisierungen im Kontext des Entstehens und der öffentlichen Beratung haben dies eher verwischt (vgl. auch zur sozialen Gerechtigkeit 14, 31, 111 f., 114, 121, 146, 184, 191 f.), vgl. auch das Vorwort zum „Wirtschafts- und Sozialwort". Zur Interpretation vgl. auch mein Eröffnungsreferat am Vorabend der Verabschiedung durch die Vollversammlung der Deutschen Bischofskonferenz: „Vergiß nie die Armen und die Kranken, die Heimatlosen und die Fremden". Über den eigenen Auftrag der Kirche zwischen Wohlstand und Armut angesichts der heutigen Sozialstruktur und veränderter Lebenslagen, in: K. Lehmann, Zuversicht aus dem Glauben, Freiburg i.Br. 2006, 243–263.

Sozial gerecht ist ein Gemeinwesen, wenn es allen Bürgerinnen und Bürgern hilft beziehungsweise ermöglicht, durch ihr eigenes Handeln ihr Wohl zu erreichen. Sozial gerecht handeln Menschen, wenn sie bereit sind, in das Gemeinwesen all das einzubringen, was um des Gemeinwohls willen notwendig ist, ob es gesetzlich vorgeschrieben ist oder darüber hinausgeht. Soziale Gerechtigkeit ist nichts Statisches. Eine Gesellschaft muß sich vielmehr immer wieder vergewissern, was hier und jetzt gerecht ist.

Zunächst einmal enthält diese Bestimmung wohl das, was die meisten unter sozialer Gerechtigkeit verstehen: Ich spreche von sozialer Gerechtigkeit als Eigenschaft eines Gemeinwesens. Doch geht es in diesem ersten Satz nicht um Leistungen allein des Gemeinwesens. Wesentlich ist, daß die Leistungen des Gemeinwesens an die Leistungsbereitschaft und Leistungsfähigkeit des Bürgers rückgebunden sind. Die Leistungen des Gemeinwesens unterstützen den einzelnen und ermöglichen ihm, selbst dafür tätig zu werden, sein Wohl zu erlangen. Weiterhin geht es um das personale Wohl eines jeden einzelnen, auf das das Gemeinwohl hingeordnet ist.

Die *zweite Aussage* betrifft das sozial gerechte Handeln des Menschen: Soziale Gerechtigkeit ist nicht nur das Merkmal eines Gemeinwesens, sondern schließt auch das Handeln von Menschen ein. So wie das Gemeinwesen ist auch jeder einzelne gefordert, nach seinen jeweiligen Möglichkeiten zum Gemeinwohl und dadurch auch zum Wohl der anderen beizutragen – mit anderen Worten: Solidarität zu üben.

Drittens: Soziale Gerechtigkeit ist nichts Statisches. Es ist für das Verständnis von sozialer Gerechtigkeit zentral, daß die Bestimmung dessen, was sozial gerecht ist, niemals abschließend geschehen kann, sondern kontinuierlich und situationsbezogen vorgenommen werden muß. Für das politische Handeln bedeutet dies die Notwendigkeit einer fortlaufenden Analyse der sozialpolitischen Bemühungen und einer dauerhaften Bereitschaft zur Veränderung. Gerade um des angemessenen Verstehens von sozialer Gerechtigkeit, von Solidarität und Subsidiarität willen, darf man sich Reformen des Sozialen nicht verschließen.

Daß Reformen auch mit Einschränkungen für den einzelnen verbunden sind, darf keinesfalls übersehen werden. Gerade die Kirche erwartet freilich, daß Zumutungen auch zumutbar sind. Entscheidend ist letztlich nicht der Vergleich mit dem Besitzstand, sondern die Sensibilität für Leistungsfähigkeit einerseits und Bedürftigkeit andererseits. Ist unter diesem Blickwinkel wirklich jede Form von Eigenheimförderung unveränderbar, wirklich jeder Selbstbehalt im Gesundheitswesen unzumutbar? Absolut inakzeptabel ist aber gewiß die Tatsache, daß Kinder in vielen Fällen ein Armutsrisiko darstellen.

Damit bin ich bei den grundlegenden Strukturproblemen unseres Sozialstaats: zum einen die verfestigte strukturelle Massenarbeitslosigkeit und zum anderen die strukturelle Benachteiligung der Familien. Dafür, daß diese Fehlstellungen des Sozialstaats entstanden sind und – obwohl zum Teil schon lange bekannt – nicht behoben wurden, sind in erster Linie zwei grundlegende Ungleichgewichte verantwortlich zu machen: erstens das Ungleichgewicht im politischen Prozeß zwischen gut organisierten und daher einflußreichen Interessen einerseits und schwierig oder schlecht organisierbaren, aber in besonderer Weise des Staates bedürfender Interessen andererseits; zweitens das Ungleichgewicht zwischen den aktuellen Problemen und Forderungen einerseits und den absehbaren, möglicherweise schwerer wiegenden Problemen und Forderungen der Zukunft andererseits: die stark korporatistische Prägung des politischen Systems der Bundesrepublik Deutschland, die partikularen Interessen zu Dominanz verhilft; außerdem eine Verengung des Verständnisses von Sozialpolitik auf Verteilungspolitik, durch die ausgeblendet wird, daß vor allem Familien-, aber auch Bildungs- und Berufsbildungspolitik zukunftsorientierte Bereiche der Gesellschaftspolitik sind. Weiter können durch die heutige Verfassung unserer föderalen Ordnung Reformentscheidungen relativ leicht blockiert werden. Schließlich fehlt es an Instanzen, die weitergehend den Blick auf das Ganze und auf eine nachhaltige, zukunftsorientierte Politik richten können. Gerade dieser letzte Punkt bedeutet im Zusammenhang mit der Dominanz der Partikularinteressen einen Mangel an Rationalität in der Fortentwicklung des Sozialstaates.

Die Konsequenz aus den Strukturproblemen unseres Sozialstaates lautet: Keine der großen Säulen des Sozialstaats ist ohne tiefgreifende Korrekturen weiter tragfähig. Dies ist eine harte Wahrheit, die bei einigen Erschrecken und Befürchtungen hervorgerufen zu haben scheint. Der Sozialstaat genießt in weiten Teilen der Bevölkerung zu Recht hohe Wertschätzung und Anerkennung. Dies nicht nur, weil sehr viele von ihm profitieren. Die Menschen wissen, daß für viele von denen, die seine Leistungen in Anspruch nehmen, der Sozialstaat die Voraussetzungen dafür schafft, das Leben eigenverantwortlich selbst gestalten und dabei auch Risiken eingehen zu können. Das muß in Zukunft – auch angesichts der dramatischen Herausforderungen, vor denen unsere Gesellschaft steht – gewahrt bleiben. Dabei ist von der grundlegenden Einsicht auszugehen: Wenn wir nichts ändern, keine Reformen wagen, setzen wir den Sozialstaat aufs Spiel. Wenn nichts getan wird, werden im Ergebnis die Schwachen die Leidtragenden sein, weil sie in besonderer Weise auf die Förderung durch den Sozialstaat angewiesen sind. Aus dieser Perspektive sind Reformen eine Frage der Gerechtigkeit und nicht nur aus ökonomischen Gründen notwendig.

Zu den Schwächsten, die in den Blick zu nehmen sind und die die Kirche in besonderer Weise in den Mittelpunkt stellt, zählen die nachfolgenden Generationen[10], die sich nicht selbst artikulieren können und denen die ungeheuren Schulden öffentlicher Haushalte und ein kollabierendes Sozialsystem zufallen. Aber auch im Blick auf die heute Aktiven gibt es Ungerechtigkeiten, die es zu bekämpfen gilt. Anzuführen sind die schwierige Situation der Familien und die Lage der Langzeitarbeitslosen. Wie sind diese Ungerechtigkeiten mit der Tatsache zu vereinbaren, daß gleichzeitig die Sozialquote in Deutschland nahezu ein Drittel des Bruttosozialprodukts ausmacht? Offensichtlich ist der Sozialstaat mit seinem Finanzierungsaufwand so nicht zukunftsfähig, und trotz seines großen Verteilungsvolumens wird er denen nicht gerecht, die seiner bedürfen.

III.

Die Soziale Marktwirtschaft, wie sie Ludwig Erhard konzipiert und vertreten hat, basiert neben anderen Fundamenten auf der Initiative der Persönlichkeit. „Die Soziale Marktwirtschaft kann nicht gedeihen, wenn die ihr zugrundeliegende geistige Haltung, das heißt also die Bereitschaft, für das eigene Schicksal Verantwortung zu tragen und aus dem Streben nach Leistungssteigerung an einem ehrlichen fairen Wettbewerb teilzunehmen, durch vermeintlich soziale Maßnahmen auf benachbarten Gebieten zum Absterben verurteilt wird."[11] Es widerspräche der marktwirtschaftlichen Ordndung, wenn Sozialleistungen des Staates private Initiative, Eigenvorsorge und Eigenverantwortung unterdrückten. „Am Anfang muß die eigene Verantwortung stehen, und erst dort, wo diese nicht ausreicht oder ver-

---

[10] K. Lehmann, Zuversicht aus dem Glauben, a.a.O., 440–471 (Lit.).

[11] Ludwig Erhard (bearb. von Wolfram Langer): Wohlstand für alle, Gütersloh 1964 (Neuausgabe), 147.

sagen muß, setzt die Verpflichtung des Staates und der Gemeinschaft ein."[12]

Zur Wahrnehmung ihrer Freiheit und damit zu eigenverantwortlichem Handeln müssen die Menschen fähig und befähigt werden. Es ist eine Frage der Gerechtigkeit, daß Menschen an gesellschaftlichen Prozessen beteiligt werden. Ganz im Sinne des aus der katholischen Soziallehre stammenden Subsidiaritätsprinzips muß es darum gehen, nicht Abhängigkeit, sondern Selbstständigkeit zu fördern. Das heißt: Der Staat darf sich nicht aus der Verantwortung ziehen. Er muß darum bemüht sein, die Eigenverantwortung der Bürger und den Aufbau von neuen Solidaritätsformen zu stärken. Auf dieser Basis muß ein bisher zu einseitiges Verständnis von Sozialpolitik weiterentwickelt werden, das die Nachwuchsförderung stärker in den Blick nimmt und Familienpolitik als elementare Querschnittsaufgabe in der Politik anerkennt. Ähnliches gilt für die Bildungspolitik, zumal ein erschwerter Zugang zu Bildung und Wissen den

---

[12] A.a.O., 155. Zur weiteren Begründung vgl. K. Lehmann, Soziale Marktwirtschaft als Herausforderung im Lichte des christlichen Glaubens. Über vergessene geistige Grundhaltungen ihrer Väter, in: Auf neue Art Kirche sein. Wirklichkeiten – Herausforderungen – Wandlungen. FS für Bischof Dr. Josef Homeyer, hrsg. v. Werner Schreer und Georg Steins, München 1999, 281–291; Ders., Notwendiger Wandel der Sozialen Marktwirtschaft? Reflexionen aus der Sicht der katholischen Kirche. Vortrag bei den Ludwig-Erhard-Lectures am 13. Juni 2002 in Berlin, hrsg. von der Initiative Neue Soziale Marktwirtschaft, Köln 2002; diverse weitere Veröffentlichungen; Ders., Die ethischen Grundlagen der Sozialen Marktwirtschaft, in: Theorie der sozialen Ordnungspolitik. Bernhard Külp zum 70. Geburtstag, hrsg. von Norbert Berthold und Elke Gundel, Stuttgart 2003, 83–95; Ders., Ist der Sozialstaat am Ende?, Hildesheimer Universitätsreden. Neue Folge Heft 3, Hildesheimer Universitätsverlag, Hildesheim 2005; Ders., Zuversicht aus dem Glauben, a.a.O., 243–263.

Zugang zur heutigen Arbeitswelt und damit die Teilhabechancen erheblich beeinträchtigt.

Wirtschaftliche und gesellschaftliche Bedingungen unterliegen einem steten Wandel. Deshalb muß auch die Soziallehre der Kirche stets weiterentwickelt werden, unter Wahrung der bewährten Prinzipien der Personalität, der Solidarität und der Subsidiarität. Im Zentrum der kirchlichen Aufmerksamkeit muß unverändert eine „Option für die Armen" stehen, die Sorge um die von aktiver Teilnahme Ausgeschlossenen und an den Rand Gedrängten unserer Gesellschaft. Vor allem sie sind der Grund für die Sorge der Kirche auch um den Sozialstaat, und um ihretwillen müssen wir klar benennen: Wenn sich nichts ändert, wenn alles so bleibt, wie es ist, werden – wie schon dargelegt – die Schwachen die Leidtragenden sein, weil sie in besonderer Weise auf die Absicherung eines funktionierenden Sozialstaates angewiesen sind. Systeme sozialer Sicherheit, die nicht mehr tragen, werden gerade für jene zum existentiellen Problem, die sie wirklich brauchen. In dieser Debatte verdienen die grundlegenden Erkenntnisse Ludwig Erhards in Erinnerung gehalten zu werden.

Udo Di Fabio

Unternehmer zwischen globalisierten Märkten und regionaler Verantwortung

I.

Was für Menschen sind eigentlich Unternehmer? Sind das nicht diejenigen, die wendig und smart sich in einer Welt bewegen, die für sie gemacht scheint, eine Welt, die ihnen Gewinn verheißt, und ihnen die Mühe längerer Bindung zunehmend erspart? Sind das nicht diejenigen Unternehmensvorstände, die sich auch dann noch ihre ohnehin schon großzügigen Millionen-Gehälter erhöhen, wenn eine ihrer erst schlecht geführten und dann eilig verhökerten Tochterfirmen geschlossen wird und die Arbeitnehmer auf der Straße sitzen? Viele ballen die Faust in der Tasche, wenn sie davon lesen, wie leicht es offenbar fällt, einem Betrieb, einer Region, einem Land und seinen Menschen den Rücken zu kehren, wenn es nicht richtig klappt mit dem Geldverdienen. Alte Ehrbegriffe wie Treue werden hervorgeholt und zur Standorttreue umformuliert, moralisches Verhalten angemahnt, es wird mit einer Mischung aus Drohgebärde und Hilflosigkeit an die Verantwortung von Unternehmern und Unternehmen appelliert.

Im öffentlichen Raum schauen wir mit buchstäblich gemischten Gefühlen auf Unternehmen, die in Deutschland, die in Europa produzieren, handeln, kaufen und verkaufen. Wir wissen um ihren Wert für Wohlstand und Freiheit, aber manchmal schauen wir auch ängstlich auf Firmen, deren Namen wir zwar kennen, deren Eigentümer aber im Verborgenen stehen, um den Globus verteilt und in Fonds versteckt sind. Manch einer betrachtet jede Investition eines deutschen Unternehmens im Ausland als Gefahr für unser Land und für die Nachfrage nach

Arbeitskräften, während er in ausländischen Anlegern eine dunkle Macht sieht, gekommen um Heuschrecken gleich unsere Ernte zu plündern. Solche Affekte sind nicht selten, obwohl schon längst feststeht, daß aufs ganze gesehen, die Investitionen von Deutschland aus ins Ausland und umgekehrt ein wichtiger Indikator für die Leistungsfähigkeit einer Volkswirtschaft sind. Aber man muß solche Einschätzungen und Ängste auch ernst nehmen, weil sie durch einen Umbruch verursacht werden, ein Umbruch, der durch die Öffnung der ehemals vergleichsweise geschlossen dastehenden Sozialstaaten und der Veränderung ihres europäischen Sozial- und Wirtschaftsmodells unausweichlich geworden ist.

Es ist leicht zu beobachten, daß eine Schere sich aufgetan hat zwischen einem sozialstaatlichen Politikverständnis und der politisch herbeigeführten weitreichenden Öffnung der Märkte. Die Menschen in Frankreich, Italien oder Deutschland sehen die Vorteile der Öffnung, und doch fürchten sie auch, die ihnen vertraute Welt einer relativen Erwartungssicherheit zu verlieren. Viele sehen mit Argwohn, daß Unternehmen sich den neuen Bedingungen globaler Produktion und Verkaufsstrategie anpassen, daß ihr Verhalten mehr auf das Wohl und Wehe der Eigentümer, der „Shareholder“ gerichtet ist, als auf dasjenige der Arbeitnehmer und Konsumenten im eigenen Land. Unternehmen, die in ihrer Bilanz hohe Gewinne ausweisen und zugleich den Abbau von Arbeitsplätzen in Deutschland ankündigen, werden in etwa so betrachtet wie Rüstungsunternehmen, die Waffen an den Feind verkaufen, eine ganz besondere Art der Vaterlandslosigkeit. Die Bürger im Land wissen, daß ihre Lebens- und Freiheitsgrundlage von einem guten Arbeitsplatz abhängt, fürchten deshalb jede Verknappung der sichereren Arbeitsplätze und die Zunahme der nur vorläufigen, befristeten Jobs. Die große Mehrheit möchte nicht das ungebundene und ungesicherte Leben eines „Freelancers“ führen, dem die volle

Verantwortung für seinen Marktwert und seine Zukunftsvorsorge auferlegt wird.

Jeder gute Politiker will die Sorgen und Ängste der Menschen lindern, aber die Politik hat ihre regionalen und nationalen Handlungsmöglichkeiten einerseits im Prozeß der Internationalisierung selbst beschränkt und andererseits sich durch eine Überbeanspruchung der verbleibenden Instrumente gefesselt, etwa bei den Sozialausgaben, den Steuereinahmen und der Staatsverschuldung, aber auch beim Umfang des inzwischen bedrohlich komplex gewordenen, alles und jedes regulierenden Rechts. Daraus ist ein politisches Dilemma entstanden. Wenn in Deutschland oder in Europa die Unternehmen weiter belastet werden, schrumpfen entweder deren Chancen im Wettbewerb oder die Zahl ihrer Arbeitsstätten im Land, weil sie erst recht in Maßnahmen der Verlagerung und Verschlankung getrieben werden. Manche Politiker, nicht anders als ihre Wähler, ballen ohnmächtig die Faust in der Tasche, im schlechtesten Fall breitet sich ein *neosozialistisches* Klima aus, in dem gegen alle ökonomische Vernunft leistungs- und wirtschaftsfeindliche Maßnahmen gedeihen.

II.

Nicht zuletzt vor diesem Hintergrund häufen sich Appelle an die Verantwortung des Unternehmers, auch von denjenigen, die irgendwann einen Rückfall in Protektionismus und Etatismus fürchten. Und doch klingt der Ruf nach Verantwortung der Unternehmen auch ein wenig nach Verlegenheit, nach Sonntagsrede, wie ein wohlfeiler Appell, während in den Vorstandsetagen doch nur das kalte Renditekalkül herrscht. Klare wirtschaftliche Entscheidungen und der Sensus für die Rendite sind zwar das Ausschlaggebende eines jeden Unternehmens. Doch kann kein Wirtschaftsunternehmen seine Identität allein aus der Rendite ableiten. Eigentümer, Vorstandsmitglieder, Geschäftsführer, sie alle bewegen sich in einem sozialen Umfeld des wirtschaftlichen Erfolgs, in einem Rechtssystem, in familiären, heimatlich-regionalen, politischen und kulturellen Bindungen. Auch wenn vieles durch Internationalisierung durchmischt ist, so heißt das nicht, daß in einem Land wie Deutschland nicht doch jeder wirtschaftlich Handelnde eine gewisse Loyalität zu zeigen und Regeln zu beachten hat, wenn von diesem Land und seinen Bürgern umgekehrt ein wirtschaftsfreundliches Ambiente erwartet wird.

III.

Aber was eigentlich heißt Verantwortung? Im Recht heißt Verantwortung: Für sein Handeln gerade stehen, Folgen eigenen Tuns oder Unterlassens tragen, für angerichtete Schäden haften. Mit dem Verantwortungsbegriff wird zugerechnet. Wer wird mit bestimmten Ereignissen als Person in Verbindung gebracht? Wen treffen vertragliche Pflichten? Wer haftet deliktisch? Wen kann man verwaltungsrechtlich oder strafrechtlich zur Verantwortung ziehen? Daneben gibt es eine andere Qualität des Verantwortungsbegriffs, die nicht rechtlich, sondern moralisch fragt. Hat jemand gut oder böse gehandelt, verdient er Respekt und Achtung oder müssen wir sein Verhalten mißbilligen, über ihn urteilen vor einem ethischen Gerichtshof? Nicht selten interferieren beide Verantwortungsdimensionen im Sinne wechselseitiger Verstärkung: Wo eine moralisch begründete Verantwortung thematisiert wird, ziehen Gesetzgeber oder Gerichte nach, und umgekehrt, wo ein Rechtsverstoß festgestellt wird, läßt auch ein moralisches Unwerturteil nicht lange auf sich warten.

Für ein Unternehmen und seine Repräsentanten gilt bei alldem zunächst nichts anderes als für andere Teilnehmer am

Wirtschafts- und Rechtsverkehr. Aber es fällt auf, daß der moralische Appell an die Verantwortung des Unternehmers häufiger erklingt und es fällt auf, daß die Rechtsordnung sich keineswegs scheut Verantwortungszusammenhänge herzustellen, in deren Mittelpunkt der Unternehmer steht. Er ist verantwortlich für die ordnungsgemäße Einbehaltung von Steuern im Lohnsteuerabzugsverfahren, für die Entrichtung von Sozialversicherungsabgaben seiner Arbeitnehmer, er ist verantwortlich für die Einhaltung von Arbeitsschutz, Umweltschutz, und Brandschutzvorschriften, er muß Antidiskriminierungsmerkmale beachten, die Vorgaben der Corporate Governance erfüllen, er muß Bilanz-, Transparenz- und Steuervorschriften kennen, er muß Produktsicherheit gewährleisten und den gefahrlosen Betrieb seines Unternehmen – sonst wird er für Schäden oder Rechtsverstöße unweigerlich verantwortlich gemacht.

Subkutan läuft jedoch ein feiner Riß durch die Wirtschaftslandschaft. Die großen Kapitalgesellschaften haben auch die Verantwortung von der Person auf Organe und Organisation verlagert, sie arbeitsteilig zergliedert, während Familienunternehmen hartnäckig an ihren personalen Entscheidungs- und Verantwortungsstrukturen festhalten. Die Familienunternehmen sind für mittelständische Unternehmen immer noch prägend, sie zeigen häufig eine ausgeprägt regionale Verantwortung, die sie aber nur dann auf Dauer wahrnehmen können, wenn sie zugleich in europäischen und globalen Marktkategorien denken. Wer über die stärkere Inpflichtnahme von Unternehmern allzu pauschal redet, übersieht leicht wie vielfältig die wirtschaftliche Landschaft ist: Die großen Global Player, die Investment-Fonds, die großen Banken und Versicherungen stehen neben einer Fülle von mittleren und kleinen Unternehmen, aus dehnen die Masse der Arbeitsplätze stammt und die mit den großen Kapitalgesellschaften vielfältig verzahnt sind, wobei die Abhängigkeitsverhältnisse nicht nur einseitig von groß zu klein verlaufen müssen. Wer Unternehmer verantwortlich macht, muß es jedenfalls auch in dieser Hinsicht differenziert tun, damit er nicht nur die Großen im Blick hat und die Kleinen trifft.

Die Inpflichtnahme von Unternehmen, bis hin zu ihrer politischen Verformung hat gerade in Deutschland eine lange und kräftige Tradition. Die deutsche Geschichte war immer auch durch gemeinwirtschaftliche Vorstellungen beeinflußt. Daß Eigentum der zuverlässigste Garant der Freiheit von politischer Herrschaft ist, wußte zwar *Ludwig Erhard*, aber er stand mit dieser Ansicht nicht selten etwas am Rande. Man sollte jedenfalls mißtrauisch sein gegenüber Gesetzen, die Pflichten auferlegen und so tun, als würde damit nur eine ganz natürlich bestehende Verantwortung deutlich gemacht. Einiges davon ist Begriffsverwirrung. In einer freien Gesellschaft trägt man Verantwortung für sein Handeln prinzipiell und zuerst aus eigener Einsicht, aus eigener Freiheit, aus eigenem Tun oder Unterlassen. Wenn der Staat etwa von der Produktverantwortung spricht und weitreichende Handlungspflichten normiert, greift er rechtstechnisch betrachtet in Grundrechte ein und macht nicht nur das sichtbar, was quasi aus der Natur der Sache sich an Handlungsverantwortung von allein ergibt, wie etwa die deliktische Grundregel, daß ein in Verkehr gebrachtes Produkt nicht andere in ihren Rechtsgütern schädigen darf. Daß ein Unternehmer aber aus Gründen der Vorsorge sein Produkt über den gesamten Lebenszyklus beobachten und am Schluß entweder verwerten oder entsorgen muß, daß steigert die Verantwortung in einer grundrechtsbedeutsamen Weise. Eine Rolle für die Formulierung von Verantwortung spielen auch immer Erwartungen eines gerechten Preises, den es ökonomisch natürlich nicht gibt. Wenn man der Ansicht ist, daß etwa Unternehmen gut oder allzu gut verdienen und deshalb eigentlich zu hohe Preise fordern, dann fällt es viel leichter, ihnen eine Verantwortung für die politisch definierten öffentlichen Zwecke aufzuerlegen, auch weil man Spielräume der Belastbarkeit vermutet. In Deutschland leuchten gesetzlich begründeten Pflichten für Unternehmen meist unmittelbar ein, weil man meint, daß derjenige, der über Geld und Wissen verfügt, gefälligst nicht anderen die Probleme mit den von ihm hergestellten Waren aufladen sollte. Daran ist einiges wahr, aber derlei Kostenverschiebungen auf politisch definierte Verursacher, haben häufig unerwünschte Folgen und halten auch nicht immer einer Rechtskontrolle stand.

Vor nicht allzu langer Zeit hat das Bundesverfassungsgericht eine Grenze gezogen für solche aus Sicht der Politik vorteilhaften, letztlich aber lediglich diffus moralisch argumentierenden Konstruktionen. Vor dem Gericht hatten Firmen geklagt, die in rechtmäßiger Weise Abfälle exportieren und in einen sogenannten Solidarfond einzahlen mußten, der für Schäden einstehen sollte, die aus dem illegalen Abfallexport anderer Firmen entstehen. Dazu hat das Gericht ausgeführt, daß die finanzielle Inpflichtnahme von rechtmäßig handelnden Personen für die Pflichtverletzungen des wirtschaftlichen Konkurrenten auf eine Zurechnung für fremdes Fehlverhalten hinauslaufe (BVerfG v. 6. Juli 2005, BVerfGE 113, 128 <150 ff.>). Mit anderen Worten: Die Gruppe der Rechtstreuen sollte bezahlen für die Schäden der Rechtsverletzer, die der Staat nicht zu fassen bekam. Mit dieser Entscheidung wird daran erinnert, daß Verantwortung für eigenes und nicht für fremdes Verhalten entsteht und daß derjenige, der den Erwartungen einer Rechts- und Gemeinschaftsordnung entspricht, über seinen allgemeinen Abgabenlasten hinaus nicht noch einmal gesondert zur Verantwortung für Rechtsverstöße anderer gezogen werden darf.

Solche rechtlich begründeten Erinnerungen sind gerade deshalb nötig, weil die gesellschaftliche Aufmerksamkeit für Verantwortung schwankt, sie hat etwas Auswählendes und Gewichtendes. Und sie ist dabei manchmal planlos, nicht durchdacht, unsystematisch. Wer verantwortlich machen will, muß um Zusammenhänge wissen. Die moralische Zurechnung nach Gut und Böse liefert hier häufig das mit Abstand anspruchsloseste Raster. Das Drehbuch ist schon häufig abgelaufen: Ein Unglück geschieht, Menschen werden verletzt oder sterben, wir fragen nach Verantwortlichen, verlangen Konsequenzen, schnelle Bestrafung. Haben wir einen ersten guten Verdacht und paßt derjenige in die moralische Dramaturgie, dann geht alles sehr schnell. Ganz anders arbeitet die rechtliche Zuordnung: Sie braucht länger, stellt andere Fragen und gelangt mitunter auch zu ganz anderen Ergebnissen. Wenn zum Beispiel ein traditionsreicher Industrie- und Handelskonzern plötzlich und unerwartet von einer englischen Mobilfunkfirma übernommen wird, und wir hören von hohen Prämien an die Vertreter des Übernommenen, dann ist moralisch im Grunde alles klar, und der Ruf nach Strafe wird laut. Das gleiche gilt für ein Versicherungsunternehmen, das eine positive Bilanz aufweist und ankündigt, sich von Tausenden Mitarbeitern in Deutschland trennen zu wollen. Wohlgemerkt, solch rasche Urteile müssen nicht falsch sein, aber ihre – auch moralische – Triftigkeit erweist sich häufig erst dann, wenn man das moralische Beurteilungssystem zunächst verläßt und rechtlich, wissenschaftlich oder politisch nachfragt. Ob das moralische Urteil berechtigt ist oder nicht, wird dagegen im ersten Zugriff nicht aufgeklärt, weil moralische Argumente im Medium der öffentlichen Meinung häufig Schnellverfahren auf dünner Tatsachengrundlage sind. Wichtiger als Tatsachen und deren zeitraubende Gewichtung ist hier die Frage, in welche Stimmungslage die Nachricht trifft und ob sie einen günstigen Nährboden für moralische Dramaturgien und Empörungen liefert.

Die rechtliche Verantwortungszurechnung hat immer etwas mit Freiheit und mit dem Maß gewählter Bindung zu tun. Wer heute in Deutschland ein Unternehmen gründet oder betreibt, das Arbeitsplätze entstehen läßt, Know-how erzeugt oder fördert, Kapital ins Land lenkt, übernimmt damit Verantwortung und sollte bereits deshalb dem Grunde nach eher auf Achtung als auf Neid und Mißgunst rechnen dürfen. Jede vernünftige Rechtsordnung wird jemandem, der sich und anderen ein Leben in Freiheit ermöglicht, der konstruktive soziale Bindungen eingeht, prämiieren oder fördern, ohne dessen Eigenverantwortung zu lähmen oder zu schwächen.

Eine kluge Rechtsordnung wird auch erkennen, daß ein Übermaß an gesetzlich hergestellten und verdichteten Verantwortungszusammenhängen nicht nur Freiheiten beschneiden, sondern auch moralische Verurteilungen des derart eingebundenen zur Folge haben kann. Es gibt auch eine negative, sich wechselseitig schwächende Beziehung zwischen rechtlichen und moralischen Verantwortungszurechnungen: Wer moralisch für schlechte Geschäfte, Mißerfolg am Markt, Arbeitsplatzabbau verantwortlich gemacht wird, der wird auch dazu neigen, an seinen rechtlich angelegten Fesseln zu zerren, und wer allzu peinlich bedacht ist, jede Rechtsvorschrift zu beachten, verliert womöglich das Renditeziel und den Erfolg seines Unternehmens aus den Augen, er wird spätestens von der Hauptversammlung oder vom Markt dafür wirtschaftlich verantwortlich gemacht.

Je mehr Freiheiten im Rechtssinne gelassen werden, desto mehr wächst die wirtschaftliche, politische und moralische Verantwortung des Unternehmens. Wird der Unternehmer aber immer weiter eingebunden in politisch herbeigeführte Kooperationszwänge, Rechtsgebote und Verhaltenspflichten, kann auch immer weniger sinnvoll von Verantwortung gesprochen oder sie jedenfalls in richtigem Maß zugerechnet werden.

IV.

Was genau ist die besondere Verantwortung des Unternehmers? Die erste und ausschlaggebende Verantwortung des Unternehmers ist der wirtschaftliche Erfolg. Ein Unternehmer, der Marktbedingungen übersieht, der technische Entwicklungen verschläft, der nichts unternimmt, um rechtzeitig zu hohe Produktionskosten zu mindern oder seine Produkte jeden Tag attraktiv zu machen, handelt unverantwortlich. Ein Unternehmen besitzt nicht die Stabilität einer politischen Gemeinschaft, es kann sang- und klanglos in die Insolvenz und die Liquidation geraten, es kann übernommen und ausgeschlachtet werden, es kann schrumpfen und verkümmern, mit zum Teil existenzvernichtenden Konsequenzen für diejenigen, die Jahre ihres Lebens und ihren Ehrgeiz für dieses Unternehmen gegeben haben.

Diese einfache erste Zurechnung ist trivial, aber für das Thema ausschlaggebend. Wir leben in einer Gesellschaft, die sich in verschiedene Rationalitätssphären gliedert und damit ernorme Leistungssteigerungen und Freiheitsgewinne ermöglicht. Ohne freie Wirtschaft und Markt wären wir als einzelne entweder immer noch im Griff von patriarchalischen Großfamilien, unverschämten Feudalherren oder eines allmächtigen Staates. Ohne freien Markt keine grundrechtlichen Freiheiten, ohne Demokratie und sozialen Zusammenhalt aber auch kein dauerhaft funktionierender Markt! Es kommt in einer solchen Gesellschaft deshalb zuerst darauf an, daß alle ihren „Job“ gut machen: Der Politiker, der Akzeptanz erzeugt und richtig für das Gemeinwohl entscheidet, der Wissenschaftler, der Neues entdeckt und die Welt begreifbar macht, die Richterin, die methodisch präzise das Recht spricht, der Pfarrer, der Menschen für den Glauben wieder einnimmt, die Ärztin, die heilt, und der Unternehmer, der erfolgreich am Markt ist und Gewinne erzielt: Das ist die erste und wichtigste Verantwortung, weil ansonsten eine nach abgestimmten Sachbereichen geordnete Gesellschaft nicht zu funktionieren vermag.

Das alles wissen wir seit vor über hundert Jahren der französische Soziologe *Emile Durkheim* über die Arbeitsteilung geschrieben hat, aber es wird immer wieder vergessen, weil wir über das politische und moralische System Einheitserwartungen formulieren. Der Wissenschaftler soll sich auch um die Rentabilität seiner Forschungseinrichtung kümmern oder politische Ziele mitverfolgen, der Unternehmer soll auch soziale Sicherheit gewährleisten, Beiträge zum Umweltschutz oder zur Gleichstellung von Mann und Frau leisten. Das alles ist in bestimmten Maßen natürlich möglich und einiges davon auch dringend nötig. Dabei wird jedoch nicht selten vergessen, daß jede der gesellschaftlichen Einrichtungen, also die Wirtschaft, die Wissenschaft, die Kunst, die Religion, das Recht bereits dann das Beste für das Gemeinwohl und eine gerechte Gesellschaft leisten, wenn sie in sich frei arbeitet und nach den eigenen Bedingungen Erfolg hat. Ein kluger großer Mann wie *Ludwig Erhard* wird zu Recht als Vater der sozialen Marktwirtschaft bezeichnet, nur wird dabei meist übersehen, was *Erhard* meinte, wenn er sagte: „Ich hoffe, Sie mißverstehen mich nicht, wenn ich von der sozialen Marktwirtschaft spreche. Ich meine, daß der Markt an sich sozial ist, nicht daß er sozial gemacht werden muß." (Zitiert u.a. bei Alfred C. Miezejewski, Ludwig Erhard. Der Wegbereiter der Sozialen Marktwirtschaft, 2006, S. 59). Ein Markt ohne Regeln des Wettbewerbs und ohne vernünftige sozialstaatliche Sicherungen verdient nicht das Attribut „sozial", aber auch keiner der überreguliert und mit unverhältnismäßigen Kosten politisch belastet wird.

Institutionen wie Pressefreiheit, freier Markt, Demokratie, wissenschaftliche Forschung oder unabhängige Gerichte sind per se gerecht, wenn sie ungestört funktionieren. Verformt man sie durch politische Intervention werden sie nicht gerechter, sondern nur weniger leistungsfähig. Ein Gesetzgeber, der im Steuerrecht jeden Einzelfall gerecht regeln will, wird in der Summe die Ungerechtigkeit eines nichtverständlichen und nichtsystematischen Systems hervorrufen. Der Markt mag eine

Wildnis sein, die zur Selbstbehauptung zwingt, wobei das Recht zwar die Ordnung der Zivilisation, also eine faire Wettbewerbsordnung sein soll. Nicht selten aber auch ist das Recht ein Teil des Dschungels, durch den man sich zu kämpfen hat.

Insofern ist der liberale Ruf nach Freiheit immer zugleich ein Ruf nach Gerechtigkeit. Doch wäre es ziemlich naiv zu übersehen, daß die Eigenlogik von Funktionssphären der Gesellschaft Grenzen ihrer Akzeptanz hat. Eine Wirtschaft, die drohte das ökologische Gleichgewicht zu zerstören, eine Kultur, die womöglich ihren demographischen Fortbestand untergräbt, eine Politik, die mit ständigen Wechseln auf die Zukunft die Gesellschaft und künftige Generationen belastete, eine Wissenschaft und Technik, die in der Suche nach Wahrheit und dem Machbaren keine ethischen Grenzen sich selbst setzen wollte, Religionsgemeinschaften, die sich so säkularisieren würden, daß von ihrer Glaubensbotschaft kaum noch etwas sichtbar wäre oder umgekehrt sich so fundamentalisierte, daß sie keine legitime Ordnung über sich duldet, eine Rechtsprechung, die meinte, man könne subjektive Rechte ohne Blick auf Pflichten oder im Fall nicht sofort sichtbare Kollisionslagen ständig ausdehnen: Sie alle zeigen deutliche Grenzen einer in Funktionen gegliederten Gesellschaft.

Wenn aufs ganze gesehen keine freiheitsbedrohende Entwicklung eintreten soll, wenn die Freiheit der Wirtschaft zu aller Nutzen sich weiter entfalten soll, brauchen wir ein Leitbild des Unternehmers, der aus freien Stücken seine Verantwortung definiert und damit zu überzeugen vermag. Wer auf seinem Gebiet erfolgreich ist, muß sich fragen, was er mit diesem Erfolg für seine Mitstreiter, seine Region, sein Land tut. Damit gemeint ist nicht nur eine Wiederbelebung privater Stiftungen oder neudeutsch „Charity“. Ein erfolgreicher Unternehmer muß auch für sich definieren, wo und wie er für sich und sein Unternehmen Identität pflegt. Wer verantwortlich ist, wird auf die

Menschen ehrlich zugehen und von der Politik die Bedingungen seiner Freiheit, des Marktes und des Wettbewerbs erklären, aber sich auch politisch für das Gemeinwesen engagieren: Und das dann auch nicht nur, um für sich Steuerlasten zu mindern oder mit politischer Hilfe neue Geschäftsfelder zu erschließen, sondern weil er oder sie Ideen von der Zukunft einer freien und humanen Gesellschaft entwickelt und verwirklichen will. Ein Unternehmer, der klar erklärt, mit welchen Anstrengungen und welchen Chancen er in Deutschland zu investieren gedenkt, handelt verantwortlich.

V.

Wer von Verantwortung anderer redet, muß zuerst seine eigene kennen, und damit auch die Schwierigkeiten, in einer komplexen Welt Ergebnisse auf eigene Entscheidungen zuzurechnen. Aber er muß auch wissen, was man vernünftigerweise von anderen verlangen kann, ohne sie zu überfordern. Die öffentliche Meinung hat jahrelang ein offenes Ohr für Ansprüche der Wirtschaft gehabt, hier bestand auch ein gewisser Nachholbedarf. Aber manches war allzu ersichtlich nur mit Gemeinwohlformeln verbrämte Lobbyarbeit, und einiges war allzu selbstgewiß intoniert und in einem politischen Stil vorgetragen, der schnelle Erfolge verspricht, wenn man nur bereitwillig eine bittere Medizin schluckt. Ein Unternehmer darf dem Grunde nach nur dasjenige von Politikern verlangen, was sie ihm unter den Bedingungen einer parlamentarischen Demokratie mit herrschender Medienöffentlichkeit geben können, ohne sich über Akzeptanzverluste selbst zu de-legitimieren.

Eine Gesellschaft, die die Bedingungen der Freiheit besser durchschaut als das bislang der Fall war, wird auch besser verstehen, wie das Mosaik der nach speziellen Funktionen gegliederten Gesellschaft sich zusammensetzt. Seltsamerweise kommen wir dabei um eine Einsicht nicht herum: Egal wie raffiniert und komplex weltweite Investments angelegt sind, wie undurchschaubar inzwischen wissenschaftliche und technische Erkenntnisprozesse sind, gleich wie diffizil und anspruchsvoll Rechtskenntnisse in politischen Mehrebensystemen sind, das alles macht weder Freiheit noch die Zurechnung von Verantwortung unmöglich. Der sogenannte menschliche oder subjektive Faktor bleibt beträchtlich. Es war und ist immer wieder die Persönlichkeit entscheidend, die wiederum durch einen spezifischen Kulturraum geprägt ist. Wenn Unternehmer auf schnellen und billig bequemen Vorteil oder nur auf einen guten Schnitt aus sind, werden sie anders denken und handeln, als jemand der sich einer Tradition, einer Idee, einem Ziel oder Menschen in einer Gemeinschaft verpflichtet fühlt. Deshalb sind kulturelle Rahmenbedingungen unserer Gesellschaft, die Frage mit welchen Zielen, welchen Leitbildern, welchen Rollenmustern werden Kinder groß von ausschlaggebender Bedeutung für die Zukunft eines Landes. Denn richtige Unternehmer ähneln den kühl kalkulierenden, aber leidenschaftlichen und kühnen Entdeckern. Sie müssen wieder vermehrt Vorbild sein und ihre Leidenschaft nicht allein den Steuersparmodellen widmen und Eitelkeiten pflegen oder sich einer öffentlichen Meinung anbiedern, die manchmal selbst ihren Kompaß verlegt hat.

Die Globalisierung der Wirtschafts- und Lebensbedingungen ist heute noch nicht richtig verstanden worden. Die Unternehmen kennen diese neue Welt, aber die öffentliche Meinung und die politischen Akteure sind noch mit ihren Köpfen zu Hause geblieben. Die kulturelle Hegemonie des Westens hat sich mit der Durchsetzung seiner Bedingungen des Marktes und des Welthandels paradoxerweise, aber unvermeidlich geschwächt. China und Indien, um nur die zwei bevölkerungsstärksten Mächte zu nennen, haben erkannt, welche Entwicklungschancen ihnen ein liberalisierter Weltmarkt bietet, wenn man die eigene Wirtschaft auf Erwerbsanreiz, Kapitalbildung und Wissensakkumulation umstellt. Diese riesigen Märkte werden sich ebensowenig wie die großen Energie- und Rohstofflieferanten die Bedingungen ihres Handelns von Europa oder auch von den USA heute und in Zukunft vorschreiben lassen. Das heißt, die bequemen Wege der politischen Gestaltung des Welthandels und der gesellschaftlichen Grundbedingungen werden immer schwerer zu begehen. Vieles, wie der globale Klimaschutz, ist gut gemeint und auch sachlich notwendig, aber hinter jeder Regulierung steht ein ausgehandelter Kompromiß mit nationaler und regionaler Interessenvertretung, Deutschland und Europa werden sich deshalb nicht einseitig binden wollen. Die Welt rückt zwar einander näher, aber der Wettbewerb verschärft sich: Eine europäische oder globale Wiederkehr des ausgleichenden und gestaltenden Sozialstaats ist eine teure Angelegenheit. Wenn die Demokratien des Westens auch in Zukunft Bestand haben wollen, müssen sie auf Bedingungen achten, wie sie als politische Gemeinschaften an dem Wohlstand teilhaben könne, der von weltweiter Arbeitsteilung erzeugt wird. Die Gesellschaften des Westens müssen sich gerade wegen ihrer drohenden demographischen Überalterung verjüngen. Sie müssen auch in Europa anknüpfen an die kulturellen Traditionen der Tatkraft, der Weltoffenheit, der technischen Erfindung und der Gestaltungsfreude. Die Politik wird erkennen, daß sie vielleicht wieder in eine schwächere, aber nicht in eine schwache Position geraten ist. Ein stückweit kehrt das merkantilistische Denken zurück, das nicht nur die Preußenkönige dazu gebracht hat, die vertriebenen Hugenotten und ihren Gewerbsfleiß mit offenen Armen aufzunehmen und Gewerbefreiheit zu geben, moderne Universitäten zu gründen und das Erziehungsprogramm einer Bildung durchzusetzen, das Weltoffenheit mit der Pflege der eigenen kulturellen Identität und das Menschenbild eines nach Wissen und sittlicher Gewißheit Strebenden mit lebenspraktischer Tüchtigkeit verbunden hat.

VI.

Damit sinnvoll an die Verantwortung von Unternehmen appelliert werden kann, muß klar werden, daß diese Republik und die Europäische Union den Unternehmen keine Steine in den Weg legen. Sie sollen ihnen wieder größere Freiheit im Wettbewerb geben, sie politisch unterstützen und sich die Mühe machen, die Menschen in unserem Land zu überzeugen, daß man die neuen Kräfte der Weltgesellschaft nicht mit Bürokratie fesseln, wohl aber mit pragmatisch geschicktem Verhalten für das eigene Land und den eigenen Kontinent ausnutzen und durch die Förderung des Erfolges mitgestalten kann. Es muß auch möglich bleiben, durch die staatliche Förderung von technischen Innovationen, durch Verbundsysteme von der schulischen Bildung ausgehend bis zu technischen Universitäten und industrieller Forschung ein innovatives Klima im Land zu fördern.

Dies wird auf längere Sicht aber nur gelingen, wenn wir unsere Orientierungs- und Erziehungsleitbilder wieder umstellen auf Wagemut und Neugier, auf die Anerkennung von Erfolg, als die entscheidende Voraussetzung, um auch wieder mehr Chancengleichheit zu erlangen und den weniger Erfolgreichen oder Erfolglosen die nötige Hilfe zur Selbsthilfe zu geben. Die Wettbewerbsbedingungen und das Potential an ausgebildeten, leistungsbereiten und kreativen Köpfen sollte es lohnend erscheinen lassen, in Deutschland zu investieren. Die Politik muß im Blick auf dieses Ziel sich darüber klar werden, daß Gestaltungsinstrumente, das heißt Kompetenzen sinnvoll zwischen der regionalen, nationalen, kontinentalen und globalen Ebene geteilt werden müssen, aber so, daß dort, wo der politische Zusammenhält seine primären Anknüpfungspunkt findet, nicht am guten Schluß keine Kompetenzen und Gestaltungsmittel mehr vorhanden sind. Auch die Mitgliedstaaten der EU brauchen eine begrenzte Möglichkeit, nationale Champions neben den europäischen und den transatlantischen zu positionieren, brauchen Möglichkeiten mit eigenem Steuerrecht und selbstbestimmten Sozialsystemen in einen geordneten Wettbewerb zueinander zu treten. Die Vertreter einer möglichst weitreichenden Harmonisierung und globalen Zentralisierung dagegen lassen häufig übernationale Neubürokratien und damit auch immer neue Lasten entstehen, anstatt bessere Wettbewerbsbedingungen. Subsidiarität ist insofern nicht nur ein Wort, sondern auch eine Idee politischer Klugheit und Ausgewogenheit.

Politik und Bürger dieses Landes müssen eine freie und erfolgreiche Wirtschaft wieder stärker als die Voraussetzung der eigenen Freiheit verstehen und sich nicht zu sehr vor entfesselten Kräften des Marktes fürchten. Denn immer wieder auftretenden Mißständen und Wettbewerbsverzerrungen, der Gefahr einer Selbstdeformation von Teilen des Marktes oder der Gefährdung der gesellschaftlichen Grundlagen des Marktes werden die offenen Staaten auch in Zukunft gemeinsam entgegentreten. Was aber dringend nötig scheint, ist ein Wechsel der politischen und kulturellen Perspektive auf die Welt der Wirtschaft und umgekehrt das beherztere Engagement von Unternehmen für das Land und deren Menschen, mit dem sie ihre Identität als Wirtschaftsunternehmen besonders verbinden möchten. Manche Vorstände von börsennotierten Unternehmen sind allzu sehr auf die Erlangung und Bewahrung der eigenen lukrativen Verträge aus, als daß sie ihren persönlichen Erfolg strikt mit dem ihres Unternehmens und der dort Beschäftigten gleich setzen.

Nötig wäre insofern ein ideeller, aber auch praktisch mit Leben erfüllter neuer Gesellschaftsvertrag zwischen Politik und Unternehmen. Die Grundlage für diesen Vertrag ist der

Respekt vor den Interessen und Handlungsschwierigkeiten des jeweiligen Gegenübers: Nur in einem Klima der Offenlegung pragmatisch verstandener Interessen lassen sich Lösungen finden, nicht mit Patentrezepten und den verkleisternden Formeln wohlklingender Modernisierungsschlagworte. Unternehmen müßten sich dabei auch fragen lassen, was sie es sich kosten lassen wollen, in Deutschland oder in Europa ihre Wurzeln zu pflegen oder wachsen zu lassen und wie überzeugend mit Persönlichkeiten, Erklärungen, Forderungen und Angeboten sie auf den öffentlichen Prozeß einzuwirken vermögen.

Nikolaus Schweickart

Die Wirtschaft im Spannungsfeld von Freiheit und staatlicher Bevormundung

Ludwig Erhard stellte bereits 1953 die Gretchenfrage: „Hat denn das Eindringen des Staates, der öffentlichen Hand und der sonstigen großen Kollektive in das menschliche Leben – hat die damit verbundene Aufblähung der öffentlichen Haushalte und die wieder dadurch bewirkte immer größere Belastung des einzelnen Staatsbürgers nun wirklich zur Vermehrung seiner Sicherheit, zur Bereicherung seines Lebens und zur Minderung der Lebensangst jedes einzelnen beigetragen? Wenn ich diese Frage absolut stelle, dann möchte ich sie auch ebenso absolut mit aller Deutlichkeit verneinen." An anderer Stelle fährt er fort: „Das mir vorschwebende Ideal beruht auf der Stärke, daß der einzelne sagen kann: Ich will mich aus eigener Kraft bewähren, ich will das Risiko des Lebens selbst tragen, will für mein Schicksal selbst verantwortlich sein. Sorge du, Staat, dafür, daß ich dazu in der Lage bin." [1]

Was würde er ganz im Sinne der Thematik dieses Buches heute sagen angesichts einer Staatsquote von rund 50%, angesichts von überregulierten Märkten, die vielfach – im Bereich des Arbeitsmarktes, im Gesundheitssektor – gar nicht mehr als Markt bezeichnet werden können? Er würde seine Warnung vor dem Versorgungsstaat als dem modernen Wahn, schon vor 50 Jahren ausgesprochen, leider bestätigt sehen und auf seine Grundüberzeugung verweisen: „Eine freiheitliche Wirtschaftsordnung kann auf die Dauer nur dann bestehen, wenn und solange auch im sozialen Leben der Nation ein Höchstmaß an

[1] Ludwig Erhard „Wohlstand für alle", aktualisierte Neuausgabe 1990, Seite 251

Freiheit, an privater Initiative und Selbstvorsorge gewährleistet ist."[2]

Es ist kein Zufall, daß die beiden prägenden Persönlichkeiten der deutschen Nachkriegsgeschichte Konrad Adenauer und Ludwig Erhard – bei aller sonstigen Unterschiedlichkeit – eine sehr ähnliche Einstellung zur Rolle des Staates hatten. Adenauers frühe Reden nach dem Krieg lesen sich auch heute noch wie ein Fanal gegen die romantisch verklärte, im Kern freiheitsopfernde Vorstellung eines allzuständigen bevormundenden Staates. Ich zitiere aus einer Rede, die Konrad Adenauer im März 1946 (!) im Nordwestdeutschen Rundfunk gehalten hat:

„Das deutsche Volk krankt seit vielen Jahrzehnten in allen seinen Schichten an einer falschen Auffassung vom Staat, von der Macht, von der Stellung der Einzelperson. Es hat den Staat zum Götzen gemacht und auf den Altar erhoben. Die Einzelperson, ihren Wert und ihre Würde hat es diesem Götzen geopfert..."

Den Begriff „Vater Staat" gibt es nirgendwo auf der Welt, nur in Deutschland. Er sagt etwas aus über die mentale Grundeinstellung, die seelische Verfassung, den Hang zur Betreuung, zur Geborgenheit durch den Staat, eine Haltung, die sich in sozialen Besitzständen verfestigt. Woran liegt es, daß die Deutschen ein Urvertrauen in den großen Staat hegen, wo dieser doch vielfach die Ursache struktureller Probleme in Wirtschaft und Gesellschaft darstellt? Es gibt in Deutschland besonders tief verwurzelte geistige und politische Traditionen, die das Mißtrauen gegen bürgerliche Freiheit und die Freiheit der Bürger verstärken und ein seltsames Gemisch von einer Art Staatsvergötterung begünstigen. Auf intellektueller Ebene ist zudem ein markanter Anti-Ökonomismus, ein tief verwurzelter anti-kapitalistischer Reflex zu vermerken, der das Wechselspiel von bürgerlicher

---

[2] a.a.O. Seite 246

Freiheit, wirtschaftlichem Fortschritt und zivilisatorischer Entwicklung leugnet.

Die Väter des Ordoliberalismus haben in aller Deutlichkeit die Gefahr gesehen, wenn eine an sich berechtigte Sozialpolitik in eine Wohlfahrtspolitik ausartet. Diese Pervertierung hat in der Nachkriegszeit stattgefunden: Trotz der Vervielfachung des realen Pro-Kopf-Einkommens stieg die Sozialquote von 21 Prozent im Jahr 1950 auf über 40 Prozent in der letzten Dekade. Wilhelm Röpke, einer der Väter der Sozialen Marktwirtschaft, hat eine solche Entwicklung bereits vor 40 Jahren vorausgesehen:

„Die Gefahren des Wohlfahrtsstaates sind nämlich um so ernster zu nehmen, als in seiner Natur nichts liegt, was ihm selber eine Grenze setzen würde. Er hat vielmehr die entgegengesetzte und überaus kräftige Tendenz zur immer weiteren Ausdehnung. Um so notwendiger ist es, daß ihm von außen Schranken gesetzt werden und daß die Kritik wach und scharf bleibt. Diese fortgesetzte Ausdehnung des Wohlfahrtsstaates, der immer weitere Lebensunsicherheiten und Bevölkerungskreise zu erfassen und seine Leistungen, noch mehr aber seine Lasten immer höher zu schrauben neigt, ist deshalb so verhängnisvoll, weil jede Erweiterung leicht und verführerisch, jede Zurücknahme eines hinterher als unbedacht erkannten Schrittes aber schwer und schließlich politisch unmöglich wird.“[3]

Den Ausführungen Röpkes ist nichts weiter hinzuzufügen. Nicht besser hätte die deutsche Sozialpolitik in den letzten vier Jahrzehnten beschrieben werden können, unabhängig von der Zusammensetzung der einzelnen Regierungen.

Aber – frei nach Friedrich Hölderlin – wo Gefahr ist, wächst das Rettende auch. Der Wohlfahrtsstaat einschließlich aller Formen staatlicher Bevormundung hat überzogen, seine Segnungen

---

[3] ORDO Band 48, Seite 144

und Leistungen sind nicht mehr finanzierbar, eine Erkenntnis, die sich nicht nur angesichts der demographischen Entwicklung breiteren Raum verschafft. Andere Länder und Volkswirtschaften, die Jahrzehnte dem Ideal eines betreuenden Wohlfahrtsstaates angehangen sind (Skandinavien, Holland, Neuseeland), haben schon viel früher als wir diesen Irrweg erkannt und umgesteuert. Der Stellenwert der Freiheit, nicht nur der Freiheit vom Staat, sondern auch der freien Entfaltung im ökonomischen und sozialen Bereich, erlebt eine Art Wiedergeburt, wenn auch leider nicht flächendeckend in Deutschland.

Angela Merkel hat in ihrer bemerkenswerten Rede am 1. Oktober 2003 zum 13. Jahrestag der Deutschen Einheit im Historischen Museum in Berlin sehr klar konstatiert: „In der Hierarchie der Werte rangiert Freiheit nicht nur in den Neuen Bundesländern, sondern auch und gerade in den Alten Bundesländern ganz unten. Es ist wahr: Unser Gemeinwesen braucht alle drei Werte: die Freiheit, die Solidarität, die Gerechtigkeit. Wahr ist aber auch: Unser Gemeinwesen braucht eine Neujustierung dieser drei Werte in ihrem inneren Verhältnis zueinander, und zwar zugunsten der Freiheit. Oder anders gesagt: Damit Solidarität und Gerechtigkeit wieder gelebt werden können, muß die Freiheit in unserer Werte-Hierarchie wieder deutlich von unten nach oben kommen. Denn ohne Freiheit ist alles nichts." Diese Neujustierung, diese Umkehrung der Werte, die mit dem Zurückdrängen des Staates einhergeht, ist nicht nur ein Akt notwendiger Einsicht, sondern im Blick auf den globalen Wettbewerb eine strategische Zielgröße.

Der schon von Ludwig Erhard als Wahn apostrophierte Glaube, daß sich soziale Gerechtigkeit nur bei möglichst hoher Staatsquote erreichen läßt, hat an Anziehungskraft gottlob verloren. Daß der sozialistische Versuch, das Gegenteil zu beweisen, gerade hier in Deutschland definitiv gescheitert ist, ist genausowenig eine Lebenslüge wie die Erfahrung, daß niedrigere Steuern eher in der Lage sind Arbeitsplätze zu schaffen als hohe Abgaben. Die derzeitig heftig diskutierte Leitplanke „neue Gerechtigkeit durch mehr Freiheit" ist auch unter Werte-Gesichtspunkten die zielführende Orientierungsgröße, die nicht durch Verwässerungen, Unschärfen, Vorbehalte oder falsche Gleichstellungen unkenntlich gemacht werden soll. Eine nebulöse Gleichstellung der Leitbegriffe „Freiheit, Gerechtigkeit und Solidarität" – Töne, die jüngst in Abkehr von der apostrophierten Neujustierung zu hören sind – verkennt, daß die Freiheit die Grundbedingung für die übrigen Werte darstellt. Gerechtigkeit und Solidarität leben von freiheitlichen Voraussetzungen, die sie selbst nicht geschaffen haben oder garantieren können, es sei denn, man überträgt sie auf das Kollektiv, auf den Staat. Und gerade in der grundlegenden Wertgröße Freiheit haben wir in Deutschland Nachholbedarf, Defizite, weil wir allzulang das Heil in regulatorischen Lösungen zu suchen geneigt waren.

Freiheit setzt allerdings eine Ordnung voraus, die den Menschen Maß und Orientierung gibt. Weil das rücksichtlose Ausleben der eigenen Freiheit immer auf Kosten der anderen geht, muß der Mensch durch Grenzen vor Exzessen bewahrt werden. Das gilt auch für Unternehmen, Unternehmer und Manager. Unternehmen im richtig verstandenen Sinne verstehen sich als Gestalter des marktwirtschaftlichen Prozesses, also als Subjekt einer gesellschaftlichen Ordnung, die nur dann dem bonum commune dient, wenn beim klaren Primat der Politik die Freiheit des ehrbaren Kaufmanns gewährleistet ist. Udo di Fabio spricht vom „Eros der Freiheit". Ihn zu entdecken sollte aller Triebkraft wert sein.

Da soziale Marktwirtschaft und freiheitliche Demokratie Kuppelprodukte sind, die auf identischen Wertvorstellungen basieren (Freiheit, Wettbewerb, Selbstentfaltung, sozialer Ausgleich), ist die Rolle des Staates eine ambivalente: Der Staat hat die Freiheit des Bürgers, die Freiheit des wirtschaftlichen Handelns, also auch die Freiheit von Unternehmer und Unternehmen, zu schützen gegen externe wie interne Bedrohungen. Seine Rolle ist nicht auf die eines Nachtwächter-Staates oder eines Laissez-faire-Liberalismus zu reduzieren. Er sollte die marktwirtschaftliche Freiheit nicht durch Eingriffe, Interventionen, Ausdehnung der Staatstätigkeit und Überregulierungen zu ersticken drohen.

Der Ordnungsrahmen, in dem sich unternehmerische Tätigkeit entfalten können muß, setzt einen handlungsfähigen Staat voraus, nicht aber einen Staats-Moloch mit Allzuständigkeitsanspruch. Die Wettbewerbsordnung (Kartellgesetzgebung), das Steuerrecht, Patentschutz, Betriebs- und Unternehmensverfassung, Aktien- und Gesellschaftsrecht – all dies sind Bereiche, die in die Kompetenz der staatlichen Regelungsbefugnis im Sinne einer Rahmenordnung für die Wirtschaft gehören. Eine Legitimation des Staates, darüber hinaus in die Freiheit der Märkte und damit in den marktwirtschaftlichen Prozeß einzugreifen oder die Marktkräfte ganz auszuhebeln, gibt es nicht. Die zunehmende Staatstätigkeit in den letzten Jahrzehnten, in denen die öffentliche Hand – sei es Bund, Länder oder Kommunen – selbst als Marktteilnehmer in Erscheinung getreten sind, hat zu einer Lähmung, teilweise zu einer Ausschaltung von Marktmechanismen geführt unter dem Anspruch, soziale Gerechtigkeit im Sinne von Verteilungsgerechtigkeit zu schaffen.

„Soziale Gerechtigkeit" ist in der Tat zu einem ideologischen Schlagwort degeneriert. Ein Wiesel-Wort, wie es Friedrich August von Hayek bezeichnete. Heute läßt sich jede wirtschaftspolitische Diskussion in Deutschland mit dem Totschlagsargument der angeblichen sozialen Ungerechtigkeit auf eine diffuse emotionale Ebene bringen, die den gezielt ins Abseits zu stellen versucht, der vor diesen vordergründigen Segnungen warnt. Dabei wird Gerechtigkeit mit Gleichheit verwechselt: Nicht nur Gleiches soll gleich behandelt werden, sondern Ungleiches muß auch gleich behandelt werden. Das Gleichheitsgebot in unserem Grundgesetz postuliert die Gleichheit *vor* dem Gesetz, nicht aber die Gleichheit *durch* das Gesetz.

Notker Wolf, der Abtprimas der Benediktiner, hat diese deutsche Obsession der Gleichheit präzise auf den Punkt gebracht: „Die Politiker schaffen ein Gesetzeswerk, das derartig umfangreich, vertrackt und undurchschaubar ist, daß es sich kaum noch reformieren oder einer veränderten Wirklichkeit anpassen läßt. Sie ziehen immer mehr Kompetenzen an sich, weil Gleichheit nur durch Zwang aufrecht zu erhalten ist und allein eine mächtige Zentrale, die alles erfaßt und alles reguliert, diese Art von Gleichheit gewährleisten kann. Sie legen denen, die ökonomisch denken können, die unternehmerisch erfolgreich sind, Steine in den Weg und zerstören damit die Triebfedern der Wirtschaft. Mit anderen Worten: Sie opfern Vernunft, Wohlergehen und Freiheit dem Ideal einer sozialen Gerechtigkeit, das in dem Augenblick Wirklichkeit würde, in dem alle gleichgestellt sind. Und die Gesellschaft hängt am Tropf der Politik."[4] Er resümiert: „Eine soziale Gerechtigkeit, die im Prinzip auf die Gleichheit aller abzielt, ist nicht menschengerecht und damit weder sozial noch gerecht."[5]

Die Politik eines verteilenden Sozialstaates geht in direkter Korrelation zu Lasten der Freiheit. Ein besonders krasses Beispiel für diesen Verlust an freiheitlicher Substanz ist die kürzlich verabschiedete Gesundheitsreform. Marktwirtschaftliche Elemente (Vertragsfreiheit, Preisfreiheit, freier Zugang zu Märkten, Wettbewerb unter Anbietern und Kassen) sind bis zur Unkenntlichkeit verkümmert zugunsten von staatlichen Diri-

---

[4] Wolf: Worauf warten wir? 2006, Seite 180
[5] a.a.O. Seite 181

gismen wie Kontrahierungszwang, Verteilungsfond, Preisfestsetzungen, Aushöhlung des geistigen Eigentums.

Ein weiteres Beispiel ist die Diskussion um Mindestlöhne. Mindestlöhne lösen keine alten Probleme, sondern schaffen nur zusätzlich neue.

Ludwig Erhard würde sich im Grabe herumdrehen.

In diesem Spannungsfeld von Freiheit und staatlicher Bevormundung steht im tagtäglichen Brennpunkt der Unternehmer und die unternehmerische Wirtschaft. Eine Marktwirtschaft ohne Unternehmer ist nicht vorstellbar! Eine einfache, aber vielerorts verschüttete Wahrheit, die eine weitere Komponente enthält: Ohne Unternehmer keine Marktwirtschaft und ohne Marktwirtschaft kein Wohlstand.

Die Rolle des handelnden Unternehmers ist gerade in jüngster Zeit durch eine Vielzahl von Anfeindungen und Verzerrungen emotionalisiert und skandalisiert worden, festgemacht an den Begriffen Macht, Gier, Rücksichtslosigkeit. Nicht zu leugnen ist, daß einige Fälle hierzu Anlaß gegeben haben, Fälle die außerhalb einer notwendigen Kultur der Mäßigung angesiedelt sind. Sie schaden ganz ohne Zweifel der marktwirtschaftlichen Ordnung, dem Unternehmertum und der moralischen Legitimation.

„Unternehmer, die sich mit ihrem Kapitaleinsatz und ihrer Entscheidungsfreudigkeit den Risiken des Wettbewerbs aussetzen und dabei Arbeitsplätze und Güter schaffen, verdienen auch unter ethischen Gesichtspunkten hohe Anerkennung“. Dieses Zitat stammt aus einem gemeinsamen Wort des Rats der evangelischen Kirche in Deutschland und der deutschen Bischofskonferenz zur wirtschaftlichen und sozialen Lage aus dem Jahr 1997. In dieser begrüßenswerten Klarstellung wird nicht nur die gestaltende Rolle des Unternehmers in einem marktwirtschaftlichen Prozeß angesprochen, sondern auch seine ethische Fundierung. Die aktuelle Debatte über unternehmerische Verantwortung und über den unternehmerischen Patriotismus geht implizit von einem Widerspruch zwischen Marktwirtschaft und Ethik aus. Das Unbehagen am Kapitalismus nimmt angesichts der zunehmend als Bedrohung empfundenen Globalisierung bis in die Mittelschichten hinein zu. Seine augenfälligste Ausprägung finden diese Vorbehalte in Beschimpfungen von Investoren, Unternehmen und Managern als „Heuschrecken" und „vaterlandslose Gesellen". Die Marktwirtschaft wird also im Rahmen dieser Debatte verengt und eindimensional mit Egoismus, sozialer Kälte, Profitgier und der Ökonomisierung der Lebensbereiche gleichgesetzt. Teilweise wird sogar beklagt, daß internationale Konzerne den Primat demokratisch legitimierter Politik aushöhlten und die eigentlich mächtigen Akteure auf der Weltbühne seien. Ethik und Moral werden dagegen mit Altruismus und Solidarität assoziiert.

Dem liegt ein leider immer wieder deutlich zutage tretendes falsches Verständnis von der Marktwirtschaft als System zugrunde, dessen Wesen der Wirtschaftsethiker Karl Homann jüngst beschrieb: „Die Marktwirtschaft mit Wettbewerb ist das Beste bisher bekannte Instrument, die Solidarität aller unter den Bedingungen moderner Gesellschaften zu verwirklichen. Sie hat als System eine *ethische* Legitimation."

Der Wettbewerb als Entmachtungsfaktor wird ebensowenig wahrgenommen wie die Marktwirtschaft als Wohlstandsfaktor. Der irrige Glaube, der Staat, die Politik könne sich letztlich sogar über ökonomische Gesetzmäßigkeiten hinwegsetzen und damit Wohlstand und Sicherheit retten, ist allzu stark ausgeprägt. Noch so gutgemeinte politische Lösungen, die der ökonomischen Ratio widersprechen, können auch unter sozialen und gesellschaftlichen Erwägungen niemals vernünftig sein, weil sie dauerhaft nicht durchzuhalten sind und deshalb zwangsläufig scheitern müssen.

Deshalb darf Politik von verantwortlich handelnden Unternehmen keine ökonomischen Opfer verlangen, die betriebswirtschaftlich nicht sinnvoll sind. Dies schwächt die Wettbewerbsfähigkeit und führt langfristig ins Aus. Vielmehr müssen die Unternehmen im Rahmen eines funktionierenden Wettbewerbs nachhaltige Gewinne erwirtschaften, die dann erwünschte Folgen zeitigen in Form von Arbeitsplätzen, Investitionen, Steuerzahlungen und gesellschaftlichem Engagement. Um es pointiert auszudrücken: Die Gesellschaft erwartet von den Unternehmen, daß sie Gewinne erzielen. Tun sie es nicht, werden sie zu einem Belastungsfaktor für die Gesellschaft. Dies ist die ethische Dimension des Gewinns.

Die christliche Gesellschaftslehre hat seit der „Encyclica Rerum Novarum" (1891) keinen Zweifel daran aufkommen lassen, daß humane gesellschaftliche Verhältnisse nur solche sein können, in denen Privateigentum, unternehmerische Initiative, Freiheit der Arbeitsplatzwahl, Markt und Wettbewerb, Vereinigungsfreiheit und Absicherung gegen soziale Risiken gewährleistet sind. Allerdings wird man bis zur neuesten Sozial-Enzyklika „Centesimus Annus" (1991) den Vorrang der Marktwirtschaft eher indirekt aus den Ordnungsprinzipien und dem Menschenbild der katholischen Soziallehre rekonstruieren und immer wieder feststellen, daß die knappen Würdigungen von Markt und Wettbewerb in den kirchlichen Dokumenten begleitet sind von Warnungen vor seiner Alleingeltung als Ordnungsprinzip und vor seiner Zügellosigkeit (Quadragesimo Anno/Oswald von Nell-Breuning).

Die Wende, die den expliziten Vorrang der Marktwirtschaft markiert, kommt 1991 mit der „Encyclica Centesimus Annus". Diese plädiert für eine Wirtschaftsordnung, die auf der Freiheit von Produzenten, Arbeitnehmern und Konsumenten, auf dem Recht auf Privateigentum, auf unternehmerische Initiative und auf der Freiheit des Wettbewerbs gründet, die Rolle des Gewinns anerkennt und dem Staat die Aufgabe zur Rahmengesetzgebung zuweist. Sie sieht im freien Markt das wirksamste

Instrument für die Anlage der Ressourcen und für die beste Befriedigung der Bedürfnisse (Kap. 34). Das von „Centesimus Annus“ favorisierte Wirtschaftssystem gleicht zweifellos dem Konzept der sozialen Marktwirtschaft.[6]

Die Bewertung von Markt und Wettbewerb deckt sich im übrigen mit der der evangelischen Sozialethik, soweit sie in der ein knappes halbes Jahr nach „Centesimus Annus“ veröffentlichten Denkschrift der evangelischen Kirche in Deutschland zur sozialen Marktwirtschaft ihren Niederschlag gefunden hat. Diese Denkschrift beschreibt die soziale Funktion des Marktes noch präziser und ausführlicher: „In der Marktwirtschaft dient der Wettbewerb als wirksames Entmachtungsinstrument. Er entmachtet, weil er Alternativen für die Käufer schafft und dadurch bewirkt, daß Chancen zur Benachteiligung anderer erst gar nicht entstehen oder jedenfalls verringert werden. Wettbewerb ist somit ein zentrales Moment jeder Marktwirtschaft, und dies auch unter ethischen Gesichtspunkten. Wo er nicht funktioniert, können sich Machtstellungen entwickeln, die immer die Gefahr des Mißbrauchs in sich schließen.“[7]

Die Enzyklika hebt nicht nur auf die Freiheit des Marktes, die Funktion des freien Unternehmertums positiv ab, sie sieht auch die Grenzen dieser Freiheit und die Aufgaben des Staates. Der Staat hat deshalb die Aufgabe, den rechtlichen Rahmen zu erstellen, innerhalb dessen sich das Wirtschaftsleben entfalten kann. Er hat die Pflicht zur Ordnungspolitik. Hier entspricht das Anliegen der Enzyklika dem Walter Euckens, dem Vater der sozialen Marktwirtschaft.

Ich hoffe sehr, daß wir am Ende einer langjährigen Fehlentwicklung von der Sozialen Marktwirtschaft zum vormundschaftlichen Wohlfahrtsstaat angelangt sind und die Wende

---

[6] Ockenfels (1992, 106); Lehmann (196, 4); Spieker (194, 169)
[7] Denkschrift 1991, Ziffer 40

eingeleitet ist oder wird. Vor diesem Hintergrund wird es für die politischen Entscheidungsträger immer schwerer, den vor dem rauhen Wind des Marktes geschützten wohlfahrtsstaatlichen Pfad zu verlassen. In einem Land, in dem 41 Prozent der Bevölkerung von Transfers lebt – Arbeitslosengeld, Sozialhilfe, Rente –, ist es für alle Parteien riskant, auf Freiheit und Eigenvorsorge zu setzen. Die Strafe der Wähler könnte auf dem Fuße folgen. Deshalb mag es für die CDU jetzt gerade verführerisch sein, das neue Grundsatzprogramm in hinlänglich sprachwolkiger Unverbindlichkeit zu debattieren.

Ein klares Credo für den Vorrang der Freiheit würde freilich ein Bekenntnis zur Dynamik der Märkte, welche für unternehmerische Effizienz sorgen, ebenso voraussetzen, wie die explizite Anerkennung der Rolle des Unternehmers in der Marktwirtschaft.

Im Mittelpunkt der christlichen Gesellschaftslehre (CDU!) steht der freiheitsbegabte, mit personaler Würde ausgestattete und zu eigenverantwortlichem Handeln fähige Mensch und nicht der die Segnungen des Staates empfangende Untertan.

Berthold Leibinger

Die Verantwortung des Unternehmers in der Gesellschaft

Die Verantwortung des Unternehmers in der Gesellschaft meint natürlich unsere, die heutige Gesellschaft. Aber für einen Deutschen gehört es sich sozusagen, bei dem Versuch, ein Thema zu bewältigen, auch historische Rückblicke zu tun.

Ich halte es also für angemessen, einen Blick in die Vergangenheit zu werfen, um uns dann allerdings alsbald auf hier und heute zu besinnen und in die Breite zu blicken. Ob wir Unternehmer längs der Zeit oder auch quer in der Zeit betrachten, geht es unserer Spezies immer wie dem Fürsten Wallenstein: „Von der Parteien Gunst und Haß verwirrt, schwankt ihr Charakterbild in der Geschichte.“

Das Urteil ist nicht überraschend. Unternehmer gehören häufig – allerdings nur, wenn sie Erfolg haben – zu den materiell Privilegierten. Im übrigen verfügen sie über die gleichen Eigenschaften wie der Rest der Menschheit auch. Ein breites Spektrum menschlicher Eigenschaften und Verhaltensweisen hat eben Gunst oder Haß zur Folge. Wichtig scheint mir aber, daß das Selbstverständnis der Unternehmer, also auch die Auffassung über ihre Verantwortung, in der Gesellschaft sich in der Zeit verändert.

Ein Blick in die Vergangenheit

Mit dem Rückblick will ich in meiner Heimat beginnen. Die Industrialisierung hat in Württemberg bescheiden Mitte des 19. Jahrhunderts begonnen; in England gut 70 Jahre früher, Ende des 18. Jahrhunderts, mit der Erfindung der Dampfmaschine durch James Watt im Jahr 1775. Die Bereitstellung von

Energie war die Voraussetzung aller industriellen Entwicklung. Württemberg war in der Mitte des 19. Jahrhunderts noch ein bettelarmer Agrarstaat mit 1,7 Millionen Einwohnern. Der König und die Regierung waren überzeugt, dies sei die äußerste Zahl, die das Land ernähren könne. Was an Bevölkerung zuwuchs, mußte auswandern. Aus wirtschaftlich-sozialen Gründen wanderten von 1813 bis 1871 mehr als 400 000 Württemberger aus. Das war fast ein Drittel der Bevölkerung. Und die Auswanderung wurde begünstigt, denn man hat diese Entwicklung unterstützt. Die beginnende Industrialisierung sollte diesem Auswanderungszwang entgegenwirken. Man suchte und förderte Unternehmer, in kleinem Maßstab, wie es dem Zuschnitt des Landes entsprach. Der Prozeß verlief langsam.

Die Unternehmer im 19. Jahrhundert waren sich wohl keiner besonderen gesellschaftlichen Verantwortung bewußt. Sie nutzten vielmehr die Möglichkeiten, die ihnen die beginnende Industrialisierung bot und die die Not nahe legte. Dennoch sollten wir einen Blick auf die soziale Herkunft der Unternehmer tun. Sie stammten ganz überwiegend aus den niederen Ständen, wie man damals sagte. Handwerker, Bauern, Gastwirte waren ihre Väter. Die Unternehmer waren in der Regel keine praktizierenden Pietisten, wie vielfach behauptet wird. Sie stammten jedoch häufig aus Familien, in denen das pietistische Gedankengut gelebt wurde.

Liest man die Biographien der württembergischen Unternehmer dieser Zeit, findet man wenig an Reflexionen über Ziele, die über das rein wirtschaftliche Anliegen hinausgingen. Mit einer Ausnahme: Es gab häufig, nicht immer, einen Sensus für die soziale Verantwortung. Wohnsiedlungen für die Mitarbeiter entstanden schon im letzten Drittel des 19. Jahrhunderts, bei Gminder (Textil) zum Beispiel, oder Otto (auch Textil), Voith (Maschinenbau) oder durch Eduard Pfeiffer in Stuttgart. Immer ging es um die Sicherung der Existenz, um Vermögensbildung durch Sparen.

Die Industrialisierung in Württemberg setzte 70 Jahre später als in England ein. In diesen „versäumten" 70 Jahren fand eine Explosion des Geistes in Württemberg statt, die in dieser Form wohl nirgends wiederholt wurde. 1781 erschien Schillers „Räuber" in Mannheim, 1856, also 75 Jahre danach, „Mozart auf der Reise nach Prag" von Eduard Mörike. Dazwischen liegt eine literarische und philosophische Produktion von unglaublicher Fülle, die sich mit den Namen Schiller, Hölderlin, Schelling, Hegel, Hauff, Waiblinger, Uhland, Kerner, Schwab, Mörike und vielen anderen verbindet, die alle Württemberger sind. Sie stammten fast alle aus der sogenannten „Ehrbarkeit", also aus der Schicht der Theologen, Juristen und Schultheiße in Württemberg.

Was wäre aus Württemberg geworden, wenn sich die besten Köpfe des Landes wirtschaftlichem Tun zugeneigt hätten? Freilich gilt auch: Was wäre uns verloren gegangen, wenn sie es denn getan hätten? Was würde uns fehlen, wenn Schiller Dampfmaschinen, Hölderlin Textilgeräte und Mörike Lokomotiven konstruiert hätten? Belassen wir es dabei – hinzuweisen ist jedoch darauf, daß die bis heute unaufgelöste Spannung zwischen Geist und Kommerz uns interessieren muß, wenn wir über die Verantwortung des Unternehmers nachdenken.

Der Aufbau nach dem Zweiten Weltkrieg

Springen wir aus der Mitte des 19. Jahrhunderts in die Zeit nach dem Zweiten Weltkrieg: 1945 war Deutschland ein besiegtes, weitgehend zerstörtes und verfemtes Land. Millionen Flüchtlinge strömten in die Gebiete, die uns verblieben. Millionen junge Männer waren im Krieg zugrunde gegangen oder waren in Gefangenenlagern festgehalten. Und wenn sie nach Hause kamen, hatten sie vielfach nichts außer dem Kriegshandwerk gelernt.

Noch während des Kriegs war in Amerika der Morgenthau-Plan entstanden, der vorsah, daß Deutschland deindustrialisiert werden sollte. 20 Jahre lang sollte die deutsche Wirtschaft kontrolliert und jede schwerindustrielle Tätigkeit – damals die Voraussetzung für alles industrielle Tun – verboten werden. Deutschland sollte auf den Status eines Agrarstaats zurückgeführt werden. Der Morgenthau-Plan war noch während des Krieges, im September 1944, aufgegeben worden und später durch den Marshall-Plan, der just das Gegenteil vorsah, ersetzt worden. Die Bereitstellung von Finanzmitteln war eine entscheidende Voraussetzung für das „Wirtschaftswunder". Dazu kam die Entscheidung Ludwig Erhards für Eigenverantwortung und Wettbewerb. 1945 war in Deutschland jede unternehmerische Tätigkeit willkommen. Kleinteilig und bescheiden begann man, in den Trümmern wieder zu produzieren. Ob Glasperlen in Kaufbeuren oder Maschinen in Stuttgart oder Volkswagen in Wolfsburg oder Stahl in Essen – unternehmerische Aktivität wurde geschätzt, weil sie aus der schlimmsten Not half.

Über die Verantwortung des Unternehmers wurde eher retrospektiv diskutiert. Welchen Beitrag hatte die Großindustrie zum Aufstieg Hitlers geleistet? Gab es eine unheilige Allianz zwischen Kapital und verbrecherischer Politik? Hatte die Industrie durch die Kriegsvorbereitungen profitiert?

Die Mitbestimmung in der Montanunion wurde eingeführt, um das, was man für die Grundlage industrieller Macht hielt, besser zu kontrollieren. Aber das Wirtschaftswunder und der wirtschaftliche Fortschritt, an denen alle – wenngleich unterschiedlich – partizipierten, ließen kaum Grundsatzdebatten über die ethischen Grundlagen unternehmerischen Tuns entstehen. Dazu kam, daß die soziale Verantwortung der Menschen in den Gedanken der sozialen Marktwirtschaft apostrophiert wurde. Die Sozialpflichtigkeit des Eigentums in der Verfassung zu verankern, war ein großer Schritt. 20 Jahre lang trug dieses ethische Gerüst das Verhältnis von Gesellschaft und Wirtschaft. Erst Ende der sechziger Jahre zerbrach die Übereinstimmung, wobei der Aufruhr in der Wirtschaft weit geringer war als etwa an den Universitäten.

Meine Erfahrungen in der Wirtschaft begannen nach dem Abitur 1950. Ende November 2005 habe ich den Vorsitz der Geschäftsführung in dem Unternehmen, TRUMPF, in das ich 1950 erstmals als Lehrling eintrat, abgegeben. Daß das Unternehmen inzwischen, am damaligen Umsatz gemessen, 3000 mal größer ist als 1950, ist weniger wichtig als die Tatsache, daß sich die Verhaltensmuster der Menschen in diesen 55 Jahren in unserem Unternehmen und in unserer Gesellschaft völlig verändert haben. Die Prägungen der Menschen und die Vorstellungen, die sie für ihr Leben haben, markieren einen Wandel, den man mit der Floskel „Umwertung aller Werte" durchaus umschreiben kann.

Umwertung aller Werte

In Bildern, die jeder kennt, lassen sich vielfach Zeitläufe, ganze Epochen, verdichtet zusammenfassen. Es bedarf dann nicht mehr vieler Worte, den Wesensinhalt einer Zeit zu beschreiben. Hitlers Reichsparteitag in Nürnberg ist solch ein Bild, mit den in Gehorsam erstarrten Menschenblöcken, die eine breite Gasse lassen, durch die der Diktator martialisch schreitet. Hinter ihm, in gebührendem Abstand, der SA- und der SS-Führer, wobei man aus der Differenz des Abstands der beiden Folgenden die Bedeutung der jeweiligen Organisation in der Relation zum Führer herauslesen kann. Und am Ende des Hitler-Reichs: Das zerstörte Dresden, von der Schloßruine aus fotografiert, mit der rauchgeschwärzten Engelsskulptur im Vordergrund. Das waren die Erfahrungen, die die Menschen 1945 und 1946 in das betriebliche Umfeld mitbrachten. Dann der Neuanfang nach dem totalen Zusammenbruch Deutschlands: Die Trümmerfrauen in Berlin mit ihren zum Turban gebundenen Kopftüchern. Das amerikanische Flugzeug über dem Trümmerberg, auf dem winkende Berliner für die Luftbrücke danken. Der millionste Volkswagen, der vom Band läuft. Der fliehende Volkspolizist, der über den Stacheldraht springt, während die Mauer errichtet wird. Die Goethe-Universität in Frankfurt. Langhaarige Studenten protestieren gegen ihre Professoren, in deren Talaren der „Muff von tausend Jahren" stecken soll. Der Gefangene Hanns-Martin Schleyer mit dem RAF-Symbol im Hintergrund. Und schließlich die jubelnden Menschen am 9. November 1989 auf der Berliner Mauer.

Wenn wir diese Bilder dem jeweiligen Gesellschaftsbild zuordnen, dann haben wir im letzten Drittel des vorigen Jahrhunderts eine völlige Veränderung der gesellschaftlichen Befindlichkeit erfahren. Die alten Tugenden, oder sagen wir, die Maximen des Handelns, sind verschwunden oder mindestens in den Hintergrund gedrängt worden. Autorität, Gehorsam, Unterordnung der Interessen des einzelnen gegenüber denen des Volkes, Opferbereitschaft und Tapferkeit sind fast zu Unworten geworden. Pflichterfüllung, Fleiß, Pünktlichkeit, Selbstdisziplin sind zu Sekundärtugenden erklärt, die man mit einem Unterton von Skepsis versehen hat. Selbstfindung und Selbstverwirklichung, Lustgewinn, Mitbestimmung und Selbstbestimmung sind die Schlüsselworte unserer Zeit.

Es ist fast eine kopernikanische Revolution, nur mit umgekehrten Vorzeichen. So, wie einst die Erde aus der Mitte des Universums herausgerückt und zu einem kleinen Planeten wurde, der um die Sonne kreist, so ist heute der Mensch, der einzelne, zum Zentrum seines Universums geworden. Seine Interessen, seine Gefühle, seine Ziele bestimmen alles. Wir haben, so sagen Psychologen, den Wandel vom nomozentrischen – abgeleitet aus Nomos, das Gesetz, die Sitte – zum egozentrischen Weltbild erfahren. Die Bestimmung des Menschen ist er selbst, er läßt sich nicht mehr durch Gesetz und Sitte steuern, er selbst ist sich das Maß aller Dinge. Ich will das auch gar nicht verteufeln. Die Befreiung des Individuums aus der Bevormundung, die Überwindung starrer Vorgaben und Zwänge, bringt nicht nur persönlichen Gewinn und verschafft dem einzelnen ein besseres und menschenwürdigeres Leben. Sie setzt auch Kräfte frei, von denen alle profitieren.

Die Unternehmer haben sich darauf einzustellen. Ihre Verantwortung bezieht sich heute auf Menschen, deren Forderungen, deren Erwartungen sich völlig verändert haben. So kann man postulieren. Aber in der absoluten Form ist dies wohl nicht richtig.

Fundamentale Anliegen der Mitarbeiter gegenüber dem Unternehmen bleiben erhalten. Noch immer fordert man: Vom Lohn der Arbeit leben zu können, gerecht entlohnt zu werden, einen sicheren Arbeitsplatz zu haben, anständig behandelt zu werden und schließlich im Alter versorgt zu sein.

Dies ist alles nicht neu und wird momentan, in einer unsicheren Zeit, eher akzentuiert. Dazu kommt aber heute, daß wir den mündigen Bürgern Freiräume gewähren müssen, die ihnen die Entwicklung ihrer persönlichen Ziele erlauben. Wir müssen die Entfaltung der Persönlichkeit des einzelnen nicht nur zulassen, sondern fördern. Und wir müssen die Kreativität unserer Mitarbeiter stimulieren. Die Verantwortung des Unternehmers spannt sich heute über einen weiten Bogen. Dies wird auch von vielen Unternehmen erkannt. Noch nie haben Mitarbeiterentwicklung und -weiterbildung in den Unternehmen eine so große Rolle gespielt.

Auch auf die Meinungsveränderung in der Gesellschaft reagiert man. Manche Geschäftsberichte lesen sich wie Proklamationen von Umweltschutzverbänden. Vom eigentlichen Unternehmensziel ist dann später und eher dünn die Rede. Für die großen Unternehmen ist ihr Verhalten in der Gesellschaft, oder präziser die Reaktionen der Gesellschaft auf ihr Verhalten, inzwischen fester Bestandteil ihrer Strategie. „Corporate Social Responsibility" heißt die Strategie oder kurz „CSR" – in unserer von Abkürzungswut geprägten Zeit braucht man eine Kurzformel. Es ist gut und auch klug, daß Firmen sich als Wirtschaftsbürger fühlen und ihr Verhalten an Bürgertugenden orientieren. Es ist aber falsch, wirtschaftlich Unvernünftiges zu tun, nur weil die öffentliche Meinung dies verlangt.

Unternehmen haben den Auftrag, gut zu wirtschaften und Gewinn zu erzielen. Sie sind keine Einrichtungen zur Erzeugung von Wohltaten nach den Vorgaben der Öffentlichkeit. Man sollte immer eingedenk sein, daß Unternehmen anvertrautes Geld haben, das ihnen zum Zwecke der Verzinsung von den Eigentümern überlassen wurde.

Deshalb meine ich, sollten sich die Unternehmer in erster Linie (oder mindestens auch) persönlich engagieren und ihre Corporate Social Responsibility nicht nur zu Lasten ihrer Unternehmenskasse abdienen. Denn dies bedeutet, daß sie es zu Lasten Dritter tun. Noch kritischer wird es, wenn sich angestellte Unternehmer – Manager – zu Lasten der Eigentümer exzessiv bedienen. Die Grenze zwischen verdienter Belohnung, auch notwendigem Anreiz, und hemmungsloser Bereicherung ist manchmal schwer zu finden.

Die Rolle des Unternehmers

Die erste und vornehmste Aufgabe eines Unternehmers bleibt, daran kann kein Zweifel bestehen, die wirtschaftlich erfolgreiche Führung des Unternehmens. Nur wenn ein positives Ergebnis erwirtschaftet wird, können der Fortbestand des Unternehmens gesichert und die Mitarbeiter kontinuierlich beschäftigt werden. Ohne Gewinn bewegen sich Reflexionen über die gesellschaftliche Verantwortung des Unternehmers im luftleeren Raum. Zur erfolgreichen Führung kann auch gehören, zur Anpassung an schwierige Gegebenheiten schmerzliche Entscheidungen zu treffen. Unternehmen müssen sich gegebenenfalls von Mitarbeitern trennen oder Verlagerungen von Unternehmensteilen in Länder mit günstigeren Bedingungen vornehmen.

Ein Grundproblem unserer Wirtschaftsordnung ist, daß sich mit dem für viele erreichten Wohlstand, mit der sozialen Sicherheit, mit den Bildungsmöglichkeiten die Geißel der Arbeitslosigkeit verbindet. Wenn jeder zehnte in diesem Land ohne Arbeit ist, muß uns das bedrücken. Gebraucht zu werden, nützlich zu sein, einen Beitrag leisten zu können, ist ein Ur-Anliegen der Menschen. Insbesondere junger Menschen. Wir haben das ernst zu nehmen.

Die Ursachen für dieses Problem sind vielfältig. Sie liegen unter anderem im System der internationalen Arbeitsteilung und in dem enormen Kostengefälle, das zwischen den konkurrierenden Volkswirtschaften besteht. Viele Leute reden von der notwendigen Umverteilung in Deutschland. Diese Umverteilung findet statt. Bei den Arbeitsplätzen zu Lasten der deutschen Wirtschaft, indem die deutschen Unternehmen auswandern.

Die deutschen Unternehmer haben hier eine besondere Verantwortung. Sie müssen den rationalen Größen der Unternehmensführung, wie Innovation, Kostenkontrolle, Wettbewerbsfähigkeit, eine weitere Dimension hinzufügen: Beschäftigung im Inland. Dies ist auch eine rationale Größe, denn die Kraft und Stärke unserer Unternehmen wird doch vielfach aus dem deutschen Umfeld gewonnen. Die Erhaltung der Beschäftigung in Deutschland, die Aufrechterhaltung des sozialen Friedens ist eine Aufgabe, die wahrlich auch in der Verantwortung der Unternehmer liegt. „Auch“ – denn ohne Veränderungen in der

Gesellschaft, die alle tragen müssen, werden wir das Problem nicht lösen können.

Mein Unternehmen stellt Werkzeugmaschinen und Laser her, also Geräte der Hochtechnologie. Wir haben 7000 Mitarbeiter, davon 4000 im Inland. Unser Wachstum im Ausland ist schneller als im Inland, weil wir in neue und anspruchsvollere Märkte vordringen. Natürlich sind wir in China, Tschechien, Polen, Rußland, Indien immer mit Vertriebs- und Servicegesellschaften präsent. Wir haben in anspruchsvollen Märkten, wie in den USA, auch Produktionen, um dort angepaßte Produkte in diesem Markt besser unterbringen zu können. Wir haben zurzeit noch 20 Prozent unseres Absatzes, also der Endkunden, in Deutschland. 60 Prozent der Produktion sind noch in Deutschland und 80 Prozent der Entwicklung. Die Frage ist: Können wir dies halten?

Wir nutzen bei der Entwicklung die Vorzüge unseres Landes, wie zum Beispiel die gute Ingenieur-Ausbildung. Wir nutzen die hohe Facharbeiterqualität, wir nutzen die dichte Infrastruktur industrieller Art, um das Optimum aus diesem Standort zu gewinnen. Trotzdem müssen wir Zusätzliches tun. Wir sind eine sehr zyklische Industrie. TRUMPF hat in drei Bündnissen für Arbeit 1996, 1999 und 2005 eine Anpassung an Absatzschwankungen, die unvermeidlich sind, vorgenommen durch eine Flexibilisierung der Arbeitzeit. Wir arbeiten in guten Zeiten viel und in schlechten Zeiten weniger und bezahlen immer einen mittleren Durchschnitt. Der Rest der angearbeiteten Zeit geht in Sparkonten, aus denen in schlechten Zeiten gezehrt wird.

Wir haben eine Arbeitsplatzgarantie abgegeben bis zum Jahr 2011, als Gegenleistung für Mehrarbeit. Wir arbeiten 39,5 beziehungsweise 44,5 Stunden. Diese Arbeitsplatzgarantie für 95 Prozent unserer Beschäftigten in Deutschland haben wir gewagt. Aber wir können dieses Wagnis eingehen, weil wir uns aufgrund unserer weltweiten Marktstellung und Struktur zutrauen, die Beschäftigung zu erhalten. Wir prüfen jede Auslandsinvestition immer auch vor dem Hintergrund der Frage, was sie für unsere Beschäftigten im Inland bedeutet.

Die Pflichten der Unternehmen

Vom Unternehmensauftrag, Gewinn zu erzielen, war die Rede. Doch das ist nicht alles. Man kann den Gewinn nicht als Maß aller Dinge in seiner Relation zum eingesetzten Kapital sehen. Dies kann kein ausschließliches Unternehmensziel in unserer Zeit sein. Es gibt andere Größen, die zu berücksichtigen sind. Das Schicksal der Mitarbeiter, die sich uns anvertraut haben, die Verpflichtung gegenüber den Lieferanten, die Bindung gegenüber dem Gemeinwesen: das liegt alles in der Verantwortung der Unternehmer. Und dies wird von der ganz überwiegenden Zahl der Unternehmer so gesehen.

Der Zorn der Gesellschaft richtet sich bei den Auswüchsen, die bekannt werden, häufig ausschließlich auf die Unternehmensleitung. Man erinnert dann an die Prinzipien der Sozialen Marktwirtschaft und an die Sozialpflichtigkeit des Eigentums. In vielen Gesellschaften sind aber die Eigentümer Aktionäre. Sie haben selten Skrupel, ihre Aktien zur Höchstkursen im Falle von Übernahmeangeboten zu verkaufen. Sie fordern in den Hauptversammlungen – ich habe viele mitgemacht als Aufsichtsratsmitglied großer Unternehmen – die Unternehmensleitungen nachdrücklich auf, die Gewinne zu erhöhen. Selten ist von der ethischen Verpflichtung der Unternehmensleitung in Hauptversammlungen die Rede.

Wenn wir in Deutschland eine besondere Unternehmenskultur wollen – eine, die der Sozialen Marktwirtschaft verpflichtet ist, eine, die von der angelsächsisch-amerikanischen Denkweise abweicht, wenn wir die Sozialpflichtigkeit des Eigentums bejahen – müssen wir sie alle wollen, auch die Aktionäre. Sogar die Kleinaktionäre. Bei vielen Gesellschaften wäre eine eigene Kultur durchsetzbar, wenn Unternehmensleitung und ein wesentlicher Teil der Eigentümer dies wollten und wenn die Unternehmensleitung, also die Unternehmer, das Unternehmen nachhaltig, geradlinig und dann erfolgreich führten.

Die Pflichten der Unternehmer

Damit bin ich bei den Aufgaben der Unternehmer selbst: Es ist anzumerken, daß es Unternehmer unterschiedlicher Qualität gibt. Es gibt durchaus ungleichen Umgang mit den gleichen günstigen oder ungünstigen Bedingungen und Gegebenheiten. In ein und derselben Branche gibt es erfolgreiche und fallierende Unternehmen im gleichen Zeitraum, also unter den gleichen Bedingungen.

Die erste Pflicht eines Unternehmers ist deshalb, Talent zur Unternehmensführung zu haben. Dieses Talent kann unterschiedliche Fähigkeiten verlangen. Gefordert werden: Phantasie, Mut zum Risiko, Fähigkeit, mit Menschen umzugehen, die Eigenschaft, das Vertrauen anderer zu gewinnen, Verläßlichkeit, die Kraft, Rückschläge hinzunehmen und nicht zuletzt Fleiß.

Unternehmer sind keine Lichtgestalten, und es wäre vermessen, die Summe der gerade aufgeführten Eigenschaften bei jedem zu erwarten. Aber einige dieser Merkmale sollten es schon sein. Etliche der verlangten Tugenden sind in dem Bereich angesiedelt, den wir Charakter nennen, und dort sehen viele bei unserer heutigen Unternehmergeneration die großen Defizite.

Um das Ansehen der deutschen Unternehmer, in Sonderheit das der angestellten Manager, steht es nicht zum Besten. Ihre Einkommen seien völlig überzogen, wird gesagt. Wenn es schwierig werde, falle ihnen nichts anderes ein, als sich von vielen ihrer Mitarbeiter zu trennen und das Unternehmen, oder wenigstens große Teile davon, in Niedriglohnländer zu verlagern. Im Versagensfalle könne man sich von ihnen nur mit hohen Abfindungen trennen. Von sozialer Verantwortung fände man keine Spur.

Die Eigentümer-Unternehmer sind zurzeit ein wenig besser dran. Vielleicht, weil sie die weniger prominenten kleineren Unternehmen führen. Vielleicht aber auch, weil spektakuläre Einzelfälle fehlen, an denen sich der Zorn festmacht. Das war auch schon anders. Einzelfälle, das kann man einwenden, sind es allerdings immer, die das Bild in der Öffentlichkeit bestimmen. Eine herausgehobene Spezies, dazu gehören die Unternehmer, muß sich das gefallen lassen. Unternehmer rechnen sich gemeinhin der Elite zu, und Eliten sind in unserer Gesellschaft wieder erwünscht. Die ehemalige Bundesministerin für Forschung und Bildung Edelgard Bulmahn sagte: „Es ist keine Frage, daß wir Leistungseliten brauchen."

Leistungseliten? Leistung im beruflichen Sinne allein genügt nicht. Denn durch die berufliche Leistung erreicht man eine herausgehobene Position. Das ist gut und richtig so. Aber dann muß, um zur Elite zu gehören, noch etwas dazukommen. Das Talent, auch die Bereitschaft zu leisten, sind Fähigkeiten, die uns „ohn' all mein Verdienst und Würdigkeit" in die Wiege gelegt wurden. So etwas verpflichtet. Die Verantwortlichkeit des Unternehmers verlangt, daß er seine Dienste auch in den Dienst der Gesellschaft stellt.

Es gibt eine Gemeinwohlpflichtigkeit der Privilegierten. Unsere Gesellschaft braucht die Meinung der Unternehmer im politischen Raum. Sie braucht die Stimme der Wirtschaft bei der Formulierung der Gesetze und Verordnungen, die unser Arbeitsleben bestimmen. Sie braucht die organisatorische Erfahrung der Unternehmer im sozialen Bereich. Sie braucht die Unruhe und Neugier der in der Wirtschaft Verantwortlichen bei der Formulierung vieler Ziele der Wissenschaft. Und sie braucht das Engagement der Unternehmer im kulturellen, auch im kirchlichen Bereich – nicht nur als Geldgeber, sondern ebenso als Teil der Gesellschaft, die weiß, daß sie nicht vom Brot allein lebt. Überall können wir einen Beitrag leisten; jeder nach seinen Fähigkeiten. Es kann und darf uns nicht genügen, unsere Zeit, die uns nach der Bewältigung unserer beruflichen Pflicht bleibt, sozusagen als gehobenes Ende der Spaßgesellschaft zu verbringen.

Man kennt den Einwand: „Mein Unternehmen fordert mich bis zum Äußersten, und was mir an Freizeit bleibt, brauche ich zur Erholung." Das mag es geben. Aber jene, die am meisten leisten, haben oft die Kraft, Zusätzliches beizutragen. Und sie eröffnen dabei für sich selbst neue Dimensionen und gewinnen dabei. Es gibt wunderbare Nebensachen in dieser Welt. Ich möchte sie nicht klein reden. Wir sollten uns daran freuen können. Aber wir sollten sie als Nebensache sehen können.

Brot und Spiele allein genügen nicht. Leistung im Beruf ist Vorbedingung, aber es muß für jeden von uns Zusätzliches geben. Elite sein heißt, eine Lebensform zu wählen, die Haltung einschließt. Aus dieser wiederum entsteht Engagement. Erich Kästner hat vor beinahe 80 Jahren ein böses Gedicht über die Millionäre und ihr Verhalten geschrieben. Es steht in dem Gedichtzyklus „Ein Mann gibt Auskunft". Kästner empfiehlt den Millionären, darüber nachzudenken, ob sie nicht etwas tun wollen für die Menschheit, bevor diese revoltierte und sie, die Millionäre, massakriere. Ich zitiere nur zwei Strophen daraus:

Ihr seid die Herrn von Maschinen und Ländern.
Ihr habt das Geld und die Macht genommen.
Warum wollt ihr die Welt nicht ändern,
bevor sie kommen?
Ihr sollt ja gar nicht aus Güte handeln!
Ihr seid nicht gut. Und auch sie sind's nicht.
Nicht euch, aber die Welt zu verwandeln,
ist eure Pflicht!

Der Gedanke, daß unser Engagement nicht aus Anstand, nicht aus Haltung, sondern wenigstens aus Vernunft resultieren müsse, ist unfreundlich – und ich teile ihn nicht –, aber leider bis heute bedenkenswert. Für uns Unternehmer ist unter dem Forderungskatalog, den ich für unser Engagement aufgestellt habe, die Aktivität im politischen Raum oft die schwierigste. Es wird nicht so sein, daß alles, was wir fordern, als der Weisheit letzter Schluß empfunden wird. Wir werden auf Widerstand, Widerspruch, sogar Feindschaft stoßen. Auch unsere Vorstellungen von Zeitaufwand und Effizienz erfüllen sich dort häufig nicht. Trotzdem müssen wir uns stellen. Auch deshalb, weil vieles von dem, was wir heute beklagen, mit unserer Zustimmung, mindestens ohne unseren ernsthaften Widerstand entstanden ist.

Der Unternehmer als Vorbild

Vieles von dem, was ich geschrieben habe, liest sich vielleicht ein wenig weltfern. Immerhin kann ich anführen, daß ich mehr als 40 Jahre ein Unternehmen geführt und dabei praktische Einsichten gewonnen habe. Ich will nicht als der Savonarola der Wirtschaft auftreten. Ich bin kein Bußprediger, sondern ein Optimist im Sinne Karl Poppers. Ein Optimist, der weiß, daß niemand unsere Zukunft mehr beeinflussen kann, als wir selbst. Ich glaube unbeirrt an die Fähigkeit der Menschen, mindestens der privilegierten, zur Einsicht und an ihre Kraft zur Veränderung. Zum Schluß möchte ich deshalb einen kühnen Schritt wagen:

Die Unternehmer müssen als Vorbild in unserer Gesellschaft dienen können. Unsere Einflußmöglichkeiten sind groß. Wir stellen die Mitarbeiter ein, die unsere Unternehmen repräsentieren. Wir schreiben die Führungsrichtlinien, nach denen in unseren Unternehmen gehandelt wird. Wir bestimmen das

Bild, das sich die Menschen von der Wirtschaft machen. Wir sind für den wirtschaftlichen Weg, den das Land geht, mindestens mitverantwortlich. Unser Erfolg oder Mißerfolg bildet die Grundlage für das wirtschaftliche Wohlergehen der Gesellschaft. Wir müssen die natürlichen Einmischer sein. Aber Vorbild? Ich glaube, daß die wichtigste Führungseigenschaft das eigene Vorbild ist. Aber Vorbild „an sich"? Warum? Wir leben in einer säkularisierten Welt. Idealbilder, die die Menschen nun einmal brauchen, finden sich nicht mehr oder selten unter den Kirchenfürsten und Heiligen.

Wir leben in einer demokratischen Ordnung. Der Adel und seine Exponenten sind nicht mehr die Leitfiguren, nach denen sich die Menschen orientieren. Auch Kriegshelden haben ihre Rolle als Führungsfiguren verloren. Popsänger, Showmaster, Models und Fußballstars bestimmen die Idealvorstellungen unserer jungen Menschen. Genügt das? Ich meine nein und füge hinzu, daß in einem Land, dessen Wohl so sehr vom Erfolg seiner Wirtschaft abhängt, die Dirigenten der Wirtschaft für die ideelle, geistige Ausrichtung der Gesellschaft eine bestimmende Rolle spielen sollten, nicht die alleinige, aber eine bestimmende Rolle.

Daß wir weit entfernt davon sind, diesen Platz einzunehmen, weiß wohl jeder. Wenn wir aber – in erfolgreichen Unternehmen – erleben, wie sehr sich die Mitarbeiter an den Verantwortlichen orientieren, wieviel Vertrauen uns entgegengebracht wird, welche Hoffnungen in uns gesetzt werden, wird deutlich, daß nach Vorbildern gesucht wird. Gesucht wird immer nach Menschen, die in erster Linie glaubwürdig sind. Es geht nicht so sehr darum, immer alle Wünsche zu erfüllen. Es geht darum, durch Leben und Tun die Überzeugung zu vermitteln, daß man ernsthaft und redlich bei der Sache ist. Die Persönlichkeitsstruktur der Unternehmer muß für die Mitarbeiter „lesbar" sein. Man muß sich auf seine Grundsätze verlassen können.

Wir sind in Deutschland seit mehr als tausend Jahren durch die Ethik des Christentums geprägt. Und wir haben das große Erbe des Humanismus. Wenn wir uns in diesem Koordinatensystem orientieren, stehen wir auf sicherem Grund. Ich habe ein anspruchsvolles Bild von der Rolle und der Verantwortung des Unternehmers in unserer Gesellschaft gezeichnet. „Ein strenges Glück" sozusagen, um mit Thomas Mann zu reden. Wird es in einer egozentrischen Gesellschaft, wie ich sie gezeichnet habe, genügend Unternehmer geben, die das wollen? Und wird solches von der Gesellschaft erwartet und dann auch anerkannt? Ich glaube schon. Die jungen Menschen suchen nach Orientierung, denn die Freizügigkeit und das Laisser-faire unserer Gesellschaft lassen viele unbefriedigt. Wir stehen in der Pflicht. Ohne einen Rückgriff auf die alten Tugenden, wird es freilich nicht gehen. Aber unser Bekenntnis dazu könnte helfen, den Kreis zwischen „alter" und „neuer" Welt zu schließen. Es ist notwendig, daß wir uns dieser Aufgabe stellen, wenn wir in der Wirtschaft unserer Verantwortung gerecht werden wollen.

Pascal Krimmer und Bernd Raffelhüschen

„Zuckerbrot und Peitsche" – oder: wie schafft man Anreize für mehr Beschäftigung?

1 Einleitung

Die große Zahl von Menschen in Deutschland, die „mangels Arbeit" – als ob Arbeit ein gegebenes Volumen hätte! – kein eigenes Einkommen erzielt und sich mehr und mehr chancenlos fühlt, hat die öffentliche Debatte über die „Unterschicht" hierzulande voll in Gang gesetzt. Fakt ist, daß Arbeitslosigkeit und Armut immer mehr zu Synonymen geworden sind. Auf der Suche nach Schuldigen werden einerseits die Regierung Schröder und ihre Arbeitsmarktreformen und anderseits die „Globalisierung" identifiziert. Ganz so einfach liegen die Dinge aber nicht. Etwas differenzierter betrachtet stellt man fest, daß Hartz IV lediglich für die Aufdeckung von vorher „statistisch versteckter" Arbeitslosigkeit gesorgt hat. So ist der starke Anstieg der Arbeitslosigkeit Anfang 2005 im wesentlichen durch die Zusammenlegung von Arbeitslosen- und Sozialhilfe im Rahmen des Hartz IV-Gesetzes zu erklären. Seit dem 1. Januar 2005 tauchen folglich erstmals alle arbeitsfähigen früheren Sozialhilfeempfänger sowie Arbeitslose über 58 Jahre in der Statistik auf, die vorher nicht arbeitslos gemeldet waren und damit nicht gezählt wurden. Dies ist freilich keine Arbeitslosigkeit, die wirklich neu entstanden ist, sondern eine, die vorher nicht sichtbar war. Hartz IV ist also nicht schuld an der neuen Armut, sondern hat diese lediglich aufgedeckt.

Auch der zweite gern bemühte „Universalgrund", die Globalisierung, taugt nicht als Erklärung für die hohe Arbeitslosigkeit in Deutschland. Natürlich sind im Prozeß der zunehmenden Globalisierung Arbeitsplätze verloren gegangen, aber ohne Globalisierung wäre Deutschland nicht „Exportweltmeister“, und die Jobsituation in vielen Branchen wäre noch schlechter als sie heute ist. Darüber hinaus ist es eine Tatsache, daß dieses Deutschland von heute – nicht trotz, sondern genau wegen der Globalisierung – das reichste Deutschland ist, das es in der Geschichte jemals gab. Dies ermöglicht eine im internationalen Vergleich relativ generöse Grundsicherung, so daß im Umkehrschluß auch die Armen, die sich als Opfer der Globalisierung fühlen, tatsächlich unter dem Strich von dieser profitieren. Die Gründe für die Arbeitslosigkeit – und damit auch für die Armut – sind also weder bei Hartz IV noch bei der Globalisierung zu suchen. Aber was sind die Gründe? Die Antwort auf diese Frage kann weder pauschal erfolgen noch ist sie einfach.

Die Rahmenbedingungen für die Schaffung neuer Jobs hierzulande sind aufgrund der hohen Lohn(neben)kosten sowie der im internationalen Vergleich hohen Unternehmenssteuern nicht optimal. Dennoch beginnt die Wirtschaft in den letzten Monaten wieder zu wachsen, und es ist eine Vielzahl neuer Jobs entstanden. Dabei ist aber nicht nur die Arbeitslosenquote gesunken, sondern parallel ist auch die Zahl der offenen Stellen laut einer Meldung der Bundesagentur für Arbeit im Oktober 2006 auf einen historischen Höchststand von 825 000 gestiegen. Bei einem genaueren Blick auf die Zahl der Arbeitslosen fällt darüber hinaus auf, daß die Zahl der Langzeitarbeitslosen entgegen dem allgemeinen Trend weiter angestiegen ist. Das Statistische Bundesamt weist für Oktober 2006 über 1,5 Millionen Langzeitarbeitslose aus. Das sind fast 60 000 mehr als im gleichen Monat des Vorjahres. Bei der Zahl der Langzeitarbeitslosen nimmt Deutschland weiterhin einen „Spitzenplatz“ im internationalen Vergleich ein. Diese Tatsache läßt den Verdacht aufkommen, daß der Verbleib in der Arbeitslosigkeit und der Abstieg in die Armut in manchen Fällen nicht an den mangelnden Chancen liegt, sondern daran, daß sie nicht genutzt werden.

Die Armut verliert dadurch in vielen Fällen ihre „scheinbare Unschuld", denn die Chancengleichheit war noch nie so groß wie heute.

Kurzum, der Reformbedarf im Bereich der Grundsicherung ist weiterhin und sogar mehr denn je vorhanden. Dies hat auch die Große Koalition erkannt und das Thema auf der Agenda der dringlichen Reformen stehen. Wie aber schafft man Anreize für mehr Beschäftigung? Gemäß dem Motto „Zuckerbrot und Peitsche" sollte eine wirksame Reform drei wesentliche Elemente aufweisen: Die Reform muß zunächst bei der richtigen Zielgruppe, nämlich den erwerbsfähigen Hilfebedürftigen ansetzen und bei ihnen das gesetzlich verankerte Gebot der „Hilfe zur Selbsthilfe" umsetzen. Dieses Gebot hat schon Ludwig Erhard betont: „Ich habe diese Flucht vor Eigenverantwortung drastisch genug gekennzeichnet, wenn ich sage, daß, falls diese Sucht weiter um sich greift, wir in eine gesellschaftliche Ordnung schlittern, in der jeder die Hand in der Tasche des anderen hat. Das Prinzip heißt dann: Ich sorge für die anderen und die anderen sorgen für mich!" Zweitens sollten für diese Gruppe die Anreize so ausgestaltet werden, daß eine Wiedereingliederung in den Arbeitsmarkt attraktiv wird. Drittens müssen vor allem im Niedriglohn-Sektor die notwendigen Arbeitsplätze geschaffen und durch einen effizienten Vermittlungsapparat zugänglich gemacht werden, damit die Arbeitslosen ihre Verpflichtung auch wahrnehmen können.[1]

Um das erste Ziel zu erreichen genügt es, sich auf die Gruppe der Arbeitslosengeld II-Empfänger zu konzentrieren, da sie als

[1] Die drei geforderten Elemente werden auch in der Expertise des Sachverständigenrats zur Reform des Arbeitslosengeld II umgesetzt. Darin schlägt der Rat die Einführung eines Kombilohnmodells vor. Vgl. Sachverständigenrat zur Begutachtung der gesamtwirtschaftlichen Entwicklung (2006).

arbeitsfähig gelten und somit dem Arbeitsmarkt auch zur Verfügung stehen müssen. Diese klare Abgrenzung der Nicht-Erwerbsfähigen von den Erwerbsfähigen existiert erst seit Anfang 2005. Zur Ausgestaltung der Anreize und der effizienten Vermittlung dieser Personen wird auf die „Freiburger Blaupause" zurückgegriffen, deren Grundzüge im folgenden dargestellt werden.[2]

2 Die „Freiburger Blaupause"

In der wirtschaftswissenschaftlichen Forschung ist seit längerem akzeptiert, daß in Industrieländern mit einer wohlfahrtsstaatlichen Tradition, wie in Deutschland, die Ausgestaltung der sozialen Grundsicherung zunehmend negative Auswirkungen auf den Beschäftigungsgrad hat. Ursächlich für diese Entwicklung ist, daß durch technischen Fortschritt und verstärkte internationale Arbeitsteilung die Lohnschere zwischen mehr und weniger Qualifizierten immer stärker auseinander gegangen und zugleich der sozio-kulturelle Mindeststandard, den der Staat im Rahmen der Sozialpolitik gewähren möchte, angestiegen ist. Dies bringt vor allem Geringqualifizierte, deren potentieller Marktlohn oft nur geringfügig (wenn überhaupt) über dem staatlich gewährten Transfereinkommen liegt, in eine problematische Situation. Für sie sind die Anreize zur Aufnahme einer Arbeit bestenfalls in geringem Maße gegeben. Dadurch drohen Niedrigqualifizierte in der Untätigkeit zu verharren, was zu einer Entwertung ihres Humankapitals führt, wodurch sie

[2] Der Vorschlag zur Reform der Grundsicherung in Deutschland wird in einem Diskussionspapier des Instituts für Finanzwissenschaft der Albert-Ludwigs-Universität Freiburg mit dem Titel „Grundsicherung der Zukunft – Die Freiburger Blaupause II" detailliert erläutert. Dabei handelt es sich um eine Weiterentwicklung des bereits 2002 erschienenen Reformvorschlags „Freiburger Blaupause".

noch schwerer in den Arbeitsmarkt zu integrieren sind. Die bereits einleitend erwähnte Tatsache, daß der Anstieg der deutschen Arbeitslosigkeit in den letzten Jahren vor allem auf einen Anstieg der Langzeitarbeitslosigkeit zurückzuführen ist, bestätigt diese These.

Bei der Ausgestaltung der Grundsicherung ist die Gewährleistung eines genügend großen Lohnabstands zu den unteren Lohngruppen von entscheidender Bedeutung. Hierfür bleibt nur eine wirkliche Alternative: Für die ausgemachte Zielgruppe der erwerbsfähigen Hilfebedürftigen muß das bestehende Arbeits- und Qualifizierungsgebot verschärft werden. In den Genuß der vollen soziokulturellen Grundsicherung sollen nur diejenigen kommen, die zur Selbsthilfe bereit sind. Die Personengruppen hingegen, die trotz Arbeits- oder Qualifizierungsgebot keine Selbsthilfe leisten, sollten sich mit Sachleistungen in Höhe des physischen Existenzminimums begnügen müssen. Dadurch ist der Mindestlohn, den das bisherige Grundsicherungsniveau darstellte, de facto abgeschafft, und bei Aufnahme einer Arbeit wird schon allein durch die Monetarisierung der Transferleistungen stets ein Nutzenzuwachs erreicht. Allerdings kann eine solche Regelung nur sozialverträglich implementiert werden, wenn für jeden Erwerbsfähigen auch tatsächlich eine Beschäftigung existiert, die er potentiell wahrnehmen könnte.

Tarifausgestaltung

Die Umsetzung einer anreizkompatiblen Anrechnungsregelung bei Einhaltung der Kostenneutralität wird in der „Freiburger Blaupause“ durch die Kombination zweier Transferformen mit spezifischen Entzugsraten erreicht. Dabei greifen ein von den Kommunen finanzierter Grundversorgungstransfer und eine vom Bund getragene Beschäftigungssubvention ineinander. Die Grundversorgung deckt das physische Existenzminimum ab und beläuft sich auf den Gegenwert von maximal 325 Euro, also etwa die Hälfte des heutigen Sozialhilfeniveaus. Sie wird zunächst als Sachleistung bezogen, bis der Grundsicherungsempfänger Selbsthilfe leistet. Tut er dies, so wirkt sich eigenes Einkommen bis zu einer Höhe von 75 Euro nicht auf den Grundversorgungstransfer aus. Für jeden weiteren hinzuverdienten Euro wird der Transfer dann um jeweils 65 Cent abgeschmolzen. Damit wird ab einem Einkommen von 550 Euro kein Grundversorgungstransfer mehr gezahlt.

Die zweite Transferform ist eine Beschäftigungssubvention mit teilweiser Erstattung der Sozialversicherungsbeiträge. Bei Aufnahme einer Beschäftigung werden die ersten 75 Euro zunächst mit 100 Prozent bezuschußt. Die Zuschußrate sinkt dann für die jeweils nächsten 25 Euro auf 95, 90, 85 Prozent usw. Bei einem selbst erzielten Einkommen von 325 Euro beträgt die Lohnsubventionierungsquote noch 50 Prozent. Dies bedeutet eine Beschäftigungssubvention von 162,50 Euro, welche gemeinsam mit einem gleich hohen Grundversorgungstransfer zu einem insgesamt verfügbaren Einkommen von 650 Euro führt. Das entspricht ungefähr dem Einkommensniveau, welches vorher auch ohne Bereitschaft zur Selbsthilfe möglich war, nun aber nur noch für diejenigen erreichbar ist, die bereit sind, eine zumutbare Arbeit anzunehmen. Für jedes weitere Einkommen über 325 Euro sind die beiden Transfers so ausgestaltet, daß sich in der Summe immer ein verfügbares Einkommen von 650 Euro ergibt. Damit ist sichergestellt, daß ab 800 Euro Bruttoeinkommen keine weitere Anrechnung des Einkommens stattfinden muß, sondern jeder hinzuverdiente Euro (abzüglich der üblichen Sozialversicherungsbeiträge) beim Arbeitnehmer verbleibt.

Vergleicht man den modifizierten Grundsicherungstarif mit der Regelung für das Arbeitslosengeld II, so wird klar, daß die positiven Arbeitsanreize relativ zu der aktuellen Regelung vor allem im Einkommensbereich unterhalb von 325 Euro liegen. In diesem Niedriglohnsektor besteht nun ein doppelter Anreiz zur Selbsthilfe. Zum einen lohnt es sich, auch niedrigste Einkommen zu erzielen, da jeder Euro mit hohen Quoten bezuschußt wird. Zum anderen verwandelt man schon bei geringstem Einkommen die unvorteilhafte Sachleistung in eine Geldleistung. Die Stärke des neuen Grundversorgungstarifs liegt darin, daß er die relativ gering Qualifizierten nicht zu passiven Geldleistungsempfängern ohne Zukunfts- und Qualifizierungsaussicht degradiert, sondern sie auffordert, sich aus eigener Kraft in den Arbeitsmarkt zu integrieren.

Ein zeitlich begrenzter Transferentzug ist auch in der aktuellen Regelung möglich. Damit sinkt das erzielbare Transfereinkommen dann auf mindestens 437 Euro und liegt wesentlich näher an dem hier angesetzten Grundsicherungsniveau. Problematisch an dieser Regelung ist, daß dem Transferempfänger vom zuständigen Sachbearbeiter mangelnde Arbeitsbereitschaft unterstellt werden muß, um den Transfer zu kürzen. Der vorliegende Vorschlag dreht also die Logik um. So soll nicht der Transfer bei Nicht-Annahme einer zumutbaren Arbeit gekürzt werden, sondern statt dessen ausgehend von einem niedrigeren Niveau die Transferzahlung bei Aufnahme einer Arbeit erhöht werden. Diese „Umkehr der Beweislast" ist die konsequentere Lösung und spart Verwaltungsaufwand, welcher durch die befristeten Regelungen entsteht.

Im Einkommensbereich zwischen 325 und 800 Euro entstehen durch eine Transferentzugsrate von 100 Prozent keine zusätzlichen positiven Arbeitsanreize mehr. Dies ist gewissermaßen der „Preis", der für positive Anreizwirkungen im niedrigen Einkommensbereich und die Finanzierbarkeit der Regelung bezahlt werden muß. Damit stellt dieses Einkommensintervall zwischen 325 und 800 Euro auch die „Problemzone" des hier vorgeschlagenen Weges dar, die keinesfalls verschwiegen werden soll. Allerdings impliziert die skizzierte Regelung, daß die „Mauer“ des Transferentzuges nicht schon bei Aufnahme einer Erwerbstätigkeit überwunden werden muß, sondern erst bei Ausweitung der Tätigkeit über 325 Euro eventuell zum Hindernis wird. Damit wird eine Entwertung des Humankapitals durch Arbeitslosigkeit und eine Verdammung zur Untätigkeit vermieden. Außerdem ist ohnehin fraglich, ob die derzeitige Transferentzugsrate von 80 bis 90 Prozent im Bereich bis 1200 Euro wesentlich stärkere Anreize zur Ausweitung der Tätigkeit bieten kann. Schließlich ist der von hohen Transferentzugsraten gekennzeichnete Einkommensabschnitt in dem hier skizzierten Reformvorschlag wesentlich kürzer und somit relativ schneller zu überwinden. So findet schon ab einem Einkommen von 800 Euro kein Transferentzug mehr statt, während dies aktuell erst bei über 1200 Euro geschieht. Diese drei Argumente führen zu der Schlußfolgerung, daß der zweistufige Transfer, wenn er auch nicht in allen Einkommensbereichen positive Anreizwirkungen verursacht, doch die bestmögliche Lösung zu möglichst geringen Kosten darstellt.

Stufenweise Eingliederung

Bei der Organisation der Eingliederung der Arbeitslosen sind vier Kategorien von Beschäftigungsmöglichkeiten zu unterscheiden, die je nach Qualifikationsniveau des Arbeitslosen diesem angeboten werden können:[3] In der ersten Kategorie (A) werden zeitlich begrenzte Gemeinschaftsdienste bei öffentlichen oder gemeinnützigen Organisationen, in der zweiten Kategorie (B) reguläre Tätigkeiten bis 325 Euro Einkommen

---

[3] Die Einteilung in Kategorien ist in Ansätzen dem erfolgreichen Vermittlungsmodells des US-Bundesstaats Wisconsin nachempfunden. Vgl. Prewo/Franke (1998).

mit eingeschränktem Kündigungsschutz und ohne Sozialversicherungspflicht des Arbeitnehmers fallen. Die dritte Kategorie (C) umfaßt reguläre Erwerbstätigkeit mit einem Bruttoeinkommen zwischen 325 und 800 Euro und die vierte und letzte Kategorie (D) sind privatwirtschaftliche Tätigkeiten, für die nur in Sonderfällen finanzielle Unterstützung in geringem Umfang gewährt wird.

Zielgruppe der Beschäftigungsprogramme in Kategorie A sind Personen, die selbst nach Anlernphasen nicht in den privatwirtschaftlichen Sektor zu vermitteln wären und sich zunächst schlicht wieder an den Arbeitsalltag gewöhnen müssen. Die entsprechenden Arbeitsplätze liegen vor allem im öffentlichen Bereich, wie Umweltschutz, Kultur und Pflege und entsprechen damit ziemlich genau den heutigen Ein-Euro-Jobs. Die Entlohnung sollte bei zirka 200 (bzw. 150) Euro im ersten (bzw. im zweiten) Jahr liegen und entsprechend der beschriebenen Regelung auf 594 (bzw. 554) Euro aufgestockt werden. Während der jeweilige Träger den Grundversorgungstransfer und die Beschäftigungssubvention übernimmt, ist die Entlohnung selbst von der anstellenden Gebietskörperschaft oder gemeinnützigen Organisation zu tragen. Im Gegensatz zur aktuellen Regelung für Ein-Euro-Jobs sollten diese Beschäftigungsmöglichkeiten auf maximal zwei Jahre begrenzt sein, um zu verhindern, daß sich Transferempfänger auf diesem Niveau gegebenenfalls unter Hinzunahme von Verdiensten aus Schwarzarbeit quasi „einrichten". Nur eine Befristung kann sicherstellen, daß diese Kategorie von Beschäftigungsverhältnissen zu einer Brücke in den ersten Arbeitsmarkt wird und nicht zu „Einsperreffekten" führt.

In der Kategorie B gehen die Grundsicherungsempfänger einer regulären Tätigkeit nach, die nach Maßgabe ihrer Produktivität mit bis zu 325 Euro entlohnt wird. In diesem Niedriglohnsektor kann ein Grundversorgungstransfer von maximal 325 und minimal 162,50 Euro empfangen werden, plus eine

Beschäftigungssubvention von höchstens 162,50 Euro. Die in dieser Kategorie Beschäftigten sind nicht sozialversicherungspflichtig und unterliegen dem gesonderten (eingeschränkten) Kündigungsschutz. Sie üben im Regelfall angelernte Tätigkeiten aus, deren Produktivität jedoch relativ gering ist und deren Anforderungsprofil nicht ausreicht, um eine feste Stelle in der Privatwirtschaft wahrzunehmen. Diese Kategorie entspricht ungefähr dem Einkommensintervall, in dem die heutigen Mini-Jobs liegen. Allerdings ist der Anreiz, einen Mini-Job aufzunehmen, aktuell aufgrund der hohen Transferentzugsraten für Arbeitslosengeld II-Empfänger relativ gering. Eine Absenkung des Transfers in Verbindung mit einer Befristung der Tätigkeit in Ein-Euro-Jobs kann ein Verharren in der Untätigkeit oder in der Kategorie A verhindern. Damit besteht ein hoher Anreiz, die Erwerbstätigkeit zumindest bis an die Obergrenze der Kategorie B auszuweiten. Dadurch können Arbeitslose aktiviert werden. Zur Erinnerung: Das erreichbare Gesamteinkommen von 650 Euro wird ihnen heute schon bei Untätigkeit gewährt. Wichtig ist außerdem, einen entsprechenden Stundenlohn festzulegen, der verhindert, daß eine Aufspaltung regulärer auf mehrere „niedrig entlohnte" Arbeitsverhältnisse stattfindet, bei denen lediglich das monatliche Entgelt, nicht aber der Stundenlohn die Bezeichnung Niedriglohn verdient. Dies ist ein Defizit der aktuellen Mini-Job Regelung, welches in einer Neuregelung vermieden werden soll.

In der Kategorie C führt die reguläre Erwerbstätigkeit zu höheren, nunmehr sozialversicherungspflichtigen Einkommen. Will man die Reform kostenneutral umsetzen, kann in diesem Bereich kein weiterer positiver Anreiz gesetzt werden. Somit ist dies die einzige Kategorie, in welcher der Reformvorschlag keine Verbesserung zum Status quo darstellt. So sind die vergleichbaren Midi-Jobs ebenfalls mit einer hohen Transferentzugsrate von immerhin 80 Prozent belegt. In der letzten Kategorie schließlich bleiben nur noch einzelne Hilfeleistungen aufgrund familiärer oder individueller Sonderbedarfssituationen erhalten. Ansonsten werden ab einem Einkommen von 800 Euro keinerlei Transferleistungen mehr bezahlt. Jeder verdiente Euro über der Untergrenze von 800 Euro wird lediglich mit den üblichen Sozialversicherungsbeiträgen belastet. Aktuell hingegen werden Einkommen von 800 bis über 1200 Euro weiterhin mit einem hohen Transferentzug von mindestens 90 Prozent belastet, was zu stark negativen Arbeitsanreizen in diesem Segment führt. Somit stellt der Reformvorschlag auch in dieser Kategorie eine deutliche Verbesserung relativ zur aktuellen Gesetzeslage dar.

Ausblick

Die in den letzten Jahren unternommenen Reformanstrengungen im Bereich der Grundsicherungseinkommensempfänger weisen im wesentlichen in die richtige Richtung. Vor allem die bessere Zielgruppenorientierung durch die Einteilung in Arbeitslosengeld II für Erwerbsfähige und Sozialgeld und Sozialhilfe für Nicht-Erwerbsfähige ist der Grundstein für weitere Reformschritte, denn ohne eine solche Trennung kann unmöglich eine sinnvolle Sozial- und Arbeitsmarktpolitik ausgestaltet werden. Die „Freiburger Blaupause“ bietet einen möglichen Grundsicherungstarif an, der dem altgedienten Grundsatz „Zuckerbrot und Peitsche“ entspricht. Damit sorgt der Vorschlag für entsprechende Anreize zur Aufnahme einer Arbeit und gewährleistet eine adäquate Vermittlung. Durch die Umkehrung der Beweislast bei der Arbeitsvermittlung wird eine anreizkompatible Überprüfungspraxis der Hilfebedürftigkeit von Erwerbsfähigen gewährleistet. Die Vermittler können nicht wie bisher den Transfer erst senken, wenn zumutbare Arbeit abgelehnt wird, sondern die Arbeitslosengeld II-Empfänger können nur dann den vollen Transfer erhalten, wenn sie eine Arbeit aufnehmen oder an einem Qualifizierungsprogramm teilnehmen. Problematisch bleibt aber weiterhin die Gefahr von Vermögensverschiebungen zwischen Familienangehörigen aufgrund des sehr begrenzten Rückgriffsrechts auf Angehörige. Eventuell könnte eine Hilfebedürftigkeit festgestellt werden, wo sie nicht vorliegt, und die Sozialpolitik würde sich an Personen wenden, für die sie eigentlich nicht bestimmt ist. Um eine zielgenaue Sozialpolitik zu garantieren und zugleich dem Subsidiaritätsprinzip Rechnung zu tragen, muß der hier formulierte Vorschlag um ein gesetzlich verankertes Rückgriffsrecht auf Verwandte in gerader Linie ergänzt werden. Die Wichtigkeit dieses Prinzips wurde schon von Ludwig Erhard unterstrichen: „Daher ist es notwendig, daß das Subsidiaritätsprinzip als eines der wichtigsten Ordnungsprinzipien für die soziale Sicherung anerkannt und der Selbsthilfe und Eigenverantwortung soweit wie möglich der Vorrang eingeräumt wird."[4] Die Verschärfung der Hartz IV-Regelung für unter 25jährige ist nur ein erster Schritt in diese Richtung. Weitere Reformschritte sind – auch und vor allem zum Wohle der Arbeitslosen – zwingend geboten. Die Entscheidung zur Umsetzung liegt jedoch – wie immer – bei der Politik.

Literaturverzeichnis

Bundesagentur für Arbeit (2006), Stellenangebot im Oktober 2006: Arbeitskräftenachfrage unvermindert hoch, http://www.pub.arbeitsamt.de/hst/services/statistik/000100/html/sonder/topten_oktober2006.pdf, zuletzt abgerufen am: 19.11.2006.

Erhard, L. (1957), Wohlstand für alle, Econ-Verlag, Düsseldorf

[4] Vgl. Erhard (1962), S. 303 f.

Erhard, L. (1962), Deutsche Wirtschaftspolitik: Der Weg der Sozialen Marktwirtschaft, Econ-Verlag, Düsseldorf

Krimmer, P., Raffelhüschen, B., Seiler, S. (2005), Grundsicherung der Zukunft „Die Freiburger Blaupause II", Diskussionsbeiträge des Institut für Finanzwissenschaft der Albert-Ludwigs-Universität Freiburg, Nr. 132.

Prewo, W., Franke, D. (1998), Wisconsin Works: Ein Modell zukunftsorientierter Sozialpolitik, in: Schriftenreihe der Industrie- und Handelskammer Hannover, Nr. 48.

Raffelhüschen, B. (2002), Soziale Grundsicherung in der Zukunft: Eine Blaupause, in: Genser, B. (Hrsg.), Finanzpolitik und Arbeitsmärkte, Schriften des Vereins für Socialpolitik, Band 289, 83-118.

Sachverständigenrat zur Begutachtung der gesamtwirtschaftlichen Entwicklung (2006), Arbeitslosengeld II reformieren: Ein zielgerichtetes Kombilohnmodel, Expertise im Auftrag des Bundesministers für Wirtschaft und Technologie.

Statistisches Bundesamt (2006), Registrierte Arbeitslose in Deutschland, http://www.destatis.de/indicators/d/arb110ad.htm, zuletzt abgerufen am: 19.11.2006.

Michael Hüther

Beschäftigung und Wachstum. Perspektiven für die Soziale Marktwirtschaft in Deutschland

I. Wachstum – kein deus ex machina

„Wirtschaftliches Wachstum", so formulierte es der Sachverständigenrat zur Begutachtung der gesamtwirtschaftlichen Entwicklung in seinem Jahresgutachten 1975/76, „gemessen am Mehr an Gütern, das erzeugt werden kann, oder besser: am Mehr an Gütern, das je Kopf der Bevölkerung bereitgestellt werden kann, ist das Ergebnis der Anstrengungen der Menschen, es besser zu machen als bisher [...]."[1] Aus dieser Perspektive leitet sich einer der wichtigsten Ansatzpunkte der deutschen Wirtschaftspolitik ab. Denn etwas besser machen zu können setzt voraus, daß jeder die Möglichkeit hat, etwas besser zu machen als am Tag zuvor. Es müssen Beschäftigungschancen dies möglich und Beschäftigungsanreize dies attraktiv machen. Ein gewaltiges Wachstumspotential für die deutsche Volkswirtschaft besteht somit darin, zumindest das brachliegende Arbeitskräftepotential von rund 4 Millionen registrierten Erwerbslosen zu mobilisieren. Jede Wachstumsstrategie muß daher zunächst den Arbeitsmarkt ins Visier nehmen. Zudem kann eine Steuerung der Bevölkerungsentwicklung dazu beitragen, daß sich mehr Menschen an der Wertschöpfung beteiligen.

Etwas anders, in der Regel aber besser machen können werden Menschen insbesondere dann, wenn sich ihre Fähigkeiten

---

[1] Sachverständigenrat zur Begutachtung der gesamtwirtschaftlichen Entwicklung, Vor dem Aufschwung, Jahresgutachten 1975/76, Verlag W. Kohlhammer GmbH Stuttgart und Mainz, 1975, S. 127.

steigern. Die Erhöhung der Qualität der Beschäftigung, also die Bildung von Humankapital, ist daher als eine weitere wichtige Wachstumsdeterminante anzusehen. Zudem fällt es uns wesentlich leichter, etwas besser zu machen, wenn wir dafür Instrumente zur Verfügung gestellt bekommen. Mit einer Kehrmaschine fegt sich eine Straße schneller als mit einem Besen. Je besser die Kapitalausstattung einer Volkswirtschaft, desto höher das Wirtschaftswachstum. Die Stimulierung von Investitionen nimmt daher ebenso eine wichtige Rolle ein.

Dinge besser zu machen, setzt außerdem die Motivation voraus, sie besser machen zu wollen. Je tiefer der Staat dem Bürger in die Tasche greift, desto stärker verringert er die Leistungsbereitschaft. Die Konsolidierung der Staatsfinanzen leistet daher einen wichtigen Wachstumsbeitrag. Mit der Reduktion der Einnahmen muß der Staat seine Ausgaben und somit den Umfang seiner Aufgaben verringern. Eine Beschränkung des Staates auf die Aufgaben, die er besser erfüllen kann als die Bürger, birgt ebenfalls wichtige Wachstumschancen. Denn: Etwas besser zu machen kann manchmal auch heißen, es jemand anderes machen zu lassen.

II. Die zentralen Wachstumstreiber

A. Strukturelle Arbeitslosigkeit

Die genannten Ansatzpunkte lassen verschiedene Wachstumstreiber identifizieren.[2] Der wichtigste der genannten Wachstumshebel ist die Mobilisierung des Erwerbspersonenpotentials. Dies setzt eine Klärung der dominanten Ursachen unserer Ar-

---

[2] Vgl. zu den folgenden Ausführungen: Institut der deutschen Wirtschaft Köln (Hrsg.), Vision Deutschland – Der Wohlstand hat Zukunft, Deutscher Instituts-Verlag, 2005.

beitsmarktmisere voraus. In Öffentlichkeit und Politik hat sich die These verbreitet, wir seien dabei vor allem Opfer der Globalisierung. Dagegen steht aber die Erkenntnis, daß vergleichbar entwickelte Volkswirtschaften deutlich günstigere Arbeitsmarktentwicklungen verzeichnen und dafür auch gezielt gehandelt haben. Dies gilt insbesondere mit Blick auf die strukturellen Merkmale der Arbeitslosigkeit. Vor diesem Hintergrund erscheinen die Gründe für die hohe und persistierende strukturelle Arbeitslosigkeit in Deutschland in erster Linie als hausgemacht:

- Eine unzureichende qualifikatorische Lohndifferenzierung beinhaltet vor allem im Bereich der gering qualifizierten Beschäftigung zu hohe Löhne im Vergleich zur Produktivität der Beschäftigten und wirkt daher als Einstellungshemmnis. Die langjährige Tradition der Sockelanhebungen für untere Tarifgruppen zusammen mit dem bildungspolitischen Versagen früherer Jahrzehnte sowie einer nicht nach ökonomischen Kriterien gestalteten und nicht mit zureichenden Integrationsanforderungen verbundenen Zuwanderungspolitik erklären im wesentlichen die europaweit höchste Arbeitslosigkeit Geringqualifizierter.
- Ähnliches gilt für ältere Arbeitnehmer, denen insbesondere durch Senioritätsregeln bei der Entlohnung und beim Kündigungsschutz der Weg in den Arbeitsmarkt verbaut wird. Die nunmehr zwanzigjährige Tradition der Frühverrentung hat dabei eine Mentalität geprägt, die älteren Arbeitnehmern einen Platz zuförderst außerhalb der Erwerbsgesellschaft zuweist.
- Sozialtransfers wirken als Mindestlohn und bieten wenig Anreize für die Aufnahme einer Beschäftigung. Zusätzlich verteuert die hohe Steuer- und Abgabenlast den Faktor Arbeit. Das Arbeitslosengeld II setzt zudem keine angemessenen Anreize zur Beschäftigungsaufnahme. Anstatt Vollzeit-

erwerbstätigkeit zu begünstigen wird die Aufnahme von Teilzeitarbeit dadurch attraktiv.

- Schließlich wirken sich die Schutzbestimmungen für Arbeitnehmer letztlich zu deren Nachteil aus. Insbesondere großzügige Kündigungsschutzregelungen führen zu einem Risikoaufschlag bei den Arbeitskosten und wirken daher als Beschäftigungsbremse. Der Verzicht auf Optionsangebote für die Gestaltung der Arbeitsverträge – durch Abfindungsregeln – kostet Beschäftigungsaufbau.

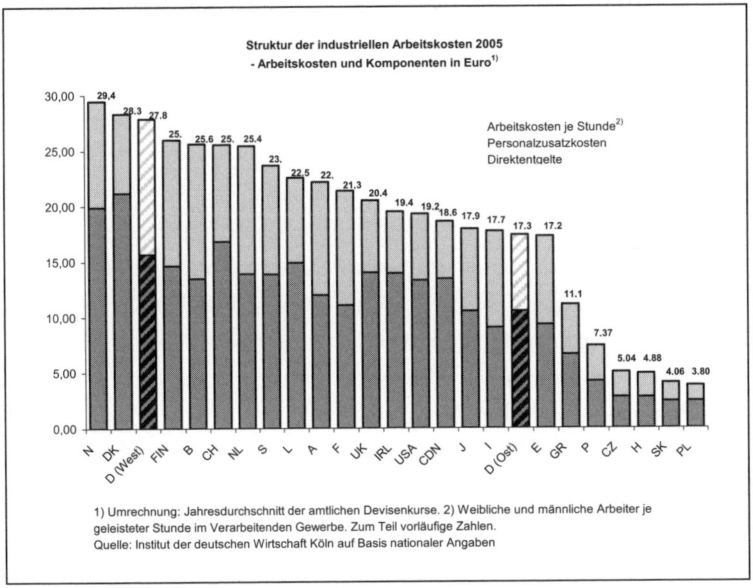

Abbildung 1: Struktur der industriellen Arbeitskosten 2005
Quelle: Institut der deutschen Wirtschaft Köln auf Basis nationaler Angaben

So ist die hohe Arbeitslosenquote vor allem auf die im internationalen Vergleich hohen Arbeitskosten und intensiven sozialrechtlichen Regeln zurückzuführen. Wegen der immer noch großen Differenzen wird bei den Arbeitskosten zwischen alten und neuen Bundesländern unterschieden (Abbildung 1). Westdeutschland liegt in diesem Vergleich in der Spitzengruppe. Aufgrund der angebotsseitig orientierten Reformanstrengungen der letzten Jahre konnte der Spitzenplatz allerdings schon verlassen werden. Die Arbeitskosten in Ostdeutschland liegen zwar deutlich niedriger als im westlichen Teil der Republik. Aufgrund der geringeren Standortattraktivität im Vergleich zu den alten Bundesländern ist Ostdeutschland jedoch stärker auf Kostenvorteile angewiesen. In dieser Hinsicht konkurrieren die neuen Bundesländer mit osteuropäischen Staaten wie Polen, Tschechien und der Slowakei, die wesentlich geringere Arbeitskosten aufweisen.

B. Bevölkerung

Eine höhere Wertschöpfung kann durch eine Steigerung des Erwerbspersonenpotentials und somit durch eine gezielte Steuerung der Bevölkerungsentwicklung erreicht werden. In Deutschland ist die Anzahl der Personen im erwerbsfähigen Alter sowie ihr Anteil an der Gesamtbevölkerung stark rückläufig. Diese Entwicklung wird aller Voraussicht nach auch in Zukunft anhalten (Abbildung 2). Ursächlich für diesen Trend sind vor allem die niedrige Geburtenrate, eine Zuwanderungspolitik, die unabhängig von Arbeitsmarkterwägungen erfolgt, sowie forcierte Passivierungsmaßnahmen wie Vorruhestandsregelungen. Eine Umkehrung dieses Trends oder zumindest seine Verlangsamung ist dringend geboten. Dies erfordert eine Reihe von Maßnahmen, die versucht, die Folgen des demographischen Trends für den Arbeitsmarkt abzufedern. Dazu zählen in erster Linie die Arbeitszeitpolitik, die Bildungspolitik – in diesem Zusammenhang ist insbesondere die frühere Einschulung sowie die Einführung die Verkürzung der Gymnasiumszeit auf acht Jahre zu nennen – die Familienpolitik sowie eine Strategie für ältere Arbeitnehmer.

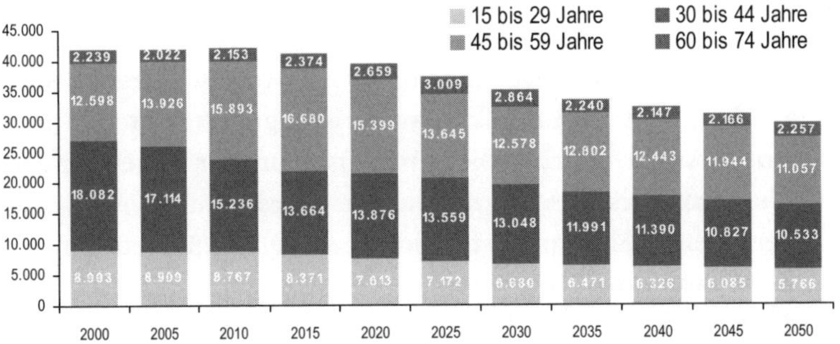

Abbildung 2: Projektion des Erwerbspersonenpotentials bis 2050, in Tsd. Quellen: Statistisches Bundesamt, Institut der deutschen Wirtschaft Köln

Neben den Bemühungen, die Folgen der demographischen Entwicklung für das Erwerbspersonenpotential und damit für das Wachstumsfundament der Volkswirtschaft zu dämpfen, kann auch versucht werden, den demographischen Trend selber zu beeinflussen. Eine entsprechend orientierte Familienpolitik kann dazu beitragen. Würde nichts unternommen, dann verringerte sich das Wachstumspotential bis 2035 auf 0,7 Prozent (jährlicher Zuwachs beim Bruttoinlandsprodukt). Eine gezielte Familienpolitik, die erfolgreich die Geburtenrate auf 1,7 erhöht und die Vereinbarkeit von Beruf und Familien verbessert, könnte den Wachstumspfad merklich auf über ein Prozent anheben.[3]

C. Humankapital

Bei den Investitionen in Humankapital besteht in Deutschland ebenfalls noch ein erhebliches Potential nach oben. Folgende

[3] Vgl. BMFSFJ, BDI, Institut der deutschen Wirtschaft Köln, Wachstumseffekte einer bevölkerungsorientierten Familienpolitik, 2006.

Indizien sprechen dafür, daß die Bildungsinvestitionen in Deutschland zu gering sind.[4]

- Die Akademikerquote ist im internationalen Vergleich sehr niedrig. Während das Vereinigte Königreich oder die USA ihren Anteil der 25- bis 34jährigen an der gleichaltrigen Gesamtbevölkerung in den letzten Jahren auf etwa 40 Prozent steigern konnten, stagniert diese Quote in Deutschland bei knapp über 20 Prozent.
- Eine wichtige Ursache dafür besteht in der mangelnden Kompetenzausstattung junger Menschen. Laut PISA-Studie bestehen in Deutschland im internationalen Vergleich bei den Kompetenzen 15jähriger Schüler im Leseverständnis sowie bei Mathematik und Naturwissenschaften große Mängel.
- Schließlich weist Deutschland eine im internationalen Vergleich geringe Bildungsrendite auf.

D. Investitionen

Der wichtigste Treiber für private Investitionen ist die Rendite. Die Ausprägungen der Einflußfaktoren auf die Renditen sind in Deutschland äußerst ungünstig. Selbst in der starken konjunkturellen Entwicklung des Jahres 2006 bleibt die Nettoumsatzrendite im internationalen Vergleich zurück.

- Neben einer Verringerung der Rendite durch eine hohe Belastung aus Steuern und Abgaben wirkt das intransparente deutsche Steuersystem abschreckend auf internationale Investoren. Nach Bewertung der OECD wird auch die jetzt

[4] Vgl. Anger, Christina / Plünnecke, Axel / Seyda, Susanne, Bildungsarmut und Humankapitalschwäche in Deutschland, IW-Analysen Nr. 18, Deutscher Instituts-Verlag, 2006.

projektierte Unternehmenssteuerreform daran nichts ändern, im Gegenteil: die Kompliziertheit wird zunehmen.

- Als Determinante von Investitionen sind verschiedene Kostenkategorien relevant. Dies betrifft neben den Kapitalkosten insbesondere die Arbeitskosten sowie Kosten, die durch Bürokratie entstehen. Während Deutschland beim Niveau der Arbeitskosten im internationalen Vergleich in der Spitzengruppe liegt, sind auch die bürokratischen Belastungen in Deutschland als relativ hoch anzusehen. Ob der zur Senkung dieser Kosten eingesetzte Normenkontrollrat sich an die wirklich investitionshemmenden Gesetze heranwagt, bleibt abzuwarten.
- Ein wichtiger Einflußfaktor, der in Deutschland für eine relativ geringe Investitionstätigkeit verantwortlich ist, besteht in der Unsicherheit über die künftigen wirtschaftlichen Rahmenbedingungen. Da es sich bei Investitionsprojekten um irreversible oder zumindest nur zu sehr hohen Kosten reversible Projekte handelt, ist die Kontinuität der Wirtschaftspolitik als ein bedeutender Faktor anzusehen.

Öffentliche Investitionen sind als komplementär zu den privaten zu betrachten. Als Grund für die zuletzt abnehmenden staatlichen Investitionen kann ein bereits relativ hoher Ausstattungsgrad an öffentlicher Infrastruktur angeführt werden. Eine plausiblere Begründung besteht allerdings darin, daß zum Zweck einer Haushaltskonsolidierung zumeist staatliche Investitionen reduziert statt öffentlicher Konsum eingeschränkt wird, da ersteres politisch leichter durchsetzbar ist.

E. Abgabenquote und Staatsdefizit

Eine hohe Abgabenlast verringert die Leistungsanreize der Bürger und die Investitionsbereitschaft der Unternehmen aufgrund eines hohen Arbeitskostenniveaus. Der Anteil der Steuern und

Sozialbeiträge ist in Relation zum Bruttoinlandsprodukt auf relativ hohem Niveau seit über einer Dekade konstant geblieben (Abbildung 3). Allerdings ist anzuerkennen, daß seit dem Beginn dieses Jahrzehnts sowohl die Staatsquote als auch die gesamtwirtschaftliche Abgabenquote spürbar gesunken sind, und zwar um 1,9 respektive 3,1 Prozent.[5] Durch ein jährliches Staatsdefizit wird dieses Problem verschärft, da der Schuldenstand und somit die Zinslast erhöht werden.

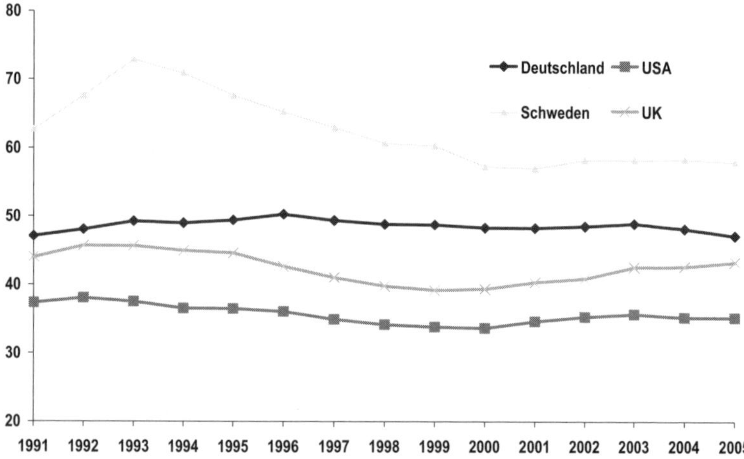

Abbildung 3: Abgabenlast im internationalen Vergleich, 2004/2005: OECD-Prognose
Quellen: OECD Economic Outlook Nr. 75, Volume 2004/1; Institut der deutschen Wirtschaft Köln

Die zuvor diskutierten sechs Wachstumstreiber lassen sich in vier Reformcluster überführen. Über eine Reduktion der strukturellen Arbeitslosigkeit sowie über eine gezielte Steuerung der

[5] Vgl. Sachverständigenrat zur Begutachtung der gesamtwirtschaftlichen Entwicklung, Widerstreitende Interessen – Ungenutzte Chancen, Jahresgutachten 2006/07, S. 293.

Bevölkerungsentwicklung kann Beschäftigung mobilisiert werden. Die Stimulierung privater Investitionen erscheint uneingeschränkt sinnvoll. Gleiches gilt für eine Ausweitung der staatlichen Investitionen auf Kosten des staatlichen Konsums. Hier ist allerdings zu fragen, in welchen Fällen eine private Bereitstellung an die Stelle der staatlichen treten sollte. Neben der Mobilisierung von Humankapital stellt die Konsolidierung der öffentlichen Haushalte ein wichtiges Reformcluster dar. Die Maßnahmen, die im Rahmen dieser Reformstrategien durchgeführt werden können, werden im folgenden näher betrachtet.[6]

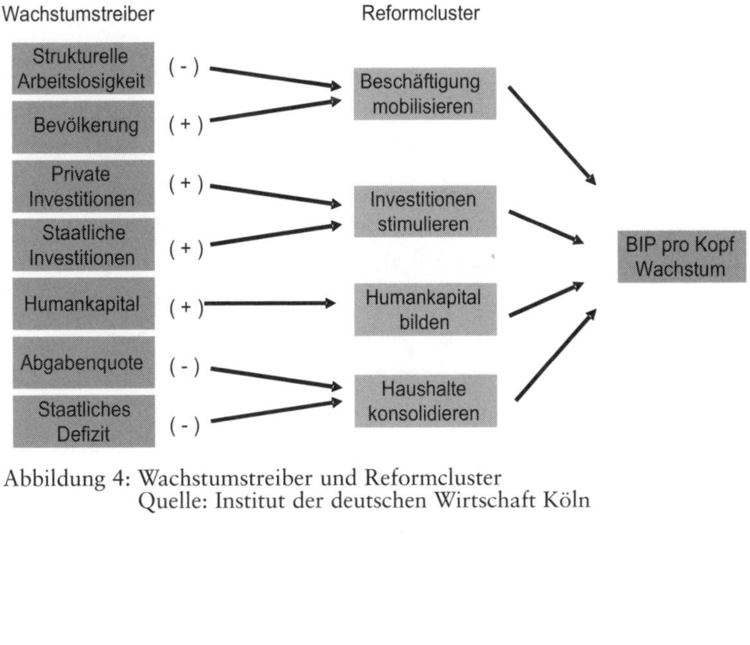

Abbildung 4: Wachstumstreiber und Reformcluster
Quelle: Institut der deutschen Wirtschaft Köln

6 Vgl. zu den einzelnen Reformclustern: Institut der deutschen Wirtschaft Köln (Hrsg.), 2005, a.a.O.

III. Beschäftigung mobilisieren – so könnte es gehen

Die Behebung der unbefriedigenden Situation einer hohen strukturellen Arbeitslosigkeit hat eine besondere Bedeutung für die anderen Reformcluster und nimmt daher eine zentrale Rolle ein. Neben einem direkten Beitrag zum Wachstum trägt die Erhöhung der Beschäftigung zu einem Abbau staatlicher Transferleistungen sowie zu einer Steigerung der Steuereinnahmen und somit zur Konsolidierung der Haushalte bei. Die Verringerung der Unternehmenssteuern, die dadurch ermöglicht wird, sowie die Verbesserung der Rahmenbedingungen für die Beschäftigung begünstigt somit eine Stimulierung privater Investitionen. Die Entlastung der Haushalte schafft überdies die Möglichkeit komplementärer öffentlicher Investitionen. Eine nachhaltige Steigerung des Wirtschaftswachstums kann daher nur gelingen, wenn die Probleme auf dem Arbeitsmarkt behoben werden. Hier liegt der Schlüssel für eine Genesung der deutschen Volkswirtschaft. Die Erhöhung des Erwerbspersonenpotentials sollte von einer Bildungsoffensive begleitet werden, die den gewachsenen Anforderungen an die Humankapitalausstattung der Erwerbstätigen Rechnung trägt.

Für die Verbesserung der Rahmenbedingungen auf dem Arbeitsmarkt sind folgende Maßnahmen zielführend:

- Beschäftigungsorientierte Lohnpolitik
- Verringerung des Abgabenkeils aus direkten Steuern und Sozialbeiträgen
- Arbeitszeitverlängerung und -flexibilisierung
- Arbeitsmarktliberalisierung
- Bevölkerungsorientierte Familienpolitik
- Arbeitsmarktgesteuerte Zuwanderung

Einen wichtigen Beitrag zur Beschäftigungssteigerung können die Tarifparteien leisten, ihnen kommt eine Führungsrolle zu. Nach wie vor gilt die einfache Regel: Beschäftigung entsteht nur dort, wo die Löhne hinter der Produktivität zurückbleiben. Wenn die Tarifpartner ernsthaft das Ziel eines Abbaus der Arbeitslosigkeit verfolgen, müssen sie sich dieser Maßgabe unterwerfen. Die Erfahrungen seit den späten siebziger Jahren sind auf gesamtwirtschaftlicher Ebene durchaus ermutigend. Das Strukturproblem bei den Geringqualifizierten konnte dabei bislang nicht erfolgreich kuriert werden. Zu hoch angesetzte Tariflöhne verhindern hier immer noch als faktische Mindestlöhne ebenso das Entstehen von Beschäftigung wie sozialpolitisch verankerte, implizite Mindestlohnbestimmungen.

Die Verringerung des Abgabenkeils beinhaltet neben der Steuersenkung eine Reduktion der Sozialabgaben. Mit der Festschreibung maximaler Beitragssätze und der Erhöhung von Steuerzuschüssen ist hier wenig gewonnen. Im Gegenteil: Aus ordnungspolitischer Sicht werden dadurch die Lasten auf Personengruppen (Steuerzahler) übertragen, die im Gegenzug zum Teil keine Leistungen empfangen. Die Beitragssätze können nur dann sinken, wenn die Effizienz der Sozialen Sicherungssysteme nachhaltig gesteigert wird. In der Arbeitslosenversicherung wurde hier schon viel erreicht. Trotz des Abbaus zahlreicher Programme der aktiven Arbeitsmarktpolitik wurde die Arbeitsvermittlung nicht merklich beeinträchtigt. Die Einsparungen sollten konsequent über Beitragssatzsenkungen an den Beitragszahler zurückgegeben werden. Die Politik ist bei ihrem eingeschlagenen Kurs zu unterstützen.

Im demographieanfälligen System der Alterssicherung muß die Verschiebung von Lasten auf künftige Generationen durch einen spürbaren Nachhaltigkeitsfaktor noch konsequenter gestoppt werden. Der jetzt vorgesehene modifizierte Nachholfaktor ist wichtig, wenngleich auch damit unvermeidbare Kürzungen der Renten in die weitere Zukunft verschoben werden. Der notwendige Aufbau einer kapitalgedeckten Altersvorsorge wurde sowohl im privaten wie im betrieblichen Kontext neu motiviert. Nach anfänglicher Zurückhaltung infolge bürokratischer Überfrachtung haben die Vereinfachungen in den Antragsverfahren für die Förderung nun eine richtige Welle ausgelöst.

Auf dem Reformpfad der Krankenversicherung geht es hingegen derzeit mit Vollgas in die falsche Richtung. Mit der Einführung des Gesundheitsfonds und eines Einheitsbeitrags für alle Kassen verbindet sich das Risiko, daß der Wettbewerb zwischen den gesetzlichen Kassen eher vermindert als erhöht wird. Die Mitgabe durchschnittlicher Altersrückstellungen beim Wechsel zwischen privaten Krankenkassen führt dazu, daß nur gute Risiken mit individuell zu hohen Rückstellungen wechseln und schlechte Risiken mit zu geringen Rückstellungen zurückbleiben (adverse Selektion). Wenn der dadurch verzerrte Wettbewerb nicht unterbunden wird, werden einige Kassen mit erheblichen finanziellen Problemen konfrontiert. Zwischen den privaten Krankenkassen kann Wettbewerb nur durch die Übertragung individueller Altersrückstellungen erreicht werden.

Die umlagefinanzierte Pflegeversicherung sieht sich mit ähnlichen demographischen Problemen konfrontiert wie die Gesetzliche Krankenversicherung. Sie sollte durch eine private, kapitalgedeckte Versicherung ersetzt werden. Angesichts der erst zehnjährigen Geschichte dieses Sozialversicherungszweiges ist hier der Umstieg noch vergleichsweise einfach möglich.

Im Hinblick auf die Lebensarbeitszeit hat in Deutschland ein Paradigmenwechsel vom Frühverrentungswahn der neunziger Jahre zu einer Ausweitung der Lebensarbeitszeit stattgefunden. Dies betrifft vor allem die Heraufsetzung des Rentenalters. Die Einführung der „Rente mit 67“, also die Erhöhung der Regelaltersgrenze auf 67 Jahre ab dem Jahr 2012, ist ein Schritt in die richtige Richtung. Weitere Schritte müssen folgen. So sollten

Frühverrentungspfade gekappt und Arbeitnehmer zum Zweck des Erhalts ihrer Beschäftigungsfähigkeit frühzeitig und betriebsspezifisch weitergebildet werden. Auch die Betriebe sind gefordert, mit einer lebenszyklusorientierten Personalpolitik ihren Beitrag zu leisten.[7]

Eine wichtige Voraussetzung für die Verlängerung der Wochenarbeitszeiten ist zunächst ihre Flexibilisierung. Unternehmen sollten die Arbeitszeiten mit ihren Arbeitnehmern aushandeln dürfen. Auch hier hat ein Umdenken dahingehend eingesetzt, daß die Verlängerung der Arbeitszeit ohne (vollen) Lohnausgleich als beschäftigungsfördernd erkannt worden ist.

Neben der Freigabe der Arbeitszeiten ist eine Liberalisierung auch im Hinblick auf weitere Aspekte des Arbeitsmarkts sinnvoll. Dazu zählt zunächst der allgemeine Abbau von Bürokratie. Ob der neu eingeführte Normenkontrollrat Wirkung zeigt oder zum Papiertiger wird, muß sich erst erweisen. Wenn die Politik es ernst meint mit dem Bürokratieabbau, sollte dieser auch vor dem Allgemeinen Gleichbehandlungsgesetz nicht haltmachen, das zuallererst eine Erhöhung des Risikos beim Abschluß von Arbeitsverträgen bedeutet und zur Absicherung dieses Risikos einen immensen bürokratischen Aufwand beinhaltet. Der wohl wichtigste Beitrag der Entbürokratisierung von Arbeitsverhältnissen besteht in der Liberalisierung des gesetzlichen Kündigungsschutzes.

Mit Hilfe einer bevölkerungsorientierten Familienpolitik kann versucht werden, das Arbeitskräftepotential zu erhöhen. Die Vereinbarkeit von Beruf und Familie muß verbessert, die Erziehungsleistung der Eltern anders gewürdigt werden. Das nun eingeführte

---

7 Vgl. dazu Institut der deutschen Wirtschaft Köln, 2006, Lebenszyklusorientierte Personalpolitik – „Work-Life-Balance"-Modelle und „Demographietools" für die betriebliche Praxis, Köln, Frankfurt a. M. (unveröffentlichte Studie im Auftrag der DekaBank)

Elterngeld ist ein wichtiger Beitrag. Anstelle einer Fürsorgeleistung tritt eine Lohnersatzleistung, und das in der Regel nur für zwölf bzw. vierzehn Monate. Die Rückkehr in die Erwerbstätigkeit wird dadurch erleichtert. Neben finanziellen Anreizen müssen auch die entsprechenden Möglichkeiten der Kinderbetreuung geschaffen werden. Dazu zählt ein erhöhtes Angebot an Kita-Plätzen. Ein weiteres Element der bevölkerungsorientierten Familienpolitik ist die Entzerrung der Phase, in der Familiengründung und Grundsteinlegung der Karriere stattfinden. Dies kann vor allem durch kürzere Ausbildungszeiten erreicht werden. Bachelor und Master setzen dafür wichtige neue Zeichen.

Außerdem kann eine arbeitsmarktgesteuerte Zuwanderung für mehr Wachstum sorgen.[8] Durch erhöhte Steuereinnahmen und die Entlastung der Sozialen Sicherungssysteme leistet sie auch einen Beitrag zur Verringerung der Arbeitslosigkeit.

IV. Was für Beschäftigung und Wachstum außerdem zu tun ist

Während die Mobilisierung der Beschäftigung als Schlüssel für mehr Wachstum anzusehen ist, unterstützen beziehungsweise ergänzen die Maßnahmen anderer Reformcluster eine solche beschäftigungsorientierte Strategie.

A. Investitionen stimulieren

Die Rentabilität von Unternehmensinvestitionen wird von einer Reihe von Faktoren bestimmt, die durch die Wirtschaftspolitik beeinflußt werden können:

---

[8] Vgl. dazu im einzelnen Klös, Hans-Peter / Kroker, Rolf, Perspektive 2050: Ordnungsökonomische Weichenstellungen und wirtschaftspolitischer Handlungsbedarf, in: Perspektive 2050 – Ökonomik des demographischen Wandels, Deutscher Instituts-Verlag, S. 404 f.

- Beschäftigungsorientierte Lohnpolitik
- Verringerung des Abgabenkeils
- Effizienzsteigerung des Steuersystems
- Bürokratieabbau
- Umschichtung der öffentlichen Haushalte

An dieser Auflistung wird die enge Verzahnung der Reformcluster deutlich. Eine moderate Lohnpolitik, eine verringerte Abgabenbelastung sowie der Abbau von Bürokratie sorgen sowohl direkt für eine erhöhte Standortqualität als auch indirekt für eine Beschäftigungsstimulierung.

Eine ähnliche Wirkung hat auch eine Effizienzsteigerung im Steuersystem. Statt an den Symptomen anzusetzen und Änderungen innerhalb des ineffizienten bestehenden Steuersystems anzustreben, ist eine grundlegende Steuerreform notwendig, die mit einem Systemwechsel einhergeht. Aufgrund des internationalen Standortwettbewerbs ist eine geringe Besteuerung von Kapital unabdingbar. Auch bei der Besteuerung des Faktors Arbeit sind moderate Sätze angebracht. Die Mobilität hochqualifizierter Arbeit sollte nicht unterschätzt werden. Ein effizientes Steuersystem gewährleistet außerdem Rechtsformneutralität und berücksichtigt horizontale Gerechtigkeitserwägungen der Steuersubjekte. Durch eine Besteuerung von Kapitalerträgen wird die Ersparnisbildung benachteiligt, da das Vermögen, aus dem die Erträge gebildet werden, bei seiner Entstehung bereits der Einkommensteuer unterlag. Auch aus diesem Grund ist eine niedrige Kapitalbesteuerung angebracht.

Eine Verringerung der Steuerlast bedingt eine Reduktion der Staatsausgaben. Dabei sollten nicht investive, sondern konsumtive Ausgaben zurückgeführt werden, auch wenn dies politisch schwieriger erscheint. Aufgrund der Komplementarität öffentlicher und privater Investitionen sollte eine darüber hinausgehende Umschichtung von Konsumausgaben zu Investitionen in den öffentlichen Haushalten stattfinden.

B. Humankapital bilden

Mit der Globalisierung geht in den entwickelten Volkswirtschaften eine Wissensintensivierung der Wertschöpfungsprozesse einher, der sich auch Deutschland nicht entziehen kann. Der Bildung von Humankapital kommt daher eine hohe Bedeutung zu. Bei Reformüberlegungen ist die gesamte Bildungsbiographie in den Blick zu nehmen, und es sind Rückwirkungen auf die Familienpolitik zu beachten. Dabei kann an folgenden Hebeln angesetzt werden:

- Stärkung von Vorschulen und Ganztagsschulen
- Modernisierung der beruflichen Bildung und größere Durchlässigkeit nach oben
- Spitzen- und Elitenförderung
- Größere Schul- und Hochschulautonomie

Ein bildungspolitischer Ansatz sollte der Tatsache Rechnung tragen, daß Bildung pfadabhängig ist. Versäumnisse zu Beginn einer Erwerbsbiographie können später nur mit sehr kostspieligen Therapiemaßnahmen ausgeglichen werden – wenn überhaupt. Daher ist insbesondere auf Startchancengerechtigkeit zu achten. Da vor allem die frühkindliche Bildung hohe externe Effekte erbringt, sollte sie in besonderem Maße gefördert werden. In einem frühen Stadium der Bildungsbiographie muß vor allem darauf geachtet werden, bildungsferne Gruppen mitzunehmen. Dazu ist eine erhöhte Verfügbarkeit von Plätzen in Kindergärten und Kindertagesstätten notwendig. Zielführend ist außerdem ein erweitertes Angebot an Ganztagskindergärten und Ganztagsschulen. Die Einbindung bildungsferner Schichten kann außerdem über die Stärkung einer gezielten Sprachförderung und damit zugleich der Forderung von Sprachkompetenz für die Teilnahme am öffentlichen Bildungssystem erreicht werden.

Handlungsbedarf besteht auch in der beruflichen Ausbildung. Eine Verringerung der Lehrstellenlücke kann nicht durch

Zwang, wie zum Beispiel durch eine Ausbildungsplatzabgabe erreicht werden. Statt dessen sollte die Lehrlingsvergütung flexibilisiert werden, um unterschiedlichen Qualifikationen der Auszubildenden Rechnung zu tragen. Eine weitere Erhöhung des Ausbildungsanreizes kann dadurch erreicht werden, daß Ablösesummen-Regelungen zugelassen werden, um dem Problem der Abwanderung ausgebildeter Arbeitskräfte zu anderen Unternehmen entgegenzuwirken. Die Integration von Problemgruppen kann durch eine verstärkte Einführung zweijähriger Ausbildungsberufe mit geringem theoretischem Anspruch erleichtert werden. Um die Durchlässigkeit des Bildungssystems zu erhöhen, sollte eine engere Verzahnung von Berufsbildung und Hochschulbildung angestrebt werden.

Während die in den früheren Phasen des Bildungssystems notwendigen Maßnahmen einen erhöhten öffentlichen Mitteleinsatz erfordern, kann eine Spitzen- und Eliteförderung mit verringerten staatlichen Ausgaben erreicht werden, da die Erträge aus Humankapitalinvestitionen in diesem Bereich eher privater Natur sind und externe Effekte ein geringeres Gewicht haben. Ein durch Steuergelder finanziertes Studiensystem führt zu einer hohen Inanspruchnahme des kostenlosen Bildungsangebots in Deutschland. Anschließend bestehen große Anreize zur Arbeitsaufnahme im Ausland, um sich der steuerlichen Finanzierung des Bildungssystems zu entziehen. Neben dieser Vermeidung eines „Brain drain“ stellt die Finanzierung der Hochschulen über Studiengebühren einen notwendigen Schritt zur Einführung einer weitgehenden Autonomie der Hochschulen dar. So entstehen zwei Arten von Anreizeffekten. Erstens wird Wettbewerb zwischen den Hochschulen ermöglicht, da diese die Preise und Leistungen, die sie anbieten, selbst festlegen können. Zweitens erhöhen Studiengebühren die Anreize für ein effizienteres Studium, wenn die Studierenden die Kosten selbst tragen müssen. Ein System von Studiengebühren kann durch staatlich gesicherte Kredite und Stipendienprogramme abgefedert werden, um so einen allgemeinen Zugang zu einem Hochschulstudium zu ermöglichen.[9] Die Erfahrungen aus anderen Ländern wie den USA zeigen, daß vor allem auch die Hochschulen selbst beim Angebot an Instrumenten, die die Finanzierung eines Studiums erleichtern, äußerst kreativ sind.

Die Forderung für eine größere Autonomie sollte nicht nur für Hochschulen, sondern auch für Schulen erhoben werden, um auch hier die Leistungsanreize zu erhöhen. Zur Gewährung der Gleichwertigkeit von Abschlüssen sollten auf allen Ebenen des Bildungssystems einheitliche Leistungsstandards eingeführt werden. Eine Überprüfung der Qualität der Bildungsangebote kann durch eine externe Überprüfung sowie durch landesweite Zentralprüfungen bei allen Schulabschlüssen etabliert werden.

C. Haushalte konsolidieren

Eine Konsolidierung der öffentlichen Haushalte ermöglicht insbesondere eine Verringerung der Steuerlast und somit eine verbesserte Voraussetzung für die Entstehung von Beschäftigung. Folgende Ansatzpunkte erscheinen vielversprechend:

- Effizienzsteigerung des Steuersystems
- Verringerung des Abgabenkeils
- Subventionsabbau
- Neuer Ansatz für die Wirtschaftspolitik in Ostdeutschland

Oberste Maxime sollte eine Konsolidierung über die Ausgabenseite sein. Die Verringerung der Steuerlast und damit des Ab-

[9] Vgl. Klös, Hans-Peter / Plünnecke, Axel, Bildungsfinanzierung und Bildungsregulierung in Deutschland: eine bildungsökonomische Einordnung, in: Institut der deutschen Wirtschaft Köln, Bildungsfinanzierung und Bildungsregulierung in Deutschland – Eine bildungsökonomische Reformagenda, Deutscher Instituts-Verlag, 2006, S. 11–30.

gabenkeils ist letztlich nur über einen konsequenten Abbau von Subventionen sinnvoll, auch wenn dies der politisch unangenehmere Weg sein mag. Niemand sollte sich hinter der Behauptung verstecken können, daß hier nichts mehr möglich sei. Selbst der Subventionsbericht der Bundesregierung spricht mit einem Gesamtvolumen von gut 55 Milliarden Euro eine deutliche Sprache.[10] Das ständige Drehen an der Steuerschraube hingegen verschlechtert die Standortbedingungen für Kapital und qualifizierte Arbeitskräfte.

Insbesondere sollte nach Möglichkeiten gesucht werden, wie die umfangreichen Transfers in die neuen Bundesländer verringert werden können. Die geringe Wirtschaftskraft Ostdeutschlands ist nicht durch einen zu knappen Zustrom öffentlicher Mittel begründet, sondern durch eine zu geringe Attraktivität für Investoren. Anstatt den Mangel zu verwalten, sollte man darüber nachdenken, eine Sonderregulierungszone Ostdeutschland einzuführen, um dort die Standortbedingungen entscheidend zu verbessern. Anders gewendet: Die neuen Bundesländer sollten die Möglichkeit erhalten, von den Bundesgesetzen abzuweichen. Im einzelnen bieten sich folgende Ansatzpunkte an:

- Verschiedene bürokratische Bestimmungen bei Existenzgründungen, Genehmigungen und Zulassungen können ausgesetzt werden. Ähnliches kann für Bestimmungen im Arbeitsrecht und im Sozialrecht gelten.
- Eine Flexibilisierung des Kündigungsschutzes würde erheblich zu einer Verbesserung der Standortqualität in Ostdeutschland beitragen.

---

[10] Vgl. Deutscher Bundestag, Drucksache 16/1020, Bericht der Bundesregierung über die Entwicklung der Finanzhilfen des Bundes und der Steuervergünstigungen für die Jahre 2003 bis 2006 (20. Subventionsbericht), S. 5 sowie Monatsbericht des BMF, April 2006, S. 34.

- Gleiches gilt für das Teilzeit- und Befristungsgesetz oder andere arbeitsrechtliche Regulierungen.
- Obwohl die Unternehmen in den neuen Ländern vielfach nicht tarifgebunden sind, hat der Tarifvertrag eine Orientierungsfunktion. Eine Lockerung des Tarifrechts wäre daher sinnvoll.
- Eine Lichtung des Regulierungsdschungels im Baurecht und im Umweltrecht würde ebenfalls einen wichtigen Beitrag zur Standortqualität leisten.
- Grundsätzlich sollten Sozialleistungen nach den Lebenshaltungskosten regional differenziert werden. Eine Senkung dieser Leistungen in Ostdeutschland wäre daher sinnvoll, da die Lebenshaltungskosten wesentlich geringer sind als in den alten Bundesländern. Die Angleichung des Arbeitslosengelds II auf Westniveau war ein Schritt in die falsche Richtung.

Bei diesem Katalog handelt es sich grundsätzlich um Maßnahmen, die auch für Westdeutschland wachstumsstimulierend wirken würden. Die Chancen einer politischen Durchsetzbarkeit im ganzen Bundesgebiet müssen allerdings als gering angesehen werden. Möglicherweise kann Ostdeutschland als Testzone fungieren. Wenn sich zeigt, daß es den Menschen auf mittlere und lange Sicht aufgrund dieser Maßnahmen besser geht, wird die Diskussion über die Übertragung auf Westdeutschland automatisch in Gang kommen.

V. Was es brächte, wenn wir es täten

Ein internationaler Vergleich der wirtschaftlichen Lage zeichnet ein ernüchterndes Bild. Das Pro-Kopf-Einkommen in der Bundesrepublik Deutschland beträgt knapp 26 000 US-Dollar, gerechnet in Kaufkraftparitäten. Die Wohlstandsniveaus in Dänemark und den Niederlanden übersteigen das deutsche mittlerweile um mehr als 10 Prozent. Spitzenreiter sind die USA mit einem Pro-Kopf-Einkommen von mehr als 36 000 Dollar.[11] Mit diesem Status quo müssen wir uns nicht begnügen – falsche Bescheidenheit ist hier fehl am Platze. Das Institut der deutschen Wirtschaft Köln hat für verschiedene Entwicklungspfade der deutschen Volkswirtschaft die Konsequenzen für einzelne ökonomische Kenngrößen abgeleitet (Tabelle 1). Danach zeigt sich, daß reformpolitische Anstrengungen sich lohnen. Alle relevanten Größen verbessern sich deutlich gegenüber einer Fortsetzung der Stagnation, wie wir sie von Herbst 2000 bis nahezu 2004 erlebt haben. Dies gilt auch dann, wenn man berechtigterweise gegenrechnet, daß einzelnen Reformen – wie der Abbau von Subventionen, die Einführung von Studiengebühren oder die teilweise Privatisierung der Sozialversicherung – zu höheren Belastungen der privaten Haushalte führen.

Ausgehend vom Jahr 2004 kann eine konsequent angebotsorientierte Wirtschaftspolitik das Bruttoinlandsprodukt je Einwohner im Zeitraum 2005 bis 2024 preisbereinigt um knapp 120 000 Euro erhöhen. Als Vergleich für die Berechnung dieser Reformdividende dient ein Szenario der Stagnation. Das verfügbare Einkommen der privaten Haushalte würde in diesem Zeitraum um gut 77 000 Euro pro Einwohner ansteigen. Die konjunkturelle Belebung der Jahre 2005 und vor allem 2006 hat uns bereits gelehrt, daß der Abwärtstrend gestoppt werden kann.

[11] Eichhorst, Werner / Thode, Eric / Winter, Frank, Benchmarking Deutschland 2004 – Arbeitsmarkt und Beschäftigung, Bericht der Bertelsmann-Stiftung, Springer-Verlag, Heidelberg 2004, S. 5.

	Szenario 1 Stagnation	Szenario 2 Gestoppter Abwärtstrend	Szenario 3 Deutsche Angebotspolitik
BIP	–	77 005	119 145
Einkommen	–	50 053	77 444
Konsum	–	43 893	67 913
Vermögen	–	6 149	9 514
Staatsausgaben	–	34 205	44 619
Staatsschulden	–	–853	–16 668

Tabelle 1: Wachstumsszenarien für Deutschland: Die kumulierten Reformdividenden[12]
Quelle: Institut der deutschen Wirtschaft Köln (Hrsg.), 2005, a.a.O., S. 69

An den Unterschieden in den Reformdividenden der betrachteten Szenarien wird deutlich, daß eine konsequente Angebotspolitik lohnenswert ist. Kompromisse sowie handwerkliche Fehler in der Umsetzung sind mit deutlichen Wachstumseinbußen verbunden. Dabei steht uns alles andere als eine leichte Aufgabe bevor. Angebotsorientierte Reformen haben den politischen Nachteil, daß zunächst eine Verringerung des Bruttoinlandsprodukts hingenommen werden muß, um auf einen höheren Wachstumspfad zu gelangen. Drehscheibe der Reformen bleibt der Arbeitsmarkt, flankiert von der Stimulierung privater Investitionen, einer verstärkten Bildung von Humankapital sowie der Konsolidierung der öffentlichen Haushalte.

[12] Verbesserung gegenüber dem Stagnations-Szenario im Zeitraum von 2005 bis 2024, in Euro je Einwohner.

Peter Gillies

Ludwig Erhard – Mahner und Prophet

Der erste Wirtschaftsminister und zweite Bundeskanzler prägte mit seinem Leitbild der Sozialen Marktwirtschaft entscheidend den Aufstieg der jungen Bundesrepublik. Der „Vater des Wirtschaftswunders“ – ein Titel, den er verabscheute – bereitete das Fundament eines damals nie geahnten „Wohlstands für alle“ in Vollbeschäftigung und sozialer Sicherheit. Daß Deutschland Jahr um Jahr den Titel des Exportweltmeisters verteidigt, ist nicht zuletzt der von ihm eingeleiteten Ordnungspolitik geschuldet. Im Jahre 2007 sei an den 110. Geburtstag sowie an seinen 30. Todestag erinnert.

Bezeichnend für seine Beharrlichkeit ist eine Anekdote, die aus der Zeit der Währungsreform von 1948 überliefert ist: Der damalige Wirtschaftsdirektor Erhard hatte am Tag vor der Reform über Rundfunk das Ende von Zwangsbewirtschaftung und Preisbindung verkünden lassen. Am nächsten Tag wurde er zum amerikanischen Militärgouverneur Lucius D. Clay zitiert, der ihm vorwarf, er habe eigenmächtig Vorschriften des alliierten Besatzungsrechts verändert. Erhard antwortete kühl: „General, ich habe sie nicht verändert, ich habe sie abgeschafft!“

So erfolgreich Erhard in der Durchsetzung marktwirtschaftlicher Prinzipien war – er scheute weder die Kritik von Politik, Industrie und Gewerkschaften noch die seines Bundeskanzlers Adenauer –, so wenig gelang es ihm ab Ende der fünfziger Jahre, den Staat vor sozialer und finanzieller Überforderung zu bewahren. Als Ökonom der Freiheit war er überaus erfolgreich, als Fremdling im politischen Raubtierkäfig den Machtgelüsten seiner Widersacher ausgeliefert, als Warner vor dem Verteilungswahn, nicht zuletzt als Kanzler gescheitert. Eine Gesellschaft, die unter Tyrannei kleinlicher Beamter leidet und in der „jeder die Hand in der Tasche des anderen hat", war ihm ein Gräuel. Erhards Vision der Sozialen Markwirtschaft bleibt eine eindrucksvolle historische und zugleich lehrreiche Blaupause für die Probleme von heute. Seine nahezu prophetischen Mahnungen und Warnungen sind aus seinen Schriften und Reden entnommen – eine ahnungsvolle, unterschätzte Lektion für die Nachgeborenen.

Über die Wirtschaft quatschen alle mit

Nicht nur in Wahlkämpfen sind Bemerkungen zu wirtschaftlichen Vorgängen äußerst beliebt. Das gilt für politische Amtspersonen wie für feinsinnige Intellektuelle. Dabei fällt die Kritik an den ökonomischen Zuständen um so kraftvoller aus, je ferner die Redner den Wirtschaftsproblemen stehen.

Ludwig Erhard: Sie erleben es täglich, es gibt drei Gesprächsstoffe, bei denen alle und jeder glauben mitreden und urteilen zu können: das ist das Wetter, die Politik und die Wirtschaft . . . Der geradezu erschreckenden Unkenntnis über selbst einfache wirtschaftliche und soziale Zusammenhänge müßte schon von der Schule her begegnet werden. Nur so kann den Demagogen und politischen Kurpfuschern das Handwerk gelegt werden. Was auf diesem Felde oft an bewußter Irreführung getan wird, ist kaum noch erträglich.

Daß Leute, die sich wahrscheinlich lächerlich vorkommen würden, wenn sie als Laien etwa über technische, medizinische oder physikalische Probleme urteilen wollten, keinerlei Hemmungen zeigen, sich in wirtschaftspolitischen Fragen als Sachverständige oder gar als Schiedsrichter aufspielen zu können, verwundert immer wieder. (1960/66)

Erhards Verbündete
Der Bundeswirtschaftsminister scheute nie den Konflikt mit Parteien, mit der Industrie oder den Gewerkschaften – sein steter Verbündeter war jedoch die Bevölkerung.

Ludwig Erhard: Unser Volk vertraut der marktwirtschaftlichen Ordnung und will nicht täglich mit nichtssagenden Vokabeln und Slogans abgespeist werden. (1977)

Sozial ist der Markt
Wie sozial ist die Soziale Marktwirtschaft? Die Frage löst unterschiedliche Reaktionen aus und ist auch heute umstritten. Erhard gibt eine klare Antwort.

Ludwig Erhard: In der Marktwirtschaft wird der Begriff „sozial" manchmal so interpretiert, als ob er lediglich einer schamhaften Verbrämung dessen diene, was einmal Kapitalismus bedeutete. Diese Verleumdung hat mich nicht getroffen, ja nicht einmal beschäftigt. Das war doch der Sinn der Sozialen Marktwirtschaft, daß sie von Anfang an und im Prinzip nicht der alten verstaubten Sozialpolitik folgte, die sich lediglich als Verteilungspolitik verstand, sondern dem echtem sozialen Denken nach Maßgabe der soliden Leistungen unseres ganzen Volkes zum Durchbruch verhelfen wollte. (1977)

Soziale Marktwirtschaft – Aus Alt mach Neu?
Bundeskanzlerin Angela Merkel legte ein Konzept für eine „Neue Soziale Marktwirtschaft" vor, das auch in der CDU zu Diskussionen führte. Die Union will an das bewährte Leitbild Ludwig Erhards anknüpfen, aber die Marktwirtschaft angesichts von Globalisierung, Reformstau und Internet fit für das 21. Jahrhundert machen.

Ludwig Erhard: Die Soziale Marktwirtschaft brachte die Befreiung unseres Volkes von wirtschaftlicher Not und sozialem Zwang. Das Programm „Wohlstand für alle" wurde Realität. Auch für die Zukunft kann kein dürftiger Pragmatismus eine gewollte Ordnung ersetzen. (1963) Ein Vergleich mit anderen Wirtschaftssystemen zeigt deutlich, daß sich die Soziale Marktwirtschaft besser bewährt hat als alle kollektivistisch gearteten Gesellschaftsformen. Das ist auch der Grund, warum ich zuversichtlich auf den Fortbestand der Sozialen Marktwirtschaft in einem freien Europa vertraue. Ich kann nur warnen zu glauben, Politik bestehe darin, sich jeden Tag etwas Neues einfallen zu lassen. (1966)

Exportartikel Marktwirtschaft
Das Erhardsche Leitbild gilt vielen Ländern als Vorbild. Angezweifelt wird es dagegen vor allem in seinem Ursprungsland.

Ludwig Erhard: Unser deutsches Modell einer modernen Wirtschafts- und Sozialordnung gerät aus dem Höhenflug des einstmals als „Wunder" erschienenen Erfolges in die natürliche Phase allgemeiner, alltäglicher Bewährung. Es stellt sich uns die Frage, ob wir eingetretene Verkrustungen dieser Ordnung lösen, bislang außerhalb der Marktwirtschaft gebliebene Schutzbereiche in den Fortschrittsprozeß organisch einbeziehen und damit der immer noch anzutreffenden Neigung zu einer sterilen Verzünftelung sogenannter Besitzstände ein Ende bereiten können. (1965)

Das Problem Verteilung
Wo liegen die Grenzen staatlicher Wohltaten? Der Streit begleitet die Bundesrepublik seit ihrer Gründung.

Ludwig Erhard: Kein Staat kann seinen Bürgern mehr geben, als er ihnen vorher abgenommen hat – und das auch noch abzüglich der Kosten einer immer mehr zum Selbstzweck ausartenden Sozialbürokratie. Es gibt keine Leistungen des Staates, die sich nicht auf Verzichte des Volkes gründen. (1963)

Arm und reich

Hartnäckig hält sich die Vermutung, die Verteilung des Wohlstandes habe die Einkommens- und Vermögensposition der Einkommensschwachen verschlechtert. Seriöse Untersuchungen bestreiten das.

Ludwig Erhard: Wenn Sie mich fragen, ob in dem zurückliegenden Zeitraum der letzten zwölf Jahre das Sozialprodukt gerecht verteilt wurde, gibt es darauf verschiedene Antworten. Nach Maßstäben streng sittlicher Art möchte ich Ihnen sagen: Nein! Nach den Maßstäben der realen Gegebenheiten und der Aufgaben, die im Interesse aller glücklich zu bewältigen waren, beantworte ich diese Frage mit Ja! (1962)

Grundgehalt für alle?

Ein Grundgehalt für alle – auch ohne Arbeit – erfreut sich immer wieder des Beifalls einiger Politiker.

Ludwig Erhard: Hier liegt ein wahrlich tragischer Irrtum vor, denn man will offenbar nicht erkennen, daß wirtschaftlicher Fortschritt und leistungsmäßig fundierter Wohlstand mit einem System kollektiver Sicherheit unvereinbar sind . . . Sozialpolitik darf nicht einfach zu einer Politik der Befriedigung sozialer Interessengruppen werden. Eine der Kernfragen der modernen Sozialpolitik lautet dahin, ob sich die klassischen Prinzipien der Sozialpolitik zu einem allgemeinen, allumfassenden gesellschaftlichen Versicherungsprinzip verdichten sollen. Die (damals unionsgeführte) Bundesregierung lehnt die Einführung eines derartigen Totalversicherungssystems aus grundsätzlichen Erwägungen ab. (1957/1965)

Asylbetrüger zocken beim Sozialamt ab
Immer wieder gehen Sozialbetrüger den Behörden ins Netz. Über dem Mißbrauch von Sozialleistungen liegt eine hohe Dunkelziffer.

Ludwig Erhard: Eine gründliche Durchleuchtung der heutigen Sozialgesetzgebung ist unabdingbar geworden. (1963)

Vom kollektiven Glück des Sozialen
Die maroden Sozialsysteme hängen immer stärker am staatlichen Tropf. Der Kreis der Zwangsmitglieder wird bis zum hundertprozentigen Volkskollektiv ausgeweitet.

Ludwig Erhard: Die auf Zwang beruhende allgemeine Volksversicherung – sei sie nun ein Topf oder nach Gruppen gegliedert – unterscheidet sich allenfalls gradweise, nicht aber prinzipiell von der allgemeinen Staatsbürgerversorgung. Die Entwicklung zum Versorgungsstaat ist daher auch dann schon zu verzeichnen, wenn der staatliche Zwang über den Kreis der Schutzbedürftigen hinausgreift und wenn ihm Personen unterworfen werden, denen der Zwang und die Abhängigkeit wesensfremd ist. (1965)

Krankes Gesundheitswesen
Das System der deutschen Krankenversicherung sei falsch gesteuert, führe gleichermaßen zu Unter- wie zu Über- und Fehlversorgung der Patienten und berge „erhebliche Wirtschaftlichkeitsreserven“. So das Urteil der Sachverständigen.

Ludwig Erhard: Wirtschaftliche Freiheit und totaler Versicherungszwang vertragen sich nicht. Daher ist es notwendig, daß das Subsidiaritätsprinzip als eines der wichtigsten Ordnungsprinzipien für die soziale Sicherung anerkannt und der Selbsthilfe und Eigenverantwortung so weit wie möglich der Vorrang eingeräumt wird. Der staatliche Zwangsschutz hat demnach dort Halt zu machen, wo der einzelne und seine Familie noch in der Lage sind, selbstverantwortlich und individuelle Vorsorge zu treffen. (1965)

Allmächtiger Staat

Nicht der einzelne, sondern der Staat sei für Wohlstand und Sicherheit verantwortlich, glauben knapp 40 Prozent der Deutschen.

Ludwig Erhard: Ich bin erschrocken, wie übermächtig der Ruf nach kollektiver Sicherheit im sozialen Bereich erschallt. Falls diese Sucht weiter um sich greift, schlittern wir in eine gesellschaftliche Ordnung, in der jeder die Hand in der Tasche des anderen hat. Das Prinzip heißt dann: Ich sorge für die anderen und die anderen sorgen für mich. Das mir vorschwebende Ideal beruht auf der Stärke, daß der einzelne sagen kann: Ich will mich aus eigener Kraft bewähren, ich will das Risiko des Lebens selbst tragen, will für mein Schicksal selbst verantwortlich sein. (1958)

Auf dem Weg zum sozialen Untertan

Unermüdlich beklagt die Wirtschaft den betrieblichen Sozialaufwand, der sich in hohen Lohnnebenkosten niederschlägt. Langfristige Rechnungen wollen von Sozialbeiträgen wissen, die etwa im Jahre 2030 auf mehr als 50 Prozent klettern – die Steuern nicht gerechnet.

Ludwig Erhard: Wachsende Sozialisierung der Einkommensverwendung und um sich greifende Kollektivierung der Lebensplanung, weitgehende Entmündigung des einzelnen und zunehmende Abhängigkeit vom Kollektiv oder vom Staat, wären die Folgen dieses gefährlichen Weges, an dessen Ende der „soziale Untertan“ und die bevormundende Garantierung der materiellen Sicherheit durch den allmächtigen Staat sowie die damit verbundene Lähmung des wirtschaftlichen Fortschritts in Freiheit stünde. (1956) Es ist schon ein Unterschied, ob die Arbeitskosten im Kostengefüge mit 10, 30, 50 oder 60 Prozent ins Gewicht fallen. Und darum sage ich immer wieder, daß die Umlegung gewisser sozialer Lasten auf die Lohnkosten ein sehr fragwürdiges Prinzip zu sein scheint. (1960)

Wer ist arm?
Die neue Disziplin der Armutsforschung behauptet, daß jeder, der weniger als die Hälfte des Durchschnitts verdient, arm sei.

Ludwig Erhard: Fast unwillkürlich wird gefolgert, daß, gemessen an dem Lohn des Arbeiters, der Angestellte soviel und der Beamte etwas mehr, der Handwerker dies, der Händler jenes und der Industrielle entsprechend noch mehr verdienen dürfe. Aus dieser Vorstellung leitet dann der einzelne die sittliche Berechtigung zu seinem Lebensstandard auch für die Gegenwart ab. Das aber ist eine Täuschung, die sich bitter rächen muß. (1948)

Richter ist der Markt
Verteilungsgerechtigkeit lebt aus einem funktionierenden Markt.

Ludwig Erhard: Ich bin der Meinung, daß es nur eine gerechte Verteilung gibt, und das ist die, die durch die Funktion des

Marktes erreicht wird. Der Markt ist der einzig gerechte demokratische Richter, den es überhaupt in der modernen Wirtschaft gibt. (1950)

Rente in der Dauerreform

Soll die soziale Rente an die Lohnentwicklung angekoppelt bleiben oder schrittweise durch eine Kapitalansammlung ersetzt werden? Erhard hatte 1957 dem Konzept von Adenauers dynamischer Rente vehement widersprochen, konnte sich aber nicht durchsetzen. Seither befindet sie sich in einer Dauerreform. Sicherer wurde sie nicht.

Ludwig Erhard: Die eigentliche Gefahr, ja die fast zerstörerische Wirkung einer dynamischen Rente liegt denn auch nicht so sehr in ihrer Beweglichkeit an sich, sondern in ihrer Koppelung an die Lohnentwicklung. (1957)

Rente mit 67

Unter politischen Bauchschmerzen hat die schwarz-rote Koalition eine wichtige Reform durchgepaukt: verlängerte Lebensarbeitszeit durch die Rente mit 67.

Ludwig Erhard: „Weniger arbeiten“, „besser leben“, „mehr verdienen“, „schneller zu Reichtum gelangen“, über Steuern klagen, aber dem Staat höhere Leistungen abzuverlangen – das alles kennzeichnet eine geistige Verirrung und Verwirrung, die kaum noch zu überbieten ist und die, auf die Spitze getrieben, die Grundfesten unserer gesellschaftlichen Ordnung zu zerstören geeignet wäre. (1957) Ebenso wenig wie ein Volk mehr verzehren kann, als es an Werten geschaffen hat, so wenig kann auch der einzelne mehr an echter Sicherheit erringen, als wir uns im ganzen durch Leistung Sicherheit erworben haben. Diese Grundwahrheit wird auch nicht durch Verschleierungsversuche mittels kollektiver Umlageverfahren aus der Welt geschafft. (1960)

Mehr Selbstbewußtsein

Eigenverantwortung befreit die Menschen aus Abhängigkeit und macht sie selbstbewußt. Ein Plädoyer für die Subsidiarität.

Ludwig Erhard: Als Grundsatz muß wieder zur Geltung kommen, daß jeder arbeitende Mensch ohne gnädige Hilfe des Staates und ohne in seine Abhängigkeit zu geraten, seine materielle Existenz und die Versorgung für seine Zukunft aus eigener Kraft und Leistung heraus sicherzustellen in der Lage sein soll. (1953)

Es widerspricht der marktwirtschaftlichen Ordnung, die private Initiative bei der Vorsorge für die Wechselfälle und Notstände des Lebens auch dann auszuschalten, wenn der einzelne dazu fähig und gewillt ist, selbstverantwortlich und eigenständig vorzusorgen. Wirtschaftliche Freiheit und totaler Versicherungszwang vertragen sich nicht. Daher ist es notwendig, das Subsidiaritätsprinzip für die soziale Sicherung anzuerkennen. Der staatliche Zwangsschutz hat demnach dort halt zu machen, wo der einzelne und seine Familie noch in der Lage sind, selbstverantwortlich und individuell Vorsorge zu treffen. (1962)

Leere Wiegen – volle Altersheime

Schon früh identifizierte Erhard die demografische Zeitbombe, die die deutschen Sozialsysteme bedroht.

Ludwig Erhard: In den kommenden Jahren werden erheblich mehr Menschen aus dem Erwerbsleben ausscheiden, als neue hinzutreten. Das bringt zugleich eine Erhöhung der Rentenlast mit sich . . . Der Schaden würde sich noch potenzieren, wenn dazu noch mit einer weiteren Verkürzung der Arbeitszeit gerechnet werden müßte. (1965) Jede Neuregelung der Altersrente, die von vornherein mit einem unentrinnbaren Schicksal steigender Preise beziehungsweise absinkender Kaufkraft rechnet, kann nicht zu glücklichen oder auch nur tragbaren Ergebnissen führen. (1957)

Wettbewerb als Lebenselixier

Der Wettstreit um die beste und ökonomischste Lösung ist keine Ellenbogengesellschaft.

Ludwig Erhard: Ein funktionsfähiger Leistungswettbewerb, bei dem nicht das Faustrecht des Stärkeren, sondern die bessere Leistungsfähigkeit entscheidet, muß deshalb auch in der freiheitlichen Wirtschaftspolitik durch staatliche Autorität gesichert werden, denn die Marktwirtschaft ist nur insoweit politisch, sozial, moralisch und wirtschaftlich zu vertreten, als sie eine wirkliche Wettbewerbsordnung ist. (1966)

Störungsfrei ist das System nicht

Nicht nur über die Energiewirtschaft gibt es Zweifel, ob der Wettbewerb seine preisdämpfende und wohlstandsfördernde Wirkung entfaltet.

Ludwig Erhard: Während der letzten Jahre haben viele marktwirtschaftsfremde Elemente unsere freiheitliche Wirtschaftsordnung durchsetzt. In einzelnen Bereichen traten deshalb gelegentlich Störungen der Marktwirtschaft auf. Aber diese Erscheinungen beruhten dann nicht eigentlich auf Fehlern der Marktwirtschaft, sondern waren folgerichtig das Ergebnis einer gegenüber der Marktwirtschaft gleichgültigen oder feindlichen Politik (1977).

Nichts Neues unter der Sonne

Energie aus den unerschöpflichen Quellen der Natur statt aus begrenzten fossilen Rohstoffen – was wie eine brandneue Erkenntnis der rot-grünen Bundesregierung ausschaut, ist eine Erkenntnis aus dem letzten Jahrhundert.

Ludwig Erhard: Wir haben einen großen Bedarf an neuen Technologien der Energiegewinnung, etwa auf dem Gebiete der Sonnenenergie, der Energiespeicherung und beim sparsamen und umweltfreundlichen Energieverbrauch. Investitionsanreize in solchen Bereichen werden sehr bald zum Aufbau neuer Arbeitsplätze führen. (1977)

Kein Nachtwächter-Staat

Der spontane Suchprozeß des Marktes mutet zuweilen etwas chaotisch an, sollte aber nicht mit gesellschaftlicher Beliebigkeit verwechselt werden.

Ludwig Erhard: Gerade die Industriegesellschaft braucht einen starken Staat. Je größer der Druck der Verbände und Gruppen auf den Gang der Politik, je ungehemmter der Egoismus der Teilgewalten sich entfesselt, um so entscheidender ist es allen verantwortlichen Kräften – und in besonderem Maße der Bundesregierung – aufgegeben, für die Respektierung des Gemeinwohls Sorge zu tragen. Ebenso wie beim Fußballspiel der Schiedsrichter nicht mitspielen darf, hat auch der Staat nicht mitzuspielen. Die Zuschauer würden es den Spielpartnern auch außerordentlich übel nehmen, wenn diese vorher ein Abkommen geschlossen und dabei ausgehandelt haben würden, wie viele Tore sie dem einen oder anderen zubilligten. Die Grundlage aller Marktwirtschaft bleibt die Freiheit des Wettbewerbs. (1963)

Inflation bleibt latentes Risiko

Auch wenn die Preise nur moderat steigen – besiegt ist die Inflation nie.

Ludwig Erhard: Die Inflation kommt nicht über uns als Fluch oder als tragisches Geschick; sie wird immer durch eine leichtfertige oder sogar verbrecherische Politik hervorgerufen. (1957) Die Soziale Marktwirtschaft ist ohne eine konsequente Politik der Preisstabilität nicht denkbar. Nur diese Politik gewährleistet auch, daß sich nicht einzelne Bevölkerungskreise zu Lasten anderer bereichern. (1957)

Stabilität kein relativer Wert

Stabile Preise sind nicht alles, aber ohne Stabilität ist alles nicht – meinte Karl Schiller einst.

Ludwig Erhard: Stabile Preise sind die Grundlage einer sozialen Befriedung, sind die Grundlage einer organischen Spartätigkeit und die Grundlage der politischen Ordnung. (1951) Es ist falsch und gefährlich, von einer relativen Inflation zu sprechen. Ich meine, man kann sich im Leben immer auf Menschen berufen, die noch sündiger sind, als man selber ist. Das tut unsere Regierung, aber das nützt nichts. (1972)

Geißel Arbeitslosigkeit

Mit dem Konjunkturaufschwung ging die Arbeitslosigkeit leicht zurück. Wie hoch sie wirklich ist, zeigen die Statistiken nur mangelhaft.

Ludwig Erhard: Ich achte das Problem der Arbeitslosigkeit gewiß nicht gering. Allerdings bin ich nicht bereit, die heute amtlich ausgewiesene Zahl als Maßstab für die echte Arbeitslosigkeit gelten zu lassen; denn wir haben es erlebt, daß auch dort, wo viele Arbeitslose registriert waren, keine Möglichkeit bestand, neue Arbeitskräfte zu mobilisieren. Eine genaue Überprüfung der Zahl der echten Arbeitslosen würde wahrscheinlich ein ganz anderes Bild ergeben. (1951)

Gebremste Arbeitswut

Immer wieder klagen Personalchefs darüber, daß viele Bewerber, die ihnen von der Arbeitsagentur geschickt werden, nicht ernsthaft an einer Arbeitsaufnahme interessiert seien. Ferner: Rund drei Millionen Menschen beziehen ständige staatliche Hilfen zum Lebensunterhalt. Bis zu 25 Prozent von ihnen seien arbeitsfähig, aber arbeitsunwillig, schätzt der Deutsche Städte- und Gemeindebund.

Ludwig Erhard: Ein Mann, der die kleinste Arbeit verrichtet, kann eine größere Würde ausstrahlen als irgendeiner, der mit Hunderttausenden um sich wirft. Der Mensch, der sich über seine Arbeit nicht mehr freuen kann und schon die Stunden zählt, wann diese „Plage" wieder zu Ende ist, den kann ich nur bedauern. (1960) Die Soziale Marktwirtschaft kann nicht gedeihen, wenn die ihr zugrunde liegende geistige Haltung, das heißt also die Bereitschaft, für das eigene Schicksal Verantwortung zu tragen und aus dem Streben nach Leistungssteigerung an einem ehrlichen freien Wettbewerb teilzunehmen, durch vermeintliche soziale Maßnahmen auf benachbarten Gebieten zum Absterben verurteilt ist. (1956)

Lehrling Erhard

Von einer 40-Stunden-Woche hatte der junge Erhard in seiner fränkischen Heimat nicht zu träumen gewagt.

Ludwig Erhard: Ich begann meinen beruflichen Werdegang als kaufmännischer Lehrling ohne Pensionsberechtigung und hatte auch nicht das Gefühl, daß eine Sechs-Tage-Woche mit 60-stündiger Arbeitszeit meine Gesundheit erschüttern könnte oder ein unerträgliches soziales Los bedeutete. (1961)

Wieviel Faulheit ist erlaubt?

Wer arbeitsfähig ist, aber einen zumutbaren Job ablehnt, dem kann die Unterstützung entzogen werden, denn in unserer Gesellschaft gibt es kein Recht auf Faulheit. Praktisch bleibt es jedoch dabei, daß manche Formen von Nichtarbeit höher entlohnt werden als die Arbeit. Über dieses für eine Marktwirtschaft wichtige Grundprinzip – Lohnabstandsgebot – wird viel geredet, geändert wird es nicht.

Ludwig Erhard: Solange man auf der politischen Ebene nach dem Motto verfährt: Laßt uns weniger arbeiten, auf daß wir mehr konsumieren können! sind wir auf dem falschen Wege. In der weltpolitischen Ordnung, in der wir leben, gibt es keine Vollbeschäftigung ohne Leistungsbewährung; ein Volk, das diesem Gesetz entfliehen möchte, fällt in die Primitivität zurück und kann nicht länger am Fortschritt teilhaben. (1955)

Von der Verantwortung der Tarifpartner

Das Ritual der Lohnrunden nervte auch Erhard. Er weist auf die Lohn-Preis-Lohn-Spirale hin und erinnert die Gewerkschaften an ihre Verantwortung.

Ludwig Erhard: Wenn jeder und alle Gruppen glauben, ohne Rücksicht auf das ganze den Augenblick für sich nutzen zu können, aber gleichwohl bereit sind, die Konsequenz ihres eigenen Verhaltens dem Staat als Schuld anzulasten und ihn allein für die Stabilität verantwortlich zu machen, dann ist ein Grad der Verirrung und Verwirrung erreicht, der den gesunden Sinn aller Wohlmeinenden herausfordern müßte . . . Der Hexensabbat dauert fort, wenn überhöhte Löhne die Preise und steigende Preise dann wieder die Löhne treiben. (1960/62)

Einigung auf Kosten Dritter?
Tarifpolitik bedeutet Freiheit in der Verantwortung – für beide Parteien.

Ludwig Erhard: Das gleiche hohe Maß an Disziplin, das das deutsche Volk mit Recht vom Staat erwartet, muß aber auch von den Sozialpartnern hinsichtlich der Preis-, Lohn- und Arbeitspolitik gefordert werden. Die Bundesregierung steht auf dem Boden freier Unternehmerentscheidung und der Tarifautonomie, die beide und zusammen unverzichtbare Bestandteile unserer freiheitlichen Wirtschafts- und Sozialordnung sind. Die Sozialpartner verletzen ihre Pflicht, wenn sie sich auf Kosten der Allgemeinheit einigen. (1965)

Die im Dunkel sieht man nicht ...
Maßvolle Lohnpolitik dient auch den Arbeitslosen.

Ludwig Erhard: Die Privilegierten, die drinnen sitzen, wollen allen anderen, die hereinwollen, das Leben sauer machen. Es ist der pure Egoismus und nichts anderes, der versucht, Forderungen mit gesellschaftlichen Idealen und ethischen Prinzipien zu verbrämen. (1954)

Rechtsanspruch auf Teilzeitarbeit
Arbeitnehmer haben einen gesetzlichen Anspruch auf Verkürzung ihrer Arbeitszeit. Die Wirtschaft sieht darin eine arbeitsplatzfeindliche Politik.

Ludwig Erhard: Das also soll der Stein der Weisen sein: Man will weniger arbeiten und gibt sich dem Wahn hin, daß es dann jedem noch besser gehen könne. Hinsichtlich dieser Bestrebungen mache ich aus meinem Herzen keine Mördergrube. Für derartige Gesetze bringe ich kein Verständnis auf. (1957)

Wenn Unternehmen abgehängt werden
Die Produktivität sollte der Maßstab der Lohnpolitik sein.

Ludwig Erhard: Soweit gewerkschaftliche Forderungen die Leistungskraft der Volkswirtschaft im ganzen übersteigen, mögen zwar hoch rationalisierte Großbetriebe dank hoher Produktivität in der Lage sein, derartige Kostensteigerungen noch abzufangen; ja, man hat den Eindruck, daß gerade die höchste industrielle Leistung manchen Gewerkschaftsführern zur Orientierung ihrer Lohnbemessung dient. Die in ihrer Produktivität nachgeordneten, das sind im Regelfall mittelständische Unternehmungen, geraten wettbewerbsmäßig mit zunehmendem Abstand ins Hintertreffen und liegen am Ende im geschlagenen Felde. (1962)

Schuldenberg rund 1,5 Billionen Euro
Gegenüber den Gründerjahren der Republik ist die Staatsverschuldung auf phantastische Größenordnungen gestiegen: Bund, Ländern und Gemeinden häuften mehr als 1,5 Billionen Euro auf.

Ludwig Erhard: Die Menschen haben es zwar zuwege gebracht, das Atom zu spalten, aber nimmermehr wird es ihnen gelingen, jenes eherne Gesetz aufzusprengen, das uns mit unseren Mitteln haushalten läßt, das uns verbietet, mehr zu verbrauchen, als wir erzeugen können – oder erzeugen wollen. (1964)

Ausweg aus der Schuldenkrise?
Trotz einer bisweilen reduzierten Neuverschuldung steigt die Staatsverschuldung munter weiter. Ein ausgeglichener Haushalt ist auf Sankt Nimmerlein verschoben.

Ludwig Erhard: Entweder ein Staat vergrößert seine Schulden, und das bedeutet in letzter Konsequenz Inflation, oder aber wenn ihm dieser Weg verbaut zu sein scheint, dann werden die Steuern noch einmal erhöht. Der Staat kann nichts tun, kann nichts leisten, was nicht aus der Kraft seiner Bürger fließt. (1977) In der Struktur einer Volkswirtschaft spiegelt sich ja nicht zuletzt auch die geistige und moralische Haltung der Völker und ihrer Regierungen wider. (1958)

Indikator Staatsquote

Der Anteil des Staates am Sozialprodukt gilt als Indikator für dessen Dynamik. Hohe Staatsquoten gehen mit struktureller Wachstumsschwäche einher, niedrige Staatsquoten sind meist der Ausdruck von wirtschaftlicher Kraft.

Ludwig Erhard: Glauben Sie, der Staat könne mehr leisten, als er vorher dem Volke abgenommen hat? Wir sind mit einem Anteil von 40 Prozent am Sozialprodukt schon fast das Land, das in der nichtkommunistischen Welt an der Spitze liegt. Je mehr gefordert wird, desto mehr muß der Staat Ihnen abverlangen, und dann werden diese 40 Prozent auf 45 und auf 50 Prozent gesteigert werden. Glauben Sie weiter, daß dann noch eine freiheitliche Ordnung denkbar ist, daß unser Volk dann noch aus Menschen besteht, die in geistiger und materieller Unabhängigkeit echte Staatsbürger im demokratischen Sinne bleiben können? (1960)

Neues vom Schuldenberg

Die Schulden des Bundes steigen weiter, freilich etwas langsamer als geplant.

Ludwig Erhard: Die heutige Politik der Überschuldung, bewußten Überschuldung ist meiner Ansicht nach eine hochexplosive

Politik. Und einmal wird der Tag kommen, das heißt, der deutsche Bürger wird erfahren müssen, daß die Schulden, die der Staat macht und die er nach außen deklariert zum Wohle des deutschen Volkes: Der deutsche Bürger wird die Schulden zu bezahlen haben. (1977)

Mahnung zum Sparen
Trotz der ständigen Vorsätze zum Schuldenabbau sind die diesbezüglichen Erfolge der Bundesrepublik bescheiden.

Ludwig Erhard: Die Ansprüche an den Staat wachsen in dem gleichen Maße, wie das Gefühl für Eigenverantwortung verkümmert und schließlich erstickt. Jeder glaubt, zu kurz zu kommen, woraus folgt, daß was dem einen recht ist, auch jedem anderen billig sei. So aber schliddern wir zusehends und zunehmend in den perfekten Wohlfahrtsstaat, der jedes wahre Menschentum unterhöhlt und uns in eine gesellschaftliche Ordnung hineintreibt, die sich nicht mehr grundsätzlich, sondern nur noch graduell von totalitären Systemen unterscheidet. (1960)

Haushaltssanierung
Konsolidierung bedeutet Verzicht auf staatliche Ausschüttungen. Die Finanzminister waren mit ihren Bemühungen nicht sonderlich erfolgreich.

Ludwig Erhard: Die Durchführung einer straffen Haushaltspolitik wird nicht möglich sein, ohne liebgewonnene Vorstellungen und Tabus der Vergangenheit aufzugeben. Ich meine konkret den Abbau öffentlicher Subventionen, die Überprüfung steuerlicher Begünstigungen und den Verzicht auf Staatsausgaben, deren innere Berechtigung fragwürdig geworden ist. (1966)

Noch ’ne Steuer
Wenn es um die Erfindung neuer Steuern und Abgaben geht, bewies die deutsche Politik viel Phantasie. Die Palette reicht von der Ökosteuer über die PC-Abgabe bis zur Maut.

Ludwig Erhard: Es ist in höchstem Maße widerspruchsvoll, wenn der Staatsbürger über die unerträgliche Höhe der Steuerlast klagt, gleichzeitig vom Staat aber Hilfe erwartet, die diesem das moralische Recht geben, noch immer höhere Steuern zu erheben. (1952)

Amnestie für Steuersünder?
Im Zuge der Abgabenerhöhungen wird Steuerverkürzung oft als Notwehr, als Kavaliersdelikt verstanden.

Ludwig Erhard: Ich möchte mit aller Deutlichkeit sagen, daß die Zeit der Steuersünder und der Preissünder zu Ende gehen muß. Eine Steuerhinterziehung ist kein Gentlemanvergehen, sondern ein Vergehen am deutschen Volk und gehört entsprechend geahndet. (1951)

Von der Moral der Steuererhebung
Die Klagen über eine sinkende Steuermoral reißen nicht ab. Die Schattenwirtschaft – wie die Schwarzarbeit etwas vornehmer umschrieben wird – wächst unterdessen munter weiter. Neueste Schätzungen sprechen von einem jährlichen Volumen von rund 350 Milliarden Euro. Das entspräche bereits einem Sechstel des Bruttoinlandsprodukts.

Ludwig Erhard: Die Steuermoral ist gerade so gut oder so schlecht, wie die Steuerpolitik gut oder schlecht ist. Bei einer unmöglichen Steuerpolitik kann auch der Staat nicht die Überheblichkeit besitzen, eine fleckenlose Steuermoral zu fordern. (1949)

Reform der Steuerreform
Eine durchgreifende Steuerreform taucht in vielen Parteiprogrammen auf, schaffte aber nicht den Sprung in die Realität. Statt das Steuerecht zu entrümpeln, wurde es immer chaotischer.

Ludwig Erhard: Wenn der von mir geforderte Ausgabenstopp durchgesetzt und die Entwicklung des Sozialprodukts in ähnlicher Weise fortschreiten würde, dann ist leicht einzusehen und auszurechnen, welche Senkung der steuerlichen Belastung vorgenommen werden könnte. Nur auf diese Weise ist auch eine echte und wirklichkeitsnahe Lösung des uns alle bedrückenden Steuerproblems denkbar. (1957)

Mittelmaß für den Mittelstand
In Sonntagsreden wird er gepriesen, in der Alltagspolitik aber gepiesackt. Vor allem der Mittelstand stöhnt unter Steuer- und Bürokratielasten.

Ludwig Erhard: Alles, was sie von der Freiheit, dem Mut zum Leben, dem Wert der Selbständigkeit und der Individualität der Leistung wegnehmen, wird nicht zu einer Stütze für den Mittelstand. Sondern zu einem Schlag gegen den Mittelstand. (1954) Wenn die Belastungen des Mittelstandes noch weiter erhöht werden, um vielleicht irgendeinem Phantom sozialer Art nachzujagen, dann wird auch der Mittelstand zerstört. (1977)

Rette uns, wer kann
Mangelnde Kostendisziplin versetzt Unternehmen nicht selten den Todesstoß. Dann ist der Ruf nach dem Staat wohlfeil.

Ludwig Erhard: Den Unternehmern aber muß ich mit gleicher Deutlichkeit bewußt machen, daß, wenn sie nicht alles tun, um die Produktivität zu steigern und einer Kosteninflation vorzubeugen, sie unter keinen Umständen darauf vertrauen dürfen, von Staats wegen etwa Hilfe in Form steuerlicher Entlastung oder gar Subventionen zu erhalten. (1962) Wenn ein Unternehmer der Meinung ist, daß er im Preise seines Produkts die aufgewendeten Kosten zurückvergütet erhalten müßte, so sind dagegen moralische Bedenken gewiß nicht zu erheben. Eine derartige Vorstellung ist nur mit den inneren Gesetzen einer Marktwirtschaft nicht in Einklang zu bringen; sie würde auch dem schlechtesten Unternehmen eine Rente garantieren. (1954)

Wahnsinniger Subventionswettlauf

Um bedrohte Unternehmen zu retten, wurde schon immer nach offenen oder verdeckten Subventionen gegriffen. Politiker sonnen sich dann in der Pose des Retters.

Ludwig Erhard: Ich erlebe es immer wieder, daß auf der einen Seite wirtschaftliche und unternehmerische Kräfte ständig an den Staat mit der Bitte herantreten, er möge ihnen doch auf diesem oder jenem Gebiet irgendwelche Hilfe oder Unterstützung zuteil werden lassen ... Alle Wohltaten, die er bezeugt, muß er weniger wohltätig ja dem Staatsbürger erst abnehmen. (1953) Will der Unternehmer in freier, individueller Selbstverantwortung im Markt und im Wettbewerb bestehen oder möchte er Schutz in kollektiven Bindungen finden? (1962) Großzügigkeit in der Subventionspolitik, Nachsicht gegenüber protektionistischen Forderungen bedeuten wirtschaftlichen Luxus, den wir uns nicht leisten können. (1965) Die Unternehmer wissen nicht, was sie tun, sie gebärden sich wie Flagellanten, wenn sie das System der Wettbewerbswirtschaft befehden.

(1957) Der von Jahr zu Jahr steigende Subventionsaufwand der öffentlichen Hand nimmt bedenkliche Ausmaße an. (1965)

Dauerthema Vermögensbildung

Private Eigentumsbildung ist ein Stück erlebter Freiheit. Es läge mithin im gesellschaftspolitischen Interesse, sie zu fördern. Das Thema taucht schubweise in politischen Programmen auf. Verwirklicht wurde es nie.

Ludwig Erhard: Zu einer dynamischen Sozialpolitik gehört die weitere Förderung der Eigentums- und Vermögensbildung in breiten Schichten unseres Volkes, weil sie mehr als alles andere dazu geeignet ist, die Freiheit, Selbständigkeit und Verantwortlichkeit des einzelnen in der modernen Gesellschaft zu stützen. (1965) Wir können so reich werden, wie wir wollen; wir werden im Grunde genommen immer ärmer, immer unsicherer, immer abhängiger. Zuletzt werden wir dann alle Sozialrentner. (1953)

Unsere Gremiendemokratie

Ohne Kommissionen, Expertenzirkel und Sachverständige vielerlei Art sind Probleme hierzulande offenbar nicht mehr zu lösen.

Ludwig Erhard: Was ich entschieden ablehne, ist allerdings die Auffassung, es könnte durch die Schaffung von Institutionen gelingen, den eigentlichen Schwierigkeiten wirksam zu begegnen. (1957)

Beruf: Kontrolleur oder Regulierer

Viele Veränderungen des Abgabewesens sowie Reformen und Gesetze führen zu neuen bürokratischen Wasserköpfen.

Ludwig Erhard: Die volkswirtschaftliche Ordnung, die ich meine, wird nicht reguliert und manipuliert – diese Ordnung besteht entweder oder sie besteht nicht. Wenn jemand gar der Meinung ist, daß Institutionen und Organisationen in immer größerer Zahl erforderlich werden, um staatliche und gesellschaftliche Ordnung zu errichten oder zu schützen, der ist auf dem falschen Wege. Wir sind nämlich von einer Organisationswut befallen und glauben, daß die Organisation allein schon Ordnung bedeute. In gewissem Sinne läßt zu viel Organisation eher auf Unordnung schließen. (1959)

Tausend neue Rentenbeamte
Allein für die Riestersche Rentenreform, für die Prüfung und Zertifizierung, waren tausend neue Planstellen bewilligt worden.

Ludwig Erhard: Der moderne Mensch ist tatsächlich so sehr daran gewöhnt, sich eine echte Ordnung nur dann vorstellen zu können, wenn diese in Organisationen oder in einem Heer von Beamten Ausdruck findet und womöglich noch der Sand in der Maschine hörbar wird. (1957) Meine Kritiker wußten ja in geradezu erschütternder Phantasielosigkeit immer nur ein Rezept, nämlich die Rückkehr zu Formen der staatlichen Bewirtschaftung. (1949)

Pisa liegt nicht in Bayern
Nicht erst die Pisa-Studie hat erwiesen: Deutsche Schüler können schlecht lesen und rechnen. Deutsche Lehrlinge scheitern bei einfachster Bruchrechnung. Deutsche Professoren klagen über die schlechte Ausbildung der Abiturienten. Die Wirtschaft spricht von einer bedrückenden Analphabetenrate, einer führenden Industrienation unwürdig. Nur „altmodische“ Bundesländer wie Bayern und Baden-Württemberg schneiden deutlich besser ab.

Ludwig Erhard: Das Bund-Länder-Verhältnis wird zu einer Lebensfrage, wenn es sich um die Zuständigkeit und Verantwortung für das Schul- und Bildungswesen handelt ... Das aber bedeutet, den Menschen auf allen Bildungsstufen das geistige Rüstzeug an die Hand zu geben, ihnen die technischen Kenntnisse und Fertigkeiten zu vermitteln, deren sie und wir alle nicht entraten können, wenn wir in einer dynamischen Welt unseren Rang behaupten und unsere Zukunft gesichert wissen wollen. (1963)

Föderalismusreform: Tanz um die Finanzverteilung
Der Länderfinanzausgleich erstickt den Wettbewerb zwischen den Regionen. Er ermuntert die Nehmerländer zur Bequemlichkeit und nimmt den Geberländern den Anreiz zur Wachstumspolitik. Das Bundesverfassungsgericht mahnte 1999 eine Reform an. Bund und Länder sowie die Länder untereinander sind hoffnungslos zerstritten.

Ludwig Erhard: Der deutsche Staatsbürger ist es leid, dauernd mit der Bereinigung des Bund-Länder-Verhältnisses befaßt zu werden. Er hat, wenn es um das Wohl des ganzen geht, für Prestige- und Zuständigkeitsfragen kein Verständnis. (1963)

Konjunktur im Wechselbad
Die Konjunktur nimmt 2006/2007 wieder Fahrt auf. Im Wechselbad der Gefühle neigen die Prognostiker oft zu Übertreibungen – im Boom wie in der Rezession.

Ludwig Erhard: Um meinen Schreibtisch katastropht es vom Morgen bis zum Abend, aber ich warte noch immer auf die Katastrophe. (1955) Man sollte sich seine Konjunkturen nicht zurecht reden. Wenn es besser kommt als erwartet, verzeiht man auch den falschen Propheten. (1961)

Optimismus tut not
Das Barometer der konjunkturellen Stimmungen schwankt meist heftiger als die reale Lage.

Ludwig Erhard: Man wirft mir zuweilen vor, daß ich die Konjunkturlage allzu sehr dramatisiere und sogar Gefahr laufe, die Konjunktur zu zerreden. Ein wahrhaft komischer Einwand! Ausgerechnet ich, der ich durch über sieben Jahre entgegen den pessimistischen Weissagungen der Neunmalklugen Optimismus und Expansion gepredigt habe, soll jetzt mit einem Mal ängstlich und zaghaft geworden sein? (1955)

Im deutschen Jammertal
Schon zu Erhards Zeiten konnte man sich über Miesmacher und Schwarzmaler ärgern.

Ludwig Erhard: Das deutsche Volk bietet heute der Welt das gewiß nicht alltägliche Schauspiel, daß es auf der Woge einer ausgesprochenen Hochkonjunktur nichts Besseres weiß, als sich über angebliche Notstände, über vermeintliche Unzulänglichkeiten und Widrigkeiten seines wirtschaftlichen und sozialen Seins zu zerstreiten. Ja, man kann füglich behaupten, daß die Stimme der Unzufriedenen um so lauter schallt, je bessere Fortschritte erzielt wurden. (1956)

Keynes redivivus
Immer wenn die Wachstumskräfte erlahmen oder stagnieren, ertönt regelmäßig der Ruf nach staatlichen Konjunkturprogrammen. Alle möchten ankurbeln, aber keiner besitzt die passende Kurbel. Der britische Nationalökonom John Maynard Keynes erfreut sich sogar unter Wirtschaftsforschern großer Beliebtheit.

Ludwig Erhard: Ich möchte glauben, daß sich Keynes im Grabe herumdrehen würde, wenn er wüßte, daß seine Epigonen aus ihm einen Zauberkünstler machen wollen, der durch einen kreditpolitischen Trick das Unheil tragischer Jahre über Nacht zu heilen vermöchte. (1950)

Wenn Konjunktursonne untergeht

Langfristig schwächt sich die Wachstumsdynamik der Volkswirtschaft immer stärker ab.

Ludwig Erhard: Die Phase der extrem hohen Wachstumsraten und damit der übervollen öffentlichen Kassen liegt – nicht zuletzt wegen des vom deutschen Volk gar nicht geteilten Eifers, immer weniger arbeiten zu wollen – hinter uns. Es ist unverkennbar, daß wir auch in den nächsten Jahren mit einer weiteren Normalisierung des Wachstumstempos rechnen müssen. (1966)

Was ist Leitkultur?

In der Bundesrepublik tobt seit Jahren eine heftige Debatte darüber, ob es eine deutsche Leitkultur gibt und wie man sie definiert.

Ludwig Erhard: Gerade weil wir uns redlich um eine Neuordnung des demokratischen Lebens in Deutschland bemüht haben, sollten wir den Mut haben, uns als Volk geschlossen zur Bundesrepublik, das heißt zu unserem Staat, zu bekennen. Ein wenig entwickeltes Staatsbewußtsein nährt die gesellschaftlichen Spannungen und schwächt die Kraft, die wir benötigen, um der Sehnsucht aller Deutschen nach einem Zusammenleben in einer freiheitlichen und friedlichen Ordnung Aussicht auf Erfolg zu bieten. (1963)

Wirtschaft in den Stundenplan

Mit zahlreichen Initiativen von Bund, Ländern und Sozialpartnern wird versucht, das Unterrichtsfach „Wirtschaft“ in die Stundenpläne der Schulen und Berufsschulen zu integrieren. Das Problem ist gut vierzig Jahre alt – und ungelöst.

Ludwig Erhard: Wie gelingt es uns, die Jugend stärker mit den Grundfragen der Wirtschaft und des wirtschaftlichen Alltags vertraut zu machen? Ich will damit weiß Gott keiner Ökonomisierung des Lebens das Wort reden; aber ich bin doch etwas erschrocken, wenn ich sehe, wie wenig Schulentlassene, ja auch Erwachsene, von diesen Dingen verstehen, obgleich das Wirtschaftliche ihr Leben und das des ganzen Volkes mitformt und mitbestimmt. (1960)

Kampf gegen Rechts

Zunehmende Ausschreitungen gegen Ausländer beunruhigen die Gesellschaft. Mit Förderprogrammen versucht man gegenzusteuern. Die geplanten Maßnahmen gegen Rechtsextreme sind gut gemeint, spiegeln aber Ratlosigkeit und Ohnmacht wider.

Ludwig Erhard: Daß die Jugend in den Gebieten der technischen Zivilisation zuweilen randaliert und oft betonte Indifferenz hervorkehrt, ist zutiefst darin begründet, daß das heftige Streben nach materiellem Wohlergehen sie anödet, und daß sie vom Leben mehr verlangt als weniger Arbeit und mehr Lohn, geringes Risiko und hohen Profit nebst staatlicher Fürsorge von der Wiege bis zur Bahre. (1961)

Im Osten nur Kosten?

Die Wirtschaft der östlichen Bundesländer hinkt der gesamtdeutschen Entwicklung weiter hinterdrein. Mehrere Bundeskanzler erklärten den Aufbau Ost zur „Chefsache". Die Erfolge halten sich in Grenzen. Ludwig Erhard hatte den Zusammenbruch der DDR und seine Folgen bereits 1953 vorausgeahnt.

Ludwig Erhard: Mit diesem Prozeß (der Wiedervereinigung) wird dann naturgemäß die wirtschaftliche Lage der Sowjetzone schonungslos offen gelegt, und es kann kein Zweifel bestehen, daß das Resultat betrüblich, ja, vielfach sogar erschütternd sein wird. Das heißt mit anderen Worten, daß wir mit einem starken Leistungsgefälle zwischen Ost und West rechnen müssen und daß sich daraus schwerwiegende Konsequenzen für die sozialen Verhältnisse der Bevölkerung ergeben können. Dennoch müssen wir den Mut zur Klarheit und zur Wahrheit aufbringen, weil erst dann die Mittel zur Heilung eingesetzt und wirksam werden können. Ich verkenne nicht, daß der Wirtschaft des Ostens vom Staat Hilfestellung geboten werden muß. Viel besser aber als leistungshemmende Schutzmaßnahmen erweisen sich produktionsfördernde steuerliche Erleichterungen und Befreiungen. (1953)

Alle entdecken die Familie

Die Parteien entdecken die Familienpolitik. Sie werben mit Familiengeld, höherem Kindergeld, Kinderbetreuungskosten und möglichst ganztägiger Aufbewahrung der Kinder in Krippen, Tagesstätten und Ganztagsschulen. Ihr neuester Coup ist das Elterngeld.

Ludwig Erhard: Es gehört zu den Aufgaben der kommenden Jahre, die Familienpolitik fortzuentwickeln. Die Familienpolitik darf sich aber nicht nur in materiellen Leistungen erschöpfen. (1963)

Laden auf – Laden zu
Die jahrzehntelange Debatte um die Frage, wann und wie lange ein Händler sein Geschäft dem geneigten Publikum öffnen sollte, kommt nach rund 40 Jahren zu einem vorläufigen Ende.

Ludwig Erhard: Ist es denn wirklich ein Unglück, wenn bei der Öffnung eines Einzelhandelsgeschäftes in Flensburg andere Bestimmungen angewandt werden als in München? (1952)

Politik der ruhigen Hand
Nicht auf die Darstellung in den Medien kommt es an, sondern auf Gelassenheit und ordnungspolitische Gradlinigkeit.

Ludwig Erhard: Die deutschen Interessen erfolgreich zu wahren, verlangt in erster Linie Stehvermögen, Beharrlichkeit und Geduld. Nicht die Zahl und Größe von Schlagzeilen, die ein Politiker macht, sind Gradmesser für eine richtige Politik, sondern eher die innere Sicherheit, sich in der Gradlinigkeit seines Handelns nicht von billigen Schlagzeilen beirren und vom rechten Wege abdrängen zu lassen. (1966) Wir wollen keine Politik des Augenzwinkerns, keine Schaukelpolitik und Unklarheiten. Wir brauchen im Innern und nach außen das Vertrauen in die Zielstrebigkeit unserer Politik. (1964)

Solidarisch mit den Vereinigten Staaten
Nach den Terroranschlägen vom 11. September 2001 hat die Bundesregierung dem amerikanischen Präsidenten George W. Bush versichert, Deutschland stehe in uneingeschränkter Solidarität zu den USA. Tatsächlich kam es zu transatlantischen Irritationen. Das Geschichtsbewußtsein mancher Politiker reicht offenbar nicht weit genug zurück.

Ludwig Erhard: Wir werden immer dankbar sein für die große Freundschaft und Hilfe, die uns das amerikanische Volk in schweren Stunden unserer Geschichte bewiesen hat. Wir werden unsererseits in guten wie in schlechten Tagen stets treu an der Seite des amerikanischen Volkes stehen. (1963)

Energisch für Wettbewerb?

Dem europäischen Energiemarkt mangelt es Wettbewerb. Jedes Mitgliedsland verfolgt eine andere Strategie – einige liberalisieren, andere regulieren.

Ludwig Erhard: Soweit alle Bemühungen, zur Integration Europas zu gelangen, überhaupt auf einen Nenner gebracht werden können, so auf den: Verwirklicht die Freiheit in allen Lebensbereichen! (1957)

Alles Banane

Mit der Bananenmarktordnung der EU werden die Bananen aus dem Dollarraum diskriminiert und jene aus dem eigenen Anbau durch Subventionen künstlich geschützt. Interventionen und Subventionen bestimmen noch immer den Agrarmarkt.

Ludwig Erhard: Es handelt sich darum, Protektionismus, Mengenbeschränkungen und Zollmauern abzubauen und jenes engstirnige Denken zu überwinden, welches das Leben in Europa zu einer Qual werden ließ. Mit dieser Schrebergarten-Ideologie muß schnell und gründlich aufgeräumt werden. (1955)

Wenn Brüssel reguliert

Das Ziel eines entfesselten Binnenmarktes in der Europäischen Union ist noch nicht erreicht. Die Brüsseler Regulierungswut gilt der Wirtschaft und den Verbrauchern als Ärgernis.

Ludwig Erhard: Wehe dem, der glaubte, man könnte Europa etwa zentralstaatlich zusammenfassen oder man könnte es unter eine mehr oder minder ausgeprägte zentrale Gewalt stellen. Nein – dieses Europa hat seinen Wert auch für die übrige Welt gerade in seiner Buntheit, in der Mannigfaltigkeit und Differenziertheit des Lebens.(1963)

Nach Osten erweitert
Die Europäische Union hat sich nach Osten erweitert, hat aber die Vertiefung der Gemeinschaft noch nicht verwirklicht.

Ludwig Erhard: Auch wir begreifen Europa als eine gewachsene Einheit, der auch unsere östlichen Nachbarn zugehören. Unser unablässiges und auch durch Rückschläge nicht zu entmutigendes Streben nach wirtschaftlicher und politischer Einigung beschränkt sich deshalb nicht etwa auf einen bestimmten Teil Europas. Es schließt, auch wenn wir nur schrittweise vorankommen, das ganze Europa ein. (1966)

Wieviel Freizügigkeit?
Der Frust über Europa wurzelt in der Brüsseler Paragraphenflut, in Integrationsblockaden und mangelnder Demokratie.

Ludwig Erhard: Nach meinem Geschmack klingt es auch nicht gerade überzeugend, wenn man mit Pathos von einer europäischen Integration spricht, aber gleichzeitig neben einem freien Waren- und Dienstleistungsverkehr nicht auch den Menschen die Möglichkeit eröffnet, sich überall frei zu betätigen. (1955) Wie soll die übrige Welt Vertrauen zu Europa finden, wenn wir es nicht selbst bekunden, wenn wir nicht aus unserer politischen Verantwortung heraus eine bessere Form für die freie wirtschaftliche Zusammenarbeit unserer Völker finden? (1953)

Zuwanderung erwünscht
Wenn der Standort Deutschland seinen künftigen Arbeitskräftebedarf und seine sozialen Standards sichern will, muß er sich einer kontrollierten Zuwanderung öffnen. Dabei geht es um Fachkräfte und kluge Köpfe, nicht um Einwanderer, die vom deutschen Sozialsystem angezogen werden. Ein schlüssiges Konzept dafür ist noch nicht zu erkennen.

Ludwig Erhard: Wir konnten nicht hinter Schutzmauern warten, bis wir die deutsche Wirtschaft durch künstliche und staatliche Maßnahmen allmählich wieder auf den internationalen Leistungsstandard gebracht hätten; nein, wir mußten es wagen, sie dem Wettbewerb, der Bewährung auszusetzen. (1951) Lernen wir aus der Geschichte! So geschlossen und stark aber auch dieses freie Europa sein mag – seine weltweite, historische Aufgabe wird es doch nur in einem engen Zusammenhalt mit den Vereinigten Staaten von Amerika erfüllen können. (1962)

Bürokratiemonster EU
Das Motto „Mehr Freiheit wagen“ sollte auch für die EU gelten.

Ludwig Erhard: Die beste Integration Europas, die ich mir vorstellen kann, beruht nicht auf der Schaffung neuer Abgaben, Ämter und Verwaltungsformen oder wachsender Bürokratien, sondern sie beruht in erster Linie auf der Wiederherstellung einer freizügigen internationalen Ordnung. (1956)

Wettlauf um Kapital
Im Wettbewerb der Zukunft geht es weniger um industrielle Ressourcen, sondern um die beiden wichtigsten Rohstoffe: Wissen und Kapital.

Ludwig Erhard: An der Schwelle des Zeitalters der Automation, die viele als den Anfang einer zweiten industriellen Revolution bezeichnen, haben wir in Deutschland zweifellos einen sehr großen Kapitalbedarf. Sie geschieht über den freien, vielschichtigen und differenzierten Kapitalmarkt, an dem nach Möglichkeit jeder Staatsbürger teilhaben sollte. Hier wird das Kapital über die Vielzahl individueller Ersparnisse verfügbar und gerade darum ist diese Methode nicht nur als die klassische, sondern auch als die gesündeste anzusprechen. (1960)

Globalisierung im Kreuzfeuer

Die Bundesrepublik Deutschland hat sich aus den Trümmern des Krieges durch eine besondere Strategie erholt, die man damals noch nicht so nannte: die Globalisierung. Obgleich der deutsche Verbraucher Kiwis aus Neuseeland, Chips aus Taiwan, Hi-Fi-Geräte aus Japan und Erdbeeren vom Kap schätzt – irgendwie mag er die Globalisierung nicht. Daß ein blühender Export Wohlstand beschert und sogar heimische Arbeitsplätze sichert, weiß er zwar, aber ihm ist unwohl dabei. Unterdessen formieren sich die zornige Kritiker der Globalisierung auf jeder Welthandelskonferenz. Sie sind die Lieblinge der Medien.

Ludwig Erhard: Der Wert der menschlichen Arbeit wächst mit der Weite des Wirtschaftsgebietes. Wir müssen uns mit aller Macht aus der Isolierung lösen. Wir wollen Brücken schlagen zu der übrigen Welt und an den Vorteilen des friedlichen Warenaustauschs zwischen allen Völkern teilhaben. (1945) Selbst wenn wir wider alle Vernunft handeln und gegen alle Warnzeichen blind und taub bleiben – die inneren Gesetze eines weltweiten freien Marktes werden uns zur Besinnung und zur Wiederherstellung einer gedeihlichen Ordnung zwingen. (1962)

Verkannte Chancen
Obgleich Deutschland der Globalisierung seinen Wohlstand verdankt, ist die Debatte darüber von Ängsten geprägt.

Ludwig Erhard: Nach meiner Auffassung steckt die Welt voll unermeßlicher Chancen, wenn wir sie nur zu nutzen verstehen würden. (1954) Wo sind die Maßstäbe, nach denen jemand zu sagen vermöchte: dieser und nicht jener Zweig, diese Gruppe oder dieser Berufsstand sollen vom Staat nach dieser Richtung bevorzugt werden, andere aber sollen oder müssen – aus welchen Gründen eigentlich? – dagegen zurückstehen. Ein so gestaltetes Verhalten ist grundsätzlich falsch. (1957)

Werte beleben
Auf die Frage nach seinem Wunsch für die Zukunft gab Ludwig Erhard diese Antwort:
Bemühen wir uns darum, jedwede Forderung an den Staat nicht vorschnell mit dem Wort „sozial" oder „gerecht" zu versehen, wenn es in Wahrheit nur zu oft um partikuläre Wünsche geht. (1963) Wenn ich für diese unsere Zeit einen Wunsch frei hätte, dann wäre es der, daß wirklich und endlich und endgültig die Zivilcourage wieder als ein Wert anerkannt wird, für den es sich zu leben lohnt. (1977)

Herausgeber und Autoren

Professor Dr. Dr. jur. Udo Di Fabio, geboren 1954 in Walsum, ist Richter des Bundesverfassungsgerichts in Karlsruhe und Professor für Öffentliches Recht an der Universität Bonn.

Dr. rer. pol. Peter Gillies, geboren 1939 in Berlin, ehemaliger Chefredakteur Die Welt, ist freier Journalist und Autor in Bonn und Berlin.

Professor Dr. rer. pol. Michael Hüther, geboren 1962 in Düsseldorf, ist Direktor und Mitglied des Präsidiums des Instituts der deutschen Wirtschaft Köln.

Pascal Krimmer, geboren 1974 in Leonberg, ist wissenschaftlicher Mitarbeiter bei Prof. Dr. Bernd Raffelhüschen am Lehrstuhl für Finanzwissenschaft an der Albert-Ludwigs-Universität Freiburg

Professor Dr. phil. Kurt J. Lauk MdEP, geboren 1946 in Stuttgart, ist Präsident des Wirtschaftsrats der CDU, Gründungspartner der Globe CP GmbH und Mitglied internationaler Aufsichtsräte.

Professor Dr.-Ing. E.h. Berthold Leibinger, geboren 1930 in Stuttgart, ist Vorsitzender der Aufsichtsgremien der TRUMPF GmbH & Co. KG in Ditzingen bei Stuttgart.

Dr. phil. Dr. theol. Karl Kardinal Lehmann, geboren 1936 in Sigmaringen, ist Bischof von Mainz und Vorsitzender der Deutschen Bischofskonferenz.

Dr. rer. nat. Angela Merkel MdB, geboren 1954 in Hamburg, ist Bundeskanzlerin der Bundesrepublik Deutschland und Vorsitzende der CDU Deutschlands.

Professor Dr. sc. pol. Bernd Raffelhüschen, geboren 1957 in Niebüll, ist Professor für Finanzwissenschaft an der Albert-Ludwigs-Universität Freiburg.

Dr. jur. Wolfgang Schüssel, geboren 1945 in Wien, war bis Januar 2007 Bundeskanzler der Republik Österreich, von 1995 bis 2007 Bundesparteiobmann der ÖVP und ist seit Oktober 2006 Klubobmann des ÖVP-Palamentsklubs.

Professor Dr. h.c. mult. Nikolaus Schweickart, geboren 1943 in Kamp, ist Vizepräsident des Wirtschaftsrats der CDU und Vorstandsvorsitzender der ALTANA AG in Bad Homburg.